2025年
政府收支分类科目

中华人民共和国财政部 制定

图书在版编目（CIP）数据

2025 年政府收支分类科目 / 中华人民共和国财政部制定． — 上海：立信会计出版社，2024.10． — ISBN 978-7-5429-7764-9

I . F812.3

中国国家版本馆 CIP 数据核字第 2024BU9808 号

责任编辑　毕芸芸

2025 年政府收支分类科目

2025 NIAN ZHENGFU SHOUZHI FENLEI KEMU

出版发行	立信会计出版社		
地　　址	上海市中山西路 2230 号	邮政编码	200235
电　　话	（021）64411389	传　　真	（021）64411325
网　　址	www.lixinaph.com	电子邮箱	lixinaph2019@126.com
网上书店	http://lixin.jd.com		http://lxkjcbs.tmall.com
经　　销	各地新华书店		

印　　刷	北京鑫海金澳胶印有限公司
开　　本	787 毫米 ×1092 毫米　1/16
印　　张	18
字　　数	555 千字
版　　次	2024 年 10 月第 1 版
印　　次	2024 年 10 月第 1 次
书　　号	ISBN 978-7-5429-7764-9 /F
定　　价	42.00 元

如有印订差错，请与本社联系调换

财政部关于印发《2025年政府收支分类科目》的通知

财预〔2024〕67号

党中央有关部门，国务院各部委、各直属机构，中央军委后勤保障部，全国人大常委会办公厅，全国政协办公厅，最高人民法院，最高人民检察院，各民主党派中央，有关人民团体，各省、自治区、直辖市、计划单列市财政厅（局），新疆生产建设兵团财政局，有关中央管理企业：

根据预算管理的需要，在《2024年政府收支分类科目》的基础上，我们制定了《2025年政府收支分类科目》。现予印发，自2025年1月1日起施行。

特此通知。

财　政　部
2024年8月23日

目　录

一般公共预算收支科目

一般公共预算收入科目 ……………………………………………………… 001

　101　税收收入 …………………………………………………………… 001

　　01 增值税 ……………………………………………………………… 001

　　02 消费税 ……………………………………………………………… 003

　　04 企业所得税 ………………………………………………………… 004

　　05 企业所得税退税 …………………………………………………… 011

　　06 个人所得税 ………………………………………………………… 014

　　07 资源税 ……………………………………………………………… 015

　　09 城市维护建设税 …………………………………………………… 015

　　10 房产税 ……………………………………………………………… 016

　　11 印花税 ……………………………………………………………… 016

　　12 城镇土地使用税 …………………………………………………… 016

　　13 土地增值税 ………………………………………………………… 017

　　14 车船税 ……………………………………………………………… 017

　　15 船舶吨税 …………………………………………………………… 017

　　16 车辆购置税 ………………………………………………………… 018

　　17 关税 ………………………………………………………………… 018

　　18 耕地占用税 ………………………………………………………… 018

　　19 契税 ………………………………………………………………… 019

　　20 烟叶税 ……………………………………………………………… 019

　　21 环境保护税 ………………………………………………………… 019

　　99 其他税收收入 ……………………………………………………… 019

103	非税收入	019
	02 专项收入	019
	04 行政事业性收费收入	021
	05 罚没收入	030
	06 国有资本经营收入	031
	07 国有资源（资产）有偿使用收入	032
	08 捐赠收入	035
	09 政府住房基金收入	035
	99 其他收入	035
105	债务收入	036
	03 中央政府债务收入	036
	04 地方政府债务收入	036
110	转移性收入	036
	01 返还性收入	036
	02 一般性转移支付收入	037
	03 专项转移支付收入	038
	06 上解收入	039
	08 上年结余收入	040
	09 调入资金	040
	11 债务转贷收入	040
	15 动用预算稳定调节基金	040
	21 区域间转移性收入	040

一般公共预算支出功能分类科目 041

201	一般公共服务支出	041
	01 人大事务	041
	02 政协事务	041
	03 政府办公厅（室）及相关机构事务	042
	04 发展与改革事务	042
	05 统计信息事务	043
	06 财政事务	043
	07 税收事务	044

08 审计事务 ··· 044

　　09 海关事务 ··· 045

　　11 纪检监察事务 ·· 045

　　13 商贸事务 ··· 046

　　14 知识产权事务 ·· 046

　　23 民族事务 ··· 047

　　25 港澳台事务 ··· 047

　　26 档案事务 ··· 047

　　28 民主党派及工商联事务 ··· 048

　　29 群众团体事务 ·· 048

　　31 党委办公厅（室）及相关机构事务 ·· 049

　　32 组织事务 ··· 049

　　33 宣传事务 ··· 049

　　34 统战事务 ··· 050

　　35 对外联络事务 ·· 050

　　36 其他共产党事务支出 ·· 051

　　37 网信事务 ··· 051

　　38 市场监督管理事务 ·· 051

　　39 社会工作事务 ·· 052

　　40 信访事务 ··· 052

　　41 数据事务 ··· 053

　　99 其他一般公共服务支出 ·· 053

202 外交支出 ··· 053

　　01 外交管理事务 ·· 053

　　02 驻外机构 ··· 054

　　03 对外援助 ··· 054

　　04 国际组织 ··· 054

　　05 对外合作与交流 ··· 054

　　06 对外宣传 ··· 054

　　07 边界勘界联检 ·· 054

　　08 国际发展合作 ·· 055

　　99 其他外交支出 ·· 055

203	国防支出	055
	01 军费	055
	04 国防科研事业	055
	05 专项工程	055
	06 国防动员	055
	99 其他国防支出	056
204	公共安全支出	056
	01 武装警察部队	056
	02 公安	056
	03 国家安全	056
	04 检察	057
	05 法院	057
	06 司法	058
	07 监狱	058
	08 强制隔离戒毒	059
	09 国家保密	059
	10 缉私警察	060
	99 其他公共安全支出	060
205	教育支出	060
	01 教育管理事务	060
	02 普通教育	060
	03 职业教育	061
	04 成人教育	061
	05 广播电视教育	061
	06 留学教育	062
	07 特殊教育	062
	08 进修及培训	062
	09 教育费附加安排的支出	062
	99 其他教育支出	063
206	科学技术支出	063
	01 科学技术管理事务	063
	02 基础研究	063

03 应用研究 ·· 063
　　04 技术研究与开发 ··· 064
　　05 科技条件与服务 ··· 064
　　06 社会科学 ·· 064
　　07 科学技术普及 ··· 064
　　08 科技交流与合作 ··· 064
　　09 科技重大项目 ··· 065
　　99 其他科学技术支出 ·· 065

207　文化旅游体育与传媒支出 ·· 065
　　01 文化和旅游 ·· 065
　　02 文物 ·· 066
　　03 体育 ·· 066
　　06 新闻出版电影 ··· 067
　　08 广播电视 ·· 067
　　99 其他文化旅游体育与传媒支出 ··· 067

208　社会保障和就业支出 ·· 067
　　01 人力资源和社会保障管理事务 ··· 067
　　02 民政管理事务 ··· 068
　　04 补充全国社会保障基金 ··· 069
　　05 行政事业单位养老支出 ··· 069
　　06 企业改革补助 ··· 069
　　07 就业补助 ·· 069
　　08 抚恤 ·· 070
　　09 退役安置 ·· 070
　　10 社会福利 ·· 071
　　11 残疾人事业 ·· 071
　　16 红十字事业 ·· 072
　　19 最低生活保障 ··· 072
　　20 临时救助 ·· 072
　　21 特困人员救助供养 ·· 072
　　24 补充道路交通事故社会救助基金 ·· 072
　　25 其他生活救助 ··· 072

26 财政对基本养老保险基金的补助 …………………………………… 073

　　27 财政对其他社会保险基金的补助 …………………………………… 073

　　28 退役军人管理事务 …………………………………………………… 073

　　30 财政代缴社会保险费支出 …………………………………………… 073

　　99 其他社会保障和就业支出 …………………………………………… 074

210　卫生健康支出 ………………………………………………………… 074

　　01 卫生健康管理事务 …………………………………………………… 074

　　02 公立医院 ……………………………………………………………… 074

　　03 基层医疗卫生机构 …………………………………………………… 075

　　04 公共卫生 ……………………………………………………………… 075

　　07 计划生育事务 ………………………………………………………… 075

　　11 行政事业单位医疗 …………………………………………………… 075

　　12 财政对基本医疗保险基金的补助 …………………………………… 076

　　13 医疗救助 ……………………………………………………………… 076

　　14 优抚对象医疗 ………………………………………………………… 076

　　15 医疗保障管理事务 …………………………………………………… 076

　　17 中医药事务 …………………………………………………………… 077

　　18 疾病预防控制事务 …………………………………………………… 077

　　19 托育服务 ……………………………………………………………… 077

　　99 其他卫生健康支出 …………………………………………………… 077

211　节能环保支出 ………………………………………………………… 077

　　01 环境保护管理事务 …………………………………………………… 077

　　02 环境监测与监察 ……………………………………………………… 078

　　03 污染防治 ……………………………………………………………… 078

　　04 自然生态保护 ………………………………………………………… 079

　　05 森林保护修复 ………………………………………………………… 079

　　07 风沙荒漠治理 ………………………………………………………… 080

　　08 退牧还草 ……………………………………………………………… 080

　　09 已垦草原退耕还草 …………………………………………………… 080

　　10 能源节约利用 ………………………………………………………… 080

　　11 污染减排 ……………………………………………………………… 080

　　12 清洁能源 ……………………………………………………………… 080

	13 循环经济	080
	14 能源管理事务	080
	99 其他节能环保支出	081
212	**城乡社区支出**	081
	01 城乡社区管理事务	081
	02 城乡社区规划与管理	082
	03 城乡社区公共设施	082
	05 城乡社区环境卫生	082
	06 建设市场管理与监督	082
	99 其他城乡社区支出	082
213	**农林水支出**	082
	01 农业农村	082
	02 林业和草原	084
	03 水利	085
	05 巩固脱贫攻坚成果衔接乡村振兴	087
	07 农村综合改革	087
	08 普惠金融发展支出	088
	09 目标价格补贴	088
	99 其他农林水支出	088
214	**交通运输支出**	088
	01 公路水路运输	088
	02 铁路运输	089
	03 民用航空运输	089
	05 邮政业支出	090
	99 其他交通运输支出	090
215	**资源勘探工业信息等支出**	090
	01 资源勘探开发	090
	02 制造业	091
	03 建筑业	091
	05 工业和信息产业	092
	07 国有资产监管	092
	08 支持中小企业发展和管理支出	093

　　　　99 其他资源勘探工业信息等支出 ·· 093
　216　商业服务业等支出 ·· 093
　　　　02 商业流通事务 ·· 093
　　　　06 涉外发展服务支出 ·· 094
　　　　99 其他商业服务业等支出 ·· 094
　217　金融支出 ·· 094
　　　　01 金融部门行政支出 ·· 094
　　　　02 金融部门监管支出 ·· 095
　　　　03 金融发展支出 ·· 095
　　　　04 金融调控支出 ·· 095
　　　　99 其他金融支出 ·· 096
　219　援助其他地区支出 ·· 096
　　　　01 一般公共服务 ·· 096
　　　　02 教育 ·· 096
　　　　03 文化旅游体育与传媒 ·· 096
　　　　04 卫生健康 ·· 096
　　　　05 节能环保 ·· 096
　　　　06 农业农村 ·· 096
　　　　07 交通运输 ·· 096
　　　　08 住房保障 ·· 096
　　　　99 其他支出 ·· 096
　220　自然资源海洋气象等支出 ·· 096
　　　　01 自然资源事务 ·· 096
　　　　05 气象事务 ·· 097
　　　　99 其他自然资源海洋气象等支出 ·· 098
　221　住房保障支出 ·· 098
　　　　01 保障性安居工程支出 ·· 098
　　　　02 住房改革支出 ·· 099
　　　　03 城乡社区住宅 ·· 099
　222　粮油物资储备支出 ·· 099
　　　　01 粮油物资事务 ·· 099
　　　　03 能源储备 ·· 100

	04 粮油储备 ······	100
	05 重要商品储备 ······	100
224	灾害防治及应急管理支出 ······	101
	01 应急管理事务 ······	101
	02 消防救援事务 ······	101
	04 矿山安全 ······	102
	05 地震事务 ······	102
	06 自然灾害防治 ······	103
	07 自然灾害救灾及恢复重建支出 ······	103
	99 其他灾害防治及应急管理支出 ······	103
227	预备费 ······	104
229	其他支出 ······	104
	02 年初预留 ······	104
	99 其他支出 ······	104
230	转移性支出 ······	104
	01 返还性支出 ······	104
	02 一般性转移支付 ······	104
	03 专项转移支付 ······	106
	06 上解支出 ······	107
	08 调出资金 ······	107
	09 年终结余 ······	107
	11 债务转贷支出 ······	107
	15 安排预算稳定调节基金 ······	107
	16 补充预算周转金 ······	107
	21 区域间转移性支出 ······	107
231	债务还本支出 ······	107
	01 中央政府国内债务还本支出 ······	107
	02 中央政府国外债务还本支出 ······	108
	03 地方政府一般债务还本支出 ······	108
232	债务付息支出 ······	108
	01 中央政府国内债务付息支出 ······	108
	02 中央政府国外债务付息支出 ······	108

03 地方政府一般债务付息支出 ················· 108

233　债务发行费用支出 ················· 109

　　01 中央政府国内债务发行费用支出 ················· 109

　　02 中央政府国外债务发行费用支出 ················· 109

　　03 地方政府一般债务发行费用支出 ················· 109

政府性基金预算收支科目

政府性基金预算收入科目 ················· 110

103　非税收入 ················· 110

　　01 政府性基金收入 ················· 110

　　10 专项债务对应项目专项收入 ················· 113

105　债务收入 ················· 115

　　03 中央政府债务收入 ················· 115

　　04 地方政府债务收入 ················· 115

110　转移性收入 ················· 116

　　04 政府性基金转移支付收入 ················· 116

　　06 上解收入 ················· 117

　　08 上年结余收入 ················· 117

　　09 调入资金 ················· 117

　　11 债务转贷收入 ················· 117

　　22 动用偿债备付金 ················· 118

政府性基金预算支出功能分类科目 ················· 119

205　教育支出 ················· 119

　　98 超长期特别国债安排的支出 ················· 119

206　科学技术支出 ················· 119

　　10 核电站乏燃料处理处置基金支出 ················· 119

　　98 超长期特别国债安排的支出 ················· 119

207　文化旅游体育与传媒支出 ················· 120

　　07 国家电影事业发展专项资金安排的支出 ················· 120

　　09 旅游发展基金支出 ················· 120

10 国家电影事业发展专项资金对应专项债务收入安排的支出 …………… 120
　　98 超长期特别国债安排的支出 ……………………………………………… 120

208　社会保障和就业支出 …………………………………………………… 121
　　98 超长期特别国债安排的支出 ……………………………………………… 121

210　卫生健康支出 ……………………………………………………………… 121
　　98 超长期特别国债安排的支出 ……………………………………………… 121

211　节能环保支出 ……………………………………………………………… 121
　　60 可再生能源电价附加收入安排的支出 …………………………………… 121
　　61 废弃电器电子产品处理基金支出 ………………………………………… 121
　　98 超长期特别国债安排的支出 ……………………………………………… 122

212　城乡社区支出 ……………………………………………………………… 122
　　08 国有土地使用权出让收入安排的支出 …………………………………… 122
　　10 国有土地收益基金安排的支出 …………………………………………… 123
　　11 农业土地开发资金安排的支出 …………………………………………… 123
　　13 城市基础设施配套费安排的支出 ………………………………………… 123
　　14 污水处理费安排的支出 …………………………………………………… 123
　　15 土地储备专项债券收入安排的支出 ……………………………………… 123
　　16 棚户区改造专项债券收入安排的支出 …………………………………… 124
　　17 城市基础设施配套费对应专项债务收入安排的支出 …………………… 124
　　18 污水处理费对应专项债务收入安排的支出 ……………………………… 124
　　19 国有土地使用权出让收入对应专项债务收入安排的支出 ……………… 124
　　98 超长期特别国债安排的支出 ……………………………………………… 125

213　农林水支出 ………………………………………………………………… 125
　　66 大中型水库库区基金安排的支出 ………………………………………… 125
　　67 三峡水库库区基金支出 …………………………………………………… 126
　　69 国家重大水利工程建设基金安排的支出 ………………………………… 126
　　70 大中型水库库区基金对应专项债务收入安排的支出 …………………… 126
　　71 国家重大水利工程建设基金对应专项债务收入安排的支出 …………… 126
　　72 大中型水库移民后期扶持基金支出 ……………………………………… 127
　　73 小型水库移民扶助基金安排的支出 ……………………………………… 127
　　74 小型水库移民扶助基金对应专项债务收入安排的支出 ………………… 127
　　98 超长期特别国债安排的支出 ……………………………………………… 127

214 交通运输支出	127
60 海南省高等级公路车辆通行附加费安排的支出	127
62 车辆通行费安排的支出	128
64 铁路建设基金支出	128
68 船舶油污损害赔偿基金支出	128
69 民航发展基金支出	128
70 海南省高等级公路车辆通行附加费对应专项债务收入安排的支出	129
71 政府收费公路专项债券收入安排的支出	129
72 车辆通行费对应专项债务收入安排的支出	129
98 超长期特别国债安排的支出	129
215 资源勘探工业信息等支出	130
62 农网还贷资金支出	130
98 超长期特别国债安排的支出	130
217 金融支出	130
04 金融调控支出	130
220 自然资源海洋气象等支出	130
06 耕地保护考核奖惩基金支出	130
221 住房保障支出	130
98 超长期特别国债安排的支出	130
222 粮油物资储备支出	131
98 超长期特别国债安排的支出	131
224 灾害防治及应急管理支出	131
98 超长期特别国债安排的支出	131
229 其他支出	131
04 其他政府性基金及对应专项债务收入安排的支出	131
08 彩票发行销售机构业务费安排的支出	131
09 抗疫特别国债财务基金支出	131
10 超长期特别国债财务基金支出	132
60 彩票公益金安排的支出	132
98 超长期特别国债安排的其他支出	132
230 转移性支出	132
04 政府性基金转移支付	132

06 上解支出 ·········· 133

　　08 调出资金 ·········· 133

　　09 年终结余 ·········· 133

　　11 债务转贷支出 ·········· 133

　　22 偿债备付金 ·········· 134

　231　债务还本支出 ·········· 134

　　04 地方政府专项债务还本支出 ·········· 134

　　05 抗疫特别国债还本支出 ·········· 135

　　06 超长期特别国债还本支出 ·········· 135

　232　债务付息支出 ·········· 135

　　04 地方政府专项债务付息支出 ·········· 135

　233　债务发行费用支出 ·········· 136

　　04 地方政府专项债务发行费用支出 ·········· 136

　234　抗疫特别国债安排的支出 ·········· 137

　　01 基础设施建设 ·········· 137

　　02 抗疫相关支出 ·········· 137

国有资本经营预算收支科目

国有资本经营预算收入科目 ·········· 138

　103　非税收入 ·········· 138

　　06 国有资本经营收入 ·········· 138

　110　转移性收入 ·········· 140

　　05 国有资本经营预算转移支付收入 ·········· 140

　　06 上解收入 ·········· 140

　　08 上年结余收入 ·········· 140

国有资本经营预算支出功能分类科目 ·········· 141

　208　社会保障和就业支出 ·········· 141

　　04 补充全国社会保障基金 ·········· 141

　223　国有资本经营预算支出 ·········· 141

　　01 解决历史遗留问题及改革成本支出 ·········· 141

	02 国有企业资本金注入	142
	03 国有企业公益性补贴	142
	99 其他国有资本经营预算支出	142
230	转移性支出	142
	05 国有资本经营预算转移支付	142
	06 上解支出	142
	08 调出资金	142
	09 年终结余	142

社会保险基金预算收支科目

社会保险基金预算收入科目 ······ 143

102	社会保险基金收入	143
	01 企业职工基本养老保险基金收入	143
	02 失业保险基金收入	143
	03 职工基本医疗保险基金收入	143
	04 工伤保险基金收入	144
	10 城乡居民基本养老保险基金收入	144
	11 机关事业单位基本养老保险基金收入	144
	12 城乡居民基本医疗保险基金收入	145
	98 国库待划转社会保险费利息收入	145
	99 其他社会保险基金收入	145
110	转移性收入	145
	08 上年结余收入	145
	09 调入资金	146
	16 社会保险基金转移收入	146
	17 社会保险基金上级补助收入	146
	18 社会保险基金下级上解收入	146

社会保险基金预算支出功能分类科目 ······ 148

209	社会保险基金支出	148
	01 企业职工基本养老保险基金支出	148

02 失业保险基金支出	148
03 职工基本医疗保险基金支出	149
04 工伤保险基金支出	149
10 城乡居民基本养老保险基金支出	149
11 机关事业单位基本养老保险基金支出	149
12 城乡居民基本医疗保险基金支出	150
99 其他社会保险基金支出	150
230 转移性支出	150
09 年终结余	150
17 社会保险基金转移支出	150
18 社会保险基金补助下级支出	151
19 社会保险基金上解上级支出	151

支出经济分类科目

政府预算支出经济分类科目		152
501	机关工资福利支出	152
502	机关商品和服务支出	152
503	机关资本性支出	153
504	机关资本性支出（基本建设）	154
505	对事业单位经常性补助	154
506	对事业单位资本性补助	154
507	对企业补助	154
508	对企业资本性支出	154
509	对个人和家庭的补助	155
510	对社会保障基金补助	155
511	债务利息及费用支出	155
512	债务还本支出	155
513	转移性支出	155
514	预备费及预留	156
599	其他支出	156

部门预算支出经济分类科目 157
- 301 工资福利支出 157
- 302 商品和服务支出 158
- 303 对个人和家庭的补助 159
- 307 债务利息及费用支出 160
- 309 资本性支出（基本建设） 160
- 310 资本性支出 161
- 311 对企业补助（基本建设） 162
- 312 对企业补助 162
- 313 对社会保障基金补助 162
- 399 其他支出 162

附录一 政府收支分类科目汇总表（包括未在四类预算收支科目中反映的部分科目） 163
- 一、收入科目 163
- 二、支出科目 196

附录二 支出经济分类科目对照表 247

附录三 2024—2025 年政府收支分类科目变动对照表 252
- 一、一般公共预算收入科目 252
- 二、一般公共预算支出功能分类科目 255
- 三、政府性基金预算收入科目 258
- 四、政府性基金预算支出功能分类科目 260
- 五、国有资本经营预算收入科目 265
- 六、国有资本经营预算支出功能分类科目 266
- 七、社会保险基金预算收入科目 266
- 八、社会保险基金预算支出功能分类科目 266
- 九、政府预算支出经济分类科目 267
- 十、部门预算支出经济分类科目 267

一般公共预算收支科目

一般公共预算收入科目

科目编码 类	科目编码 款	科目编码 项	科目名称	说明
101			税收收入	
	01		增值税	反映按《中华人民共和国增值税暂行条例》征收的国内增值税、进口货物增值税和经审批退库的出口货物增值税。
		01	国内增值税	反映税务部门征收的国内增值税和财政部、财政部各地监管局、税务部门审批退库的国内增值税。
		01	国有企业增值税	中央与地方共用收入科目。反映对国有企业征收的国内增值税。
		02	集体企业增值税	中央与地方共用收入科目。反映对集体企业(含股份合作企业)征收的国内增值税。
		03	股份制企业增值税	中央与地方共用收入科目。反映对有限责任公司、股份有限公司征收的国内增值税。
		04	联营企业增值税	中央与地方共用收入科目。反映对联营企业征收的国内增值税。
		05	港澳台和外商投资企业增值税	中央与地方共用收入科目。反映对港澳台商投资企业、外商投资企业征收的国内增值税。
		06	私营企业增值税	中央与地方共用收入科目。反映对私营企业征收的国内增值税。
		17	中国国家铁路集团有限公司改征增值税待分配收入	中央收入科目。反映待分配的中国国家铁路集团有限公司及部分分支机构缴纳的铁路运输企业营业税改征增值税地方分享50%部分。统计改征增值税数额时不计入本科目,以免重复。中央财政期末分配后该科目余额为零。
		18	中国国家铁路集团有限公司改征增值税收入	中央与地方共用收入科目。反映中国国家铁路集团有限公司及部分分支机构缴纳的铁路运输企业营业税改征增值税,不包括铁路建设基金营业税改征增值税。
		19	其他增值税	中央与地方共用收入科目。反映对其他单位和个人征收的国内增值税。
		20	增值税税款滞纳金、罚款收入	中央与地方共用收入科目。反映国内增值税税款滞纳金、罚款收入。

注：▲表示2024年预算执行中修订的科目。
　　★表示《2025年政府收支分类科目》制定过程中修订的科目。

科目编码 类 款 项 目	科目名称	说　明
101 01 01 21	残疾人就业增值税退税	中央与地方共用收入退库科目。反映税务部门审批退库的安置残疾人就业企业国内增值税。
22	软件增值税退税	中央与地方共用收入退库科目。反映税务部门审批退库的软件企业增值税。
25	宣传文化单位增值税退税	中央与地方共用收入退库科目。反映财政部各地监管局审批退库的宣传文化单位增值税。
27	核电站增值税退税	中央与地方共用收入退库科目。反映财政部各地监管局审批退库的核电站增值税。
29	资源综合利用增值税退税	中央与地方共用收入退库科目。反映财政部各地监管局或税务部门审批退库的资源综合利用企业增值税。
31	黄金增值税退税	中央与地方共用收入退库科目。反映税务部门审批退库的黄金交易增值税。
33	风力发电增值税退税	中央与地方共用收入退库科目。反映税务部门审批退库的利用风力生产的电力产品增值税。
34	管道运输增值税退税	中央与地方共用收入退库科目。反映税务部门审批退库的管道运输服务增值税。
35	融资租赁增值税退税	中央与地方共用收入退库科目。反映税务部门审批退库的有形动产融资租赁服务和有形动产融资性售后回租服务增值税。
36	增值税留抵退税	中央与地方共用收入退库科目。反映税务部门按照增值税留抵退税政策退还的增值税。
37	增值税留抵退税省级调库	中央与地方共用收入科目。反映通过调库方式调整企业所在省级财政垫付多（或少）于应分担的35%部分增值税留抵退税。
38	增值税留抵退税省级以下调库	地方收入科目。反映通过调库方式调整企业所在地市县财政垫付多（或少）于应分担的增值税留抵退税。
50	其他增值税退税	中央与地方共用收入退库科目。反映从国库退付的其他国内增值税。
51	免抵调增增值税	中央与地方共用收入科目。反映实行"免、抵、退"税办法按免抵数额调增的增值税。
52	成品油价格和税费改革增值税划出	地方收入科目。反映地方国库按财政部给定参数和省以下财政体制分享参数，计算出的成品油价格和税费改革增值税划出收入。
53	成品油价格和税费改革增值税划入	中央收入科目。反映从地方国库划转至中央国库的成品油价格和税费改革增值税收入。
54	跨省管道运输企业增值税	中央与地方共用收入科目。反映对跨省管道运输企业征收的增值税。
55	跨省管道运输企业增值税待分配收入	中央收入科目。反映待分配的跨省管道运输企业增值税。中央或地方统计跨省管道运输企业增值税时对本科目不作统计，以免重复计算。

科目编码			科目名称	说　明
类	款	项		
101	01	02	进口货物增值税	反映海关征收的进口货物增值税和财政部按"先征后退"政策审批退库的进口货物增值税。
		01	进口货物增值税	中央收入科目。反映海关征收的进口货物增值税。
		20	进口货物增值税税款滞纳金等收入★	中央收入科目。反映海关征收的进口货物增值税税款滞纳金、罚款和缓税利息收入。
		21	进口货物退增值税	中央收入退库科目。反映财政部按"先征后退"政策审批退库的进口货物增值税。
	03		出口业务退增值税	反映从中央国库办理的出口货物、服务等退增值税以及按"免、抵、退"税办法调减的增值税。
		01	出口业务退增值税	中央收入退库科目。反映从中央国库退付的出口货物、服务等增值税。
		02	免抵调减增值税	中央收入科目。反映实行"免、抵、退"税办法按免抵数额调减的增值税。
	02		消费税	反映按《中华人民共和国消费税暂行条例》征收的国内消费税、进口消费品消费税和经审批退库的出口消费品消费税。
		01	国内消费税	反映税务部门征收的国内消费税和财政部、税务部门按"先征后退"政策审批退库的国内消费税。
		01	国有企业消费税	中央收入科目。反映对国有企业征收的国内消费税，不包括国有企业缴纳的成品油消费税。
		02	集体企业消费税	中央收入科目。反映对集体企业（含股份合作企业）征收的国内消费税，不包括集体企业缴纳的成品油消费税。
		03	股份制企业消费税	中央收入科目。反映对有限责任公司、股份有限公司征收的国内消费税，不包括股份制企业缴纳的成品油消费税。
		04	联营企业消费税	中央收入科目。反映对联营企业征收的国内消费税，不包括联营企业缴纳的成品油消费税。
		05	港澳台和外商投资企业消费税	中央收入科目。反映对港澳台商投资企业、外商投资企业征收的国内消费税，不包括港澳台和外商投资企业缴纳的成品油消费税。
		06	私营企业消费税	中央收入科目。反映对私营企业征收的国内消费税，不包括私营企业缴纳的成品油消费税。
		07	成品油消费税	中央收入科目。反映对成品油征收的消费税。
		19	其他消费税	中央收入科目。反映对其他单位和个人征收的国内消费税，不包括其他单位和个人缴纳的成品油消费税。
		20	消费税税款滞纳金、罚款收入	中央收入科目。反映消费税税款滞纳金、罚款收入。
		21	成品油消费税退税	中央收入退库科目。反映税务部门或有关部门按"先征后退"政策审批退库的成品油消费税。

科目编码				科目名称	说明
类	款	项	目		
101	02	01	29	其他消费税退税	中央收入退库科目。反映财政部按"先征后退"政策审批退库的除港澳台商投资企业、外商投资企业以外的其他国内消费税。
		02		进口消费品消费税	反映海关征收的进口消费品消费税和财政部按"先征后退"政策审批退库的进口消费品消费税。
			02	进口成品油消费税	中央收入科目。反映海关征收的进口成品油消费税。
			09	进口其他消费品消费税	中央收入科目。反映海关征收的进口消费品消费税，不包括成品油消费税。
			20	进口消费品消费税税款滞纳金等收入★	中央收入科目。反映海关征收的进口消费品消费税税款滞纳金、罚款和缓税利息收入。
			21	进口成品油消费税退税	中央收入退库科目。反映财政部按"先征后退"政策审批退库的进口成品油消费税。
			29	进口其他消费品退消费税	中央收入退库科目。反映财政部按"先征后退"政策审批退库的除进口成品油外的其他进口消费品消费税。
		03		出口消费品退消费税	中央收入退库科目。反映从中央国库退付的出口消费品消费税。
	04			企业所得税	反映税务部门按《中华人民共和国企业所得税法》征收的企业所得税。
		01		国有冶金工业所得税	中央与地方共用收入科目。反映对国有冶金工业企业征收的企业所得税（不包括跨地区总分机构企业汇总缴纳的企业所得税）。
		02		国有有色金属工业所得税	中央与地方共用收入科目。反映对国有有色金属工业企业征收的企业所得税（不包括跨地区总分机构企业汇总缴纳的企业所得税）。
		03		国有煤炭工业所得税	中央与地方共用收入科目。反映对国有煤炭工业企业征收的企业所得税（不包括跨地区总分机构企业汇总缴纳的企业所得税）。
		04		国有电力工业所得税	中央与地方共用收入科目。反映对国有电力工业企业征收的企业所得税（不包括跨地区总分机构企业汇总缴纳的企业所得税）。
		05		国有石油和化学工业所得税	中央与地方共用收入科目。反映对国有石油化学工业企业征收的企业所得税（不包括跨地区总分机构企业汇总缴纳的企业所得税）。
		06		国有机械工业所得税	中央与地方共用收入科目。反映对国有机械工业企业征收的企业所得税（不包括跨地区总分机构企业汇总缴纳的企业所得税）。
		07		国有汽车工业所得税	中央与地方共用收入科目。反映对国有汽车工业企业征收的企业所得税（不包括跨地区总分机构企业汇总缴纳的企业所得税）。
		08		国有核工业所得税	中央与地方共用收入科目。反映对核工业系统的企业征收的企业所得税（不包括跨地区总分机构企业汇总缴纳的企业所得税）。

科目编码			科目名称	说明
类 款 项		目		
101 04	09		国有航空工业所得税	中央与地方共用收入科目。反映对航空工业企业征收的企业所得税（不包括跨地区总分机构企业汇总缴纳的企业所得税）。
	10		国有航天工业所得税	中央与地方共用收入科目。反映对航天工业企业征收的企业所得税（不包括跨地区总分机构企业汇总缴纳的企业所得税）。
	11		国有电子工业所得税	中央与地方共用收入科目。反映对国有电子工业企业征收的企业所得税（不包括跨地区总分机构企业汇总缴纳的企业所得税）。
	12		国有兵器工业所得税	中央与地方共用收入科目。反映对兵器工业企业征收的企业所得税（不包括跨地区总分机构企业汇总缴纳的企业所得税）。
	13		国有船舶工业所得税	中央与地方共用收入科目。反映对船舶工业企业征收的企业所得税（不包括跨地区总分机构企业汇总缴纳的企业所得税）。
	14		国有建筑材料工业所得税	中央与地方共用收入科目。反映对国有建筑材料工业企业征收的企业所得税（不包括跨地区总分机构企业汇总缴纳的企业所得税）。
	15		国有烟草企业所得税	中央与地方共用收入科目。反映对国有烟草企业征收的企业所得税（不包括跨地区总分机构企业汇总缴纳的企业所得税）。
	16		国有纺织企业所得税	中央与地方共用收入科目。反映对国有纺织工业企业征收的企业所得税（不包括跨地区总分机构企业汇总缴纳的企业所得税）。
	17		国有铁道企业所得税	反映对国有铁道企业征收的企业所得税（不包括跨地区总分机构企业汇总缴纳的企业所得税）。
		01	中国国家铁路集团有限公司集中缴纳的铁路运输企业所得税	中央与地方共用收入科目。反映中国国家铁路集团有限公司集中缴纳的铁路运输企业所得税（含中铁快运股份有限公司缴纳的企业所得税）。
		02	中国国家铁路集团有限公司集中缴纳的铁路运输企业所得税待分配收入	中央收入科目。反映待分配的中国国家铁路集团有限公司集中缴纳的铁路运输企业所得税地方分享40%部分，在中央或地方财政统计铁路运输企业所得税收入时对本科目不作统计，以免重复计算。
		09	其他国有铁道企业所得税	反映对其他国有铁道企业征收的企业所得税。
	18		国有交通企业所得税	中央与地方共用收入科目。反映对国有公路、水路航运、海运等企业和船舶燃料供应企业征收的企业所得税（不包括跨地区总分机构企业汇总缴纳的企业所得税）。
	19		国有邮政企业所得税	中央收入科目。反映对国有邮政企业征收的企业所得税。
	20		国有民航企业所得税	中央与地方共用收入科目。反映对国有民航企业征收的企业所得税（不包括跨地区总分机构企业汇总缴纳的企业所得税）。

科目编码 类	科目编码 款	科目编码 项	科目名称	说明
101	04	21	国有海洋石油天然气企业所得税	中央收入科目。反映对国有海洋石油天然气企业征收的企业所得税。
		22	国有外贸企业所得税	中央与地方共用收入科目。反映对国有外贸企业征收的企业所得税（不包括跨地区总分机构企业汇总缴纳的企业所得税）。
		23	国有银行所得税	反映对国有银行征收的企业所得税（不包括跨地区总分机构企业汇总缴纳的企业所得税）。
			03 中国进出口银行所得税	中央收入科目。反映对中国进出口银行征收的企业所得税。
			04 中国农业发展银行所得税	中央收入科目。反映对中国农业发展银行征收的企业所得税。
			09 其他国有银行所得税	中央与地方共用收入科目。反映对其他国有银行征收的企业所得税。
		24	国有非银行金融企业所得税	反映对国有非银行金融机构征收的企业所得税（不包括跨地区总分机构企业汇总缴纳的企业所得税）。
			02 中国建银投资有限责任公司所得税	中央收入科目。反映对中国建银投资有限责任公司征收的企业所得税。
			03 中国投资有限责任公司所得税	中央收入科目。反映对中国投资有限责任公司（本部）及其全资子公司征收的企业所得税。
			04 中投公司所属其他公司所得税	中央收入科目。反映对中国投资有限责任公司（本部）及其全资子公司之外的所属其他公司征收的企业所得税。
			09 其他国有非银行金融企业所得税	中央与地方共用收入科目。反映除上述项目以外其他国有非银行金融企业所得税。
		25	国有保险企业所得税	中央与地方共用收入科目。反映对国有保险企业征收的企业所得税（不包括跨地区总分机构企业汇总缴纳的企业所得税）。
		26	国有文教企业所得税	反映对国有文教企业征收的企业所得税（不包括跨地区总分机构企业汇总缴纳的企业所得税）。
			01 国有电影企业所得税	中央与地方共用收入科目。反映对国有电影企业征收的所得税。
			02 国有出版企业所得税	中央与地方共用收入科目。反映对国有出版企业征收的所得税。
			09 其他国有文教企业所得税	中央与地方共用收入科目。反映除上述项目以外对其他国有文教企业征收的所得税。
		27	国有水产企业所得税	中央与地方共用收入科目。反映对国有水产捕捞、养殖、冷藏、加工、供销和渔轮、渔需物资加工制造、渔种场等企业征收的企业所得税（不包括跨地区总分机构企业汇总缴纳的企业所得税）。
		28	国有森林工业企业所得税	中央与地方共用收入科目。反映对国有木材采伐、加工、林产化学、林业机械、机修、运输、供销等企业征收的企业所得税（不包括跨地区总分机构企业汇总缴纳的企业所得税）。

科目编码			科目名称	说明
类	款	项		
101	04	29	国有电信企业所得税	中央与地方共用收入科目。反映对国有电信企业征收的企业所得税（不包括跨地区总分机构企业汇总缴纳的企业所得税）。
		30	国有农垦企业所得税	中央与地方共用收入科目。反映对国有农垦企业征收的企业所得税（不包括跨地区总分机构企业汇总缴纳的企业所得税）。
		31	其他国有企业所得税	中央与地方共用收入科目。反映对其他国有企业征收的企业所得税（不包括跨地区总分机构企业汇总缴纳的企业所得税）。
		32	集体企业所得税	中央与地方共用收入科目。反映对集体企业（含股份合作企业）征收的企业所得税（不包括跨地区总分机构企业汇总缴纳的企业所得税）。
		33	股份制企业所得税	反映对有限责任公司、股份有限公司征收的企业所得税（不包括跨地区总分机构企业汇总缴纳的企业所得税）。
		02	股份制海洋石油天然气企业所得税	中央收入科目。反映对股份制海洋石油天然气企业征收的企业所得税。
		03	中国石油天然气股份有限公司所得税	中央收入科目。反映对中国石油天然气股份有限公司征收的企业所得税。
		04	中国石油化工股份有限公司所得税	中央收入科目。反映对中国石油化工股份有限公司征收的企业所得税。
		08	中国工商银行股份有限公司所得税	中央收入科目。反映对中国工商银行股份有限公司征收的企业所得税。
		09	中国建设银行股份有限公司所得税	中央收入科目。反映对中国建设银行股份有限公司征收的企业所得税。
		10	中国银行股份有限公司所得税	中央收入科目。反映对中国银行股份有限公司征收的企业所得税。
		12	长江电力股份有限公司所得税	中央收入科目。反映对长江电力股份有限公司征收的企业所得税。
		13	中国农业银行股份有限公司所得税	中央收入科目。反映对中国农业银行股份有限公司征收的企业所得税。
		14	国家开发银行股份有限公司所得税	中央收入科目。反映对国家开发银行股份有限公司征收的企业所得税。
		15	中国邮政储蓄银行股份有限公司所得税	中央收入科目。反映对中国邮政储蓄银行股份有限公司征收的企业所得税。
		16	中国信达资产管理股份有限公司所得税	中央收入科目。反映对中国信达资产管理股份有限公司征收的所得税。
		17	跨省合资铁路企业所得税	中央与地方共用收入科目。反映跨省合资铁路企业缴纳的企业所得税。
		18	中国华融资产管理股份有限公司所得税	中央收入科目。反映对中国华融资产管理股份有限公司征收的所得税。
		19	中国长城资产管理公司所得税	中央收入科目。反映对中国长城资产管理公司征收的所得税。

科目编码 类 款 项 目	科目名称	说明
101 04 33 20	中国东方资产管理公司所得税	中央收入科目。反映对中国东方资产管理公司征收的所得税。
99	其他股份制企业所得税	中央与地方共用收入科目。反映对其他股份制企业征收的企业所得税。
34	联营企业所得税	中央与地方共用收入科目。反映对联营企业征收的企业所得税（不包括跨地区总分机构企业汇总缴纳的企业所得税）。
35	港澳台和外商投资企业所得税	反映对港澳台商投资企业、外商投资企业和外国企业征收的企业所得税（不包括跨地区总分机构企业汇总缴纳的企业所得税）。
01	港澳台和外商投资海上石油天然气企业所得税	中央收入科目。反映对港澳台和外商投资的海上石油天然气企业以及外国海上石油天然气企业征收的企业所得税。
09	其他港澳台和外商投资企业所得税	中央与地方共用收入科目。反映对其他港澳台和外商投资企业征收的企业所得税。
36	私营企业所得税	中央与地方共用收入科目。反映对私营企业征收的企业所得税（不包括跨地区总分机构企业汇总缴纳的企业所得税）。
39	其他企业所得税	中央与地方共用收入科目。反映对国有事业单位、社会团体、基金会、民办非企业单位等征收的企业所得税（不包括跨地区总分机构汇总缴纳的企业所得税）。
40	分支机构预缴所得税	反映按《跨省市总分机构企业所得税分配及预算管理办法》由分支机构预缴的企业所得税。
01	国有企业分支机构预缴所得税	中央与地方共用收入科目。反映国有企业分支机构预缴所得税。
02	股份制企业分支机构预缴所得税	中央与地方共用收入科目。反映股份制企业分支机构预缴所得税。
03	港澳台和外商投资企业分支机构预缴所得税	中央与地方共用收入科目。反映港澳台和外商投资企业分支机构预缴所得税。
99	其他企业分支机构预缴所得税	中央与地方共用收入科目。反映其他企业分支机构预缴所得税。
41	总机构预缴所得税	反映按《跨省市总分机构企业所得税分配及预算管理办法》由总机构预缴的企业所得税。
01	国有企业总机构预缴所得税	中央与地方共用收入科目。反映国有企业总机构预缴所得税。
02	股份制企业总机构预缴所得税	中央与地方共用收入科目。反映股份制企业总机构预缴所得税。
03	港澳台和外商投资企业总机构预缴所得税	中央与地方共用收入科目。反映港澳台和外商投资企业总机构预缴所得税。
99	其他企业总机构预缴所得税	中央与地方共用收入科目。反映其他企业总机构预缴所得税。

科目编码 类	科目编码 款	科目编码 项	目	科目名称	说明
101	04	42		总机构汇算清缴所得税	反映按《跨省市总分机构企业所得税分配及预算管理办法》规定，在汇算清缴时由总机构补缴的企业所得税和按规定办理的多缴税款退税。
			01	国有企业总机构汇算清缴所得税	中央与地方共用收入科目。反映国有企业总机构汇算清缴所得税。
			02	股份制企业总机构汇算清缴所得税	中央与地方共用收入科目。反映股份制企业总机构汇算清缴所得税。
			03	港澳台和外商投资企业总机构汇算清缴所得税	中央与地方共用收入科目。反映港澳台和外商投资企业总机构汇算清缴所得税。
			99	其他企业总机构汇算清缴所得税	中央与地方共用收入科目。反映其他企业总机构汇算清缴所得税。
		43		企业所得税待分配收入	反映《跨省市总分机构企业所得税分配及预算管理办法》规定的企业所得税待分配收入。在中央或地方财政统计跨省市总分机构企业所得税收入时，对本科目不作统计，以免重复计算。
			01	国有企业所得税待分配收入	中央收入科目。反映国有企业所得税待分配收入。
			02	股份制企业所得税待分配收入	中央收入科目。反映股份制企业所得税待分配收入。
			03	港澳台和外商投资企业所得税待分配收入	中央收入科目。反映港澳台和外商投资企业所得税待分配收入。
			99	其他企业所得税待分配收入	中央收入科目。反映其他企业所得税待分配收入。
		44		跨市县分支机构预缴所得税	反映按有关省制定的跨市县总分机构企业所得税分配及预算管理办法，由分支机构预缴的企业所得税。
			01	国有企业分支机构预缴所得税	中央与地方共用收入科目。反映跨市县国有企业分支机构预缴所得税。
			02	股份制企业分支机构预缴所得税	中央与地方共用收入科目。反映跨市县股份制企业分支机构预缴所得税。
			03	港澳台和外商投资企业分支机构预缴所得税	中央与地方共用收入科目。反映跨市县港澳台和外商投资企业分支机构预缴所得税。
			99	其他企业分支机构预缴所得税	中央与地方共用收入科目。反映跨市县其他企业分支机构预缴所得税。
		45		跨市县总机构预缴所得税	反映按有关省制定的跨市县总分机构企业所得税分配及预算管理办法，由总机构预缴的企业所得税。
			01	国有企业总机构预缴所得税	中央与地方共用收入科目。反映跨市县国有企业总机构预缴所得税。
			02	股份制企业总机构预缴所得税	中央与地方共用收入科目。反映跨市县股份制企业总机构预缴所得税。
			03	港澳台和外商投资企业总机构预缴所得税	中央与地方共用收入科目。反映跨市县港澳台和外商投资企业总机构预缴所得税。

科目编码 类 款 项 目	科目名称	说　明
101 04 45 99	其他企业总机构预缴所得税	中央与地方共用收入科目。反映跨市县其他企业总机构预缴所得税。
46	跨市县总机构汇算清缴所得税	反映按有关省制定的跨市县总分机构企业所得税分配及预算管理办法，在汇算清缴时，由总机构补缴的企业所得税和按规定办理的多缴税款退税。
01	国有企业总机构汇算清缴所得税	中央与地方共用收入科目。反映跨市县国有企业总机构汇算清缴所得税。
02	股份制企业总机构汇算清缴所得税	中央与地方共用收入科目。反映跨市县股份制企业总机构汇算清缴所得税。
03	港澳台和外商投资企业总机构汇算清缴所得税	中央与地方共用收入科目。反映跨市县港澳台和外商投资企业总机构汇算清缴所得税。
99	其他企业总机构汇算清缴所得税	中央与地方共用收入科目。反映跨市县其他企业总机构汇算清缴所得税。
47	省以下企业所得税待分配收入	反映按有关省跨市县总分机构企业所得税分配及预算管理办法规定的企业所得税待分配收入。在地方财政统计跨市县总分机构企业所得税收入时，对本科目不作统计，以免重复计算。
01	国有企业所得税待分配收入	地方收入科目。反映省以下国有企业所得税待分配收入。
02	股份制企业所得税待分配收入	地方收入科目。反映省以下股份制企业所得税待分配收入。
03	港澳台和外商投资企业所得税待分配收入	地方收入科目。反映省以下港澳台和外商投资企业所得税待分配收入。
99	其他企业所得税待分配收入	反映省以下其他企业所得税待分配收入。
48	跨市县分支机构汇算清缴所得税	反映按有关省制定的跨市县总分机构企业所得税分配及预算管理办法，分支机构汇算清缴的企业所得税。
01	国有企业分支机构汇算清缴所得税	中央与地方共用收入科目。反映跨市县国有企业分支机构汇算清缴所得税。
02	股份制企业分支机构汇算清缴所得税	中央与地方共用收入科目。反映跨市县股份制企业分支机构汇算清缴所得税。
03	港澳台和外商投资企业分支机构汇算清缴所得税	中央与地方共用收入科目。反映跨市县港澳台和外商投资企业分支机构汇算清缴所得税。
99	其他企业分支机构汇算清缴所得税	中央与地方共用收入科目。反映跨市县其他企业分支机构汇算清缴所得税。
49	分支机构汇算清缴所得税	反映按《跨省市总分机构企业所得税分配及预算管理办法》规定，在汇算清缴时由分支机构补缴的企业所得税和按规定办理的多缴税款退税。
01	国有企业分支机构汇算清缴所得税	中央与地方共用收入科目。反映国有企业分支机构汇算清缴所得税。
02	股份制企业分支机构汇算清缴所得税	中央与地方共用收入科目。反映股份制企业分支机构汇算清缴所得税。
03	港澳台和外商投资企业分支机构汇算清缴所得税	中央与地方共用收入科目。反映港澳台和外商投资企业分支机构汇算清缴所得税。

科目编码				科目名称	说 明
类	款	项	目		
101	04	49	99	其他企业分支机构汇算清缴所得税	中央与地方共用收入科目。反映其他企业分支机构汇算清缴所得税。
		50		企业所得税税款滞纳金、罚款、加收利息收入	反映企业所得税税款滞纳金、罚款、加收利息收入。
			01	内资企业所得税税款滞纳金、罚款、加收利息收入	中央与地方共用收入科目。反映国有、集体、股份制、联营、私营等内资企业缴纳的企业所得税税款滞纳金、罚款、加收利息收入。
			02	港澳台和外商投资企业所得税税款滞纳金、罚款、加收利息收入	中央与地方共用收入科目。反映港澳台和外商投资企业及外国企业缴纳的企业所得税税款滞纳金、罚款、加收利息收入。
			03	中央企业所得税税款滞纳金、罚款、加收利息收入	中央收入科目。反映国有邮政企业（包括中国邮政集团公司及其控股公司和直属单位）、中国工商银行股份有限公司、中国农业银行股份有限公司、中国银行股份有限公司、国家开发银行股份有限公司、中国农业发展银行、中国进出口银行、中国投资有限责任公司、中国建银投资有限责任公司、中国建设银行股份有限公司、中国信达资产管理股份有限公司、中国石油天然气股份有限公司、中国石油化工股份有限公司、海洋石油天然气企业[包括中国海洋石油总公司、中海石油（中国）有限公司、中海油田服务股份有限公司、海洋石油工程股份有限公司]、中国长江电力股份有限公司等中央企业缴纳的企业所得税税款滞纳金、罚款、加收利息收入。
		51		跨省管道运输企业所得税	中央与地方共用收入科目。反映对跨省管道运输企业征收的企业所得税。
		52		跨省管道运输企业所得税待分配收入	中央收入科目。反映待分配的跨省管道运输企业所得税。中央或地方统计跨省管道运输企业所得税时对本科目不作统计，以免重复计算。
	05			企业所得税退税	反映财政部门按"先征后退"政策审批退库的企业所得税。
		01		国有冶金工业所得税退税	中央与地方共用收入退库科目。反映国有冶金工业所得税退税。
		02		国有有色金属工业所得税退税	中央与地方共用收入退库科目。反映国有有色金属工业所得税退税。
		03		国有煤炭工业所得税退税	中央与地方共用收入退库科目。反映国有煤炭工业所得税退税。
		04		国有电力工业所得税退税	中央与地方共用收入退库科目。反映国有电力工业所得税退税。
		05		国有石油和化学工业所得税退税	中央与地方共用收入退库科目。反映国有石油和化学工业所得税退税。
		06		国有机械工业所得税退税	中央与地方共用收入退库科目。反映国有机械工业所得税退税。
		07		国有汽车工业所得税退税	中央与地方共用收入退库科目。反映国有汽车工业所得税退税。

科目编码			科目名称	说明
类	款	项		
101	05	08	国有核工业所得税退税	中央与地方共用收入退库科目。反映国有核工业所得税退税。
		09	国有航空工业所得税退税	中央与地方共用收入退库科目。反映国有航空工业所得税退税。
		10	国有航天工业所得税退税	中央与地方共用收入退库科目。反映国有航天工业所得税退税。
		11	国有电子工业所得税退税	中央与地方共用收入退库科目。反映国有电子工业所得税退税。
		12	国有兵器工业所得税退税	中央与地方共用收入退库科目。反映国有兵器工业所得税退税。
		13	国有船舶工业所得税退税	中央与地方共用收入退库科目。反映国有船舶工业所得税退税。
		14	国有建筑材料工业所得税退税	中央与地方共用收入退库科目。反映国有建筑材料工业所得税退税。
		15	国有烟草企业所得税退税	中央与地方共用收入退库科目。反映国有烟草企业所得税退税。
		16	国有纺织企业所得税退税	中央与地方共用收入退库科目。反映国有纺织企业所得税退税。
		17	国有铁道企业所得税退税	中央与地方共用收入退库科目。反映国有铁道企业所得税退税。
		18	国有交通企业所得税退税	中央与地方共用收入退库科目。反映国有交通企业所得税退税。
		19	国有邮政企业所得税退税	中央收入退库科目。反映国有邮政企业所得税退税。
		20	国有民航企业所得税退税	中央与地方共用收入退库科目。反映国有民航企业所得税退税。
		21	海洋石油天然气企业所得税退税	中央收入退库科目。反映海洋石油天然气企业所得税退税。
		22	国有外贸企业所得税退税	中央与地方共用收入退库科目。反映国有外贸企业所得税退税。
		23	国有银行所得税退税	反映国有银行企业所得税退税。
		03	中国进出口银行所得税退税	中央收入退库科目。反映中国进出口银行所得税退税。
		04	中国农业发展银行所得税退税	中央收入退库科目。反映中国农业发展银行所得税退税。
		09	其他国有银行所得税退税	中央与地方共用收入退库科目。反映除上述项目以外其他国有银行所得税退税。
		24	国有非银行金融企业所得税退税	反映国有非银行金融企业所得税退税。
		01	中国投资有限责任公司所得税退税	中央收入退库科目。反映中国投资有限责任公司所得税退税。
		09	其他国有非银行金融企业所得税退税	中央与地方共用收入退库科目。反映除上述项目以外其他国有非银行金融企业所得税退税。

科目编码 类	科目编码 款	科目编码 项	目	科 目 名 称	说 明
101	05	25		国有保险企业所得税退税	中央与地方共用收入退库科目。反映国有保险企业所得税退税。
		26		国有文教企业所得税退税	反映国有文教企业所得税退税。
			01	国有电影企业所得税退税	中央与地方共用收入退库科目。反映国有电影企业所得税退税。
			02	国有出版企业所得税退税	中央与地方共用收入退库科目。反映国有出版企业所得税退税。
			09	其他国有文教企业所得税退税	中央与地方共用收入退库科目。反映其他国有文教企业所得税退税。
		27		国有水产企业所得税退税	中央与地方共用收入退库科目。反映国有水产企业所得税退税。
		28		国有森林工业企业所得税退税	中央与地方共用收入退库科目。反映国有森林工业企业所得税退税。
		29		国有电信企业所得税退税	中央与地方共用收入退库科目。反映国有电信企业所得税退税。
		30		其他国有企业所得税退税	中央与地方共用收入退库科目。反映其他国有企业所得税退税。
		31		集体企业所得税退税	中央与地方共用收入退库科目。反映集体企业所得税退税。
		32		股份制企业所得税退税	反映股份制企业所得税退税。
			01	中国工商银行股份有限公司所得税退税	中央收入退库科目。反映中国工商银行股份有限公司所得税退税。
			02	中国建设银行股份有限公司所得税退税	中央收入退库科目。反映中国建设银行股份有限公司所得税退税。
			03	中国银行股份有限公司所得税退税	中央收入退库科目。反映中国银行股份有限公司所得税退税。
			05	中国农业银行股份有限公司所得税退税	中央收入退库科目。反映中国农业银行股份有限公司所得税退税。
			06	国家开发银行股份有限公司所得税退税	中央收入退库科目。反映国家开发银行股份有限公司所得税退税。
			15	中国邮政储蓄银行股份有限公司所得税退税	中央收入退库科目。反映中国邮政储蓄银行股份有限公司所得税退税。
			16	中国信达资产管理股份有限公司所得税退税	中央收入退库科目。反映中国信达资产管理股份有限公司所得税退税。
			18	中国华融资产管理股份有限公司所得税退税	中央收入退库科目。反映中国华融资产管理股份有限公司所得税退税。
			19	中国长城资产管理公司所得税退税	中央收入退库科目。反映中国长城资产管理公司所得税退税。
			20	中国东方资产管理公司所得税退税	中央收入退库科目。反映中国东方资产管理公司所得税退税。
			99	其他股份制企业所得税退税	中央与地方共用收入退库科目。反映其他股份制企业所得税退税。

科目编码 类 款 项	科目名称	说明
101 05 33	联营企业所得税退税	中央与地方共用收入退库科目。反映联营企业所得税退税。
34	私营企业所得税退税	中央与地方共用收入退库科目。反映私营企业所得税退税。
35	跨省市总分机构企业所得税退税	反映财政部门按"先征后退"政策审批退库的跨省市总分机构企业所得税（不包括按规定办理的多缴税款退税）。
01	国有跨省市总分机构企业所得税退税	中央与地方共用收入退库科目。反映国有跨省市总分机构企业所得税退税。
02	股份制跨省市总分机构企业所得税退税	中央与地方共用收入退库科目。反映股份制跨省市总分机构企业所得税退税。
03	港澳台和外商投资跨省市总分机构企业所得税退税	中央与地方共用收入退库科目。反映港澳台和外商投资跨省市总分机构企业所得税退税。
99	其他跨省市总分机构企业所得税退税	中央与地方共用收入退库科目。反映其他跨省市总分机构企业所得税退税。
36	跨市县总分机构企业所得税退税	反映财政部门按"先征后退"政策审批退库的跨市县总分机构企业所得税（不包括按规定办理的多缴税款退税）。
01	国有跨市县总分机构企业所得税退税	中央与地方共用收入退库科目。反映国有跨市县总分机构企业所得税退税。
02	股份制跨市县总分机构企业所得税退税	中央与地方共用收入退库科目。反映股份制跨市县总分机构企业所得税退税。
03	港澳台和外商投资跨市县总分机构企业所得税退税	中央与地方共用收入退库科目。反映港澳台和外商投资跨市县总分机构企业所得税退税。
99	其他跨市县总分机构企业所得税退税	中央与地方共用收入退库科目。反映其他跨市县总分机构企业所得税退税。
99	其他企业所得税退税	中央与地方共用收入退库科目。反映除上述项目以外其他企业所得税退税。
06	个人所得税	反映按《中华人民共和国个人所得税法》等法律法规征收的个人所得税。
01	个人所得税	反映按《中华人民共和国个人所得税法》《对储蓄存款利息所得征收个人所得税的实施办法》征收的个人所得税。
01	储蓄存款利息所得税	中央与地方共用收入科目。反映按《对储蓄存款利息所得征收个人所得税的实施办法》征收的个人储蓄存款利息所得税。
09	其他个人所得税	中央与地方共用收入科目。反映除储蓄存款利息所得税以外的其他个人所得税收入。
02	个人所得税综合所得汇算清缴退税	中央与地方共用收入退库科目。反映按《中华人民共和国个人所得税法》规定，个人在办理综合所得汇算清缴时，税务部门退还其多缴税款。
03	个人所得税代扣代缴手续费退库	中央与地方共用收入退库科目。反映税务部门按《中华人民共和国个人所得税法实施条例》规定付给扣缴义务人的手续费。

科目编码 类	科目编码 款	科目编码 项	目	科 目 名 称	说　　明
101	06	20		个人所得税税款滞纳金、罚款、加收利息收入	中央与地方共用收入科目。反映个人所得税税款滞纳金、罚款、加收利息收入。
	07			资源税	反映按《中华人民共和国资源税法》征收的资源税。
		01		海洋石油资源税	中央收入科目。反映对开采海洋石油的单位征收的资源税。
		02		水资源税	地方收入科目。反映开展征收水资源税试点省份征收的水资源税。
		19		其他资源税	地方收入科目。反映除上述项目以外对其他单位和个人征收的资源税。
		20		资源税税款滞纳金、罚款收入	中央与地方共用收入科目。反映资源税税款滞纳金、罚款收入。
	09			城市维护建设税	反映按《中华人民共和国城市维护建设税法》征收的城市维护建设税。
		01		国有企业城市维护建设税	反映对国有企业征收的城市维护建设税。
			01	中国国家铁路集团有限公司集中缴纳的铁路运输企业城市维护建设税	地方收入科目。反映地方分享的中国国家铁路集团有限公司集中缴纳的铁路运输企业城市维护建设税。
			09	其他国有企业城市维护建设税	中央与地方共用收入科目。反映除中国国家铁路集团有限公司以外的其他国有企业缴纳的城市维护建设税。对中国人民银行、工商银行、农业银行、建设银行、中国银行等各银行总行和中国人保控股公司总公司、中国人寿保险（集团）公司总公司、中国再保险（集团）公司总公司征收的城市维护建设税为中央收入；对其他国有企业征收的城市维护建设税为地方收入。
		02		集体企业城市维护建设税	地方收入科目。反映对集体企业（含股份合作企业）征收的城市维护建设税。
		03		股份制企业城市维护建设税	地方收入科目。反映对有限责任公司、股份有限公司征收的城市维护建设税。
		04		联营企业城市维护建设税	地方收入科目。反映对联营企业征收的城市维护建设税。
		05		港澳台和外商投资企业城市维护建设税	地方收入科目。反映对港澳台商投资企业、外商投资企业征收的城市维护建设税。
		06		私营企业城市维护建设税	地方收入科目。反映对私营企业征收的城市维护建设税。
		18		中国国家铁路集团有限公司集中缴纳的铁路运输企业城市维护建设税待分配收入	中央收入科目。反映待分配的中国国家铁路集团有限公司集中缴纳的铁路运输企业城市维护建设税，在中央或地方财政统计铁路运输企业城市维护建设税收入时对本科目不作统计，以免重复计算。
		19		其他城市维护建设税	地方收入科目。反映对其他单位和个人征收的城市维护建设税。
		20		城市维护建设税税款滞纳金、罚款收入	中央与地方共用收入科目。反映城市维护建设税税款滞纳金、罚款收入。

科目编码 类 款 项	科目名称	说　　明
101 09 21	成品油价格和税费改革城市维护建设税划出	地方收入科目。反映地方国库按财政部给定参数和省以下财政体制分享参数,根据101020107目"成品油消费税"、101020121目"成品油消费税退税"计算出的成品油价格和税费改革城建税划出收入。
22	成品油价格和税费改革城市维护建设税划入	中央收入科目。反映从地方国库划转至中央国库的成品油价格和税费改革城建税收入。
23	跨省管道运输企业城市维护建设税	地方收入科目。反映对跨省管道运输企业征收的城市维护建设税。
24	跨省管道运输企业城市维护建设税待分配收入	中央收入科目。反映待分配的跨省管道运输企业城市维护建设税。中央或地方统计跨省管道运输企业城市维护建设税时对本科目不作统计,以免重复计算。
10	房产税	反映税务部门按《中华人民共和国房产税暂行条例》征收的房产税。
01	国有企业房产税	地方收入科目。反映对国有企业征收的房产税。
02	集体企业房产税	地方收入科目。反映对集体企业(含股份合作企业)征收的房产税。
03	股份制企业房产税	地方收入科目。反映对有限责任公司、股份有限公司征收的房产税。
04	联营企业房产税	地方收入科目。反映对联营企业征收的房产税。
05	港澳台和外商投资企业房产税	地方收入科目。反映对港澳台和外商投资企业征收的房产税。
06	私营企业房产税	地方收入科目。反映对私营企业征收的房产税。
19	其他房产税	地方收入科目。反映对其他单位和个人征收的房产税。
20	房产税税款滞纳金、罚款收入	地方收入科目。反映房产税税款滞纳金、罚款收入。
11	印花税★	反映按《中华人民共和国印花税法》征收的印花税。
01	证券交易印花税	反映对证券交易征收的印花税。
01	证券交易印花税	中央收入科目。反映对证券交易征收的印花税。
09	证券交易印花税退税	中央收入退库科目。反映按有关文件规定办理的证券交易印花税退税。
19	其他印花税	地方收入科目。反映除证券交易印花税以外的其他印花税。
20	印花税税款滞纳金、罚款、加收利息收入	中央与地方共用收入科目。反映印花税税款滞纳金、罚款、加收利息收入。
12	城镇土地使用税	反映按《中华人民共和国城镇土地使用税暂行条例》征收的城镇土地使用税。
01	国有企业城镇土地使用税	地方收入科目。反映对国有企业征收的城镇土地使用税。

科目编码			科目名称	说明
类	款	项		
101	12	02	集体企业城镇土地使用税	地方收入科目。反映对集体企业（含股份合作企业）征收的城镇土地使用税。
		03	股份制企业城镇土地使用税	地方收入科目。反映对有限责任公司、股份有限公司征收的城镇土地使用税。
		04	联营企业城镇土地使用税	地方收入科目。反映对联营企业征收的城镇土地使用税。
		05	私营企业城镇土地使用税	地方收入科目。反映对私营企业征收的城镇土地使用税。
		06	港澳台和外商投资企业城镇土地使用税	地方收入科目。反映对港澳台和外商投资企业征收的城镇土地使用税。
		19	其他城镇土地使用税	地方收入科目。反映对其他单位和个人征收的城镇土地使用税。
		20	城镇土地使用税税款滞纳金、罚款收入	地方收入科目。反映城镇土地使用税税款滞纳金、罚款收入。
	13		土地增值税	反映按《中华人民共和国土地增值税暂行条例》征收的土地增值税。
		01	国有企业土地增值税	地方收入科目。反映对国有企业征收的土地增值税。
		02	集体企业土地增值税	地方收入科目。反映对集体企业（含股份合作企业）征收的土地增值税。
		03	股份制企业土地增值税	地方收入科目。反映对有限责任公司、股份有限公司征收的土地增值税。
		04	联营企业土地增值税	地方收入科目。反映对联营企业征收的土地增值税。
		05	港澳台和外商投资企业土地增值税	地方收入科目。反映对港澳台商投资企业、外商投资企业征收的土地增值税。
		06	私营企业土地增值税	地方收入科目。反映对私营企业征收的土地增值税。
		19	其他土地增值税	地方收入科目。反映对其他单位和个人征收的土地增值税。
		20	土地增值税税款滞纳金、罚款收入	地方收入科目。反映土地增值税税款滞纳金、罚款收入。
	14		车船税	反映按《中华人民共和国车船税法》征收的车船税。
		01	车船税	地方收入科目。反映按《中华人民共和国车船税法》征收的车船税。
		20	车船税税款滞纳金、罚款收入	地方收入科目。反映车船税税款滞纳金、罚款收入。
	15		船舶吨税★	反映按《中华人民共和国船舶吨税法》征收的船舶吨税。
		01	船舶吨税★	中央收入科目。反映按《中华人民共和国船舶吨税法》征收的船舶吨税。

科目编码 类	科目编码 款	科目编码 项	科目名称	说明
101	15	20	船舶吨税税款滞纳金、罚款收入	中央收入科目。反映船舶吨税的税款滞纳金、罚款收入。
	16		车辆购置税	反映按《中华人民共和国车辆购置税法》征收的车辆购置税。
		01	车辆购置税	中央收入科目。反映按《中华人民共和国车辆购置税法》征收的车辆购置税。
		20	车辆购置税税款滞纳金、罚款收入	中央收入科目。反映车辆购置税税款滞纳金、罚款收入。
	17		关税★	反映海关按《中华人民共和国关税法》等有关法律、法规征收的关税、特别关税以及财政部按"先征后退"政策审批退库的关税。
		01	关税★	反映海关按《中华人民共和国关税法》征收的关税。
			01 进口关税★	中央收入科目。反映海关按《中华人民共和国关税法》征收的进口关税。
			02 出口关税★	中央收入科目。反映海关按《中华人民共和国关税法》征收的出口关税。
			03 进境物品进口税★	中央收入科目。反映海关按《中华人民共和国关税法》及相关办法征收的进境物品进口税。
		03	特别关税★	反映按《中华人民共和国关税法》《中华人民共和国反倾销条例》《中华人民共和国反补贴条例》《中华人民共和国保障措施条例》等的规定，对进口商品征收的反倾销税、反补贴税、保障措施关税、报复性关税、中止关税减让义务加征关税。
			01 反倾销税★	中央收入科目。反映按《中华人民共和国关税法》《中华人民共和国反倾销条例》征收的反倾销税。
			02 反补贴税★	中央收入科目。反映按《中华人民共和国关税法》《中华人民共和国反补贴条例》征收的反补贴税。
			03 保障措施关税★	中央收入科目。反映按《中华人民共和国关税法》《中华人民共和国保障措施条例》征收的保障措施关税。
			04 报复性关税★	中央收入科目。反映按《中华人民共和国关税法》征收的报复性关税。
			05 中止关税减让义务加征关税★	中央收入科目。反映按《中华人民共和国关税法》征收的中止关税减让义务加征关税。
		20	关税和特别关税税款滞纳金等收入★	中央收入科目。反映海关征收的关税和特别关税税款滞纳金、罚款和缓税利息收入。
		21	关税退税	中央收入退库科目。反映财政部按"先征后退"政策审批退库的关税。
	18		耕地占用税	反映按《中华人民共和国耕地占用税法》征收的耕地占用税。
		01	耕地占用税	地方收入科目。反映按《中华人民共和国耕地占用税法》征收的耕地占用税。
		02	耕地占用税退税	地方收入退库科目。反映耕地占用税退税。

科目编码			科目名称	说明
类	款	项		
101	18	20	耕地占用税税款滞纳金、罚款收入	地方收入科目。反映耕地占用税税款滞纳金、罚款收入。
	19		契税	反映按《中华人民共和国契税法》征收的契税。
		01	契税	地方收入科目。反映按《中华人民共和国契税法》征收的契税。
		20	契税税款滞纳金、罚款收入	地方收入科目。反映契税税款滞纳金、罚款收入。
	20		烟叶税	反映按《中华人民共和国烟叶税法》征收的烟叶税。
		01	烟叶税	地方收入科目。反映按《中华人民共和国烟叶税法》征收的烟叶税。
		20	烟叶税税款滞纳金、罚款收入	地方收入科目。反映烟叶税税款滞纳金、罚款收入。
	21		环境保护税	反映按《中华人民共和国环境保护税法》征收的环境保护税。
		01	环境保护税	地方收入科目。反映按《中华人民共和国环境保护税法》征收的环境保护税。
		20	环境保护税税款滞纳金、罚款收入	地方收入科目。反映环境保护税税款滞纳金、罚款收入。
	99		其他税收收入	中央与地方共用收入科目。反映除上述项目以外其他税收收入，包括有关已停征税种的尾欠等。
		01	其他税收收入	中央与地方共用收入科目。反映除上述项目以外的其他税收收入。
		20	其他税收收入税款滞纳金、罚款收入	中央与地方共用收入科目。反映其他税收收入税款滞纳金、罚款收入。
103			非税收入	反映各级政府及其所属部门和单位依法利用行政权力、政府信誉、国家资源、国有资产或提供特定公共服务征收、收取、提取、募集的除税收和政府债务收入以外的财政收入。
	02		专项收入	反映纳入一般公共预算管理的有专项用途的非税收入。
		03	教育费附加收入	反映税务部门按规定征收的教育费附加收入。
			01 教育费附加收入	中央与地方共用收入科目。反映税务部门按规定征收的教育费附加收入。
			02 成品油价格和税费改革教育费附加收入划出	地方收入科目。反映地方国库按财政部给定参数和省以下财政体制分享参数，根据101020107目"成品油消费税"、101020121目"成品油消费税退税"计算出的成品油价格和税费改革教育费附加划出收入。
			03 成品油价格和税费改革教育费附加收入划入	中央收入科目。反映从地方国库划转至中央国库的成品油价格和税费改革教育费附加收入。
			04 中国国家铁路集团有限公司集中缴纳的铁路运输企业教育费附加	地方收入科目。反映地方分享的中国国家铁路集团有限公司集中缴纳的铁路运输企业教育费附加收入。

科目编码 类 款 项 目	科目名称	说明
103 02 03 05	中国国家铁路集团有限公司集中缴纳的铁路运输企业教育费附加待分配收入	中央收入科目。反映待分配的中国国家铁路集团有限公司集中缴纳的铁路运输企业教育费附加收入，在中央或地方财政统计铁路运输企业教育费附加收入时对本科目不作统计，以免重复计算。
06	跨省管道运输企业教育费附加收入	地方收入科目。反映对跨省管道运输企业征收的教育费附加收入。
07	跨省管道运输企业教育费附加待分配收入	中央收入科目。反映待分配的跨省管道运输企业教育费附加收入。中央或地方统计跨省管道运输企业教育费附加时对本科目不作统计，以免重复计算。
99	教育费附加滞纳金、罚款收入	中央与地方共用收入科目。反映教育费附加滞纳金、罚款收入。
05	铀产品出售收入	中央收入科目。反映铀产品出售收入。
10	三峡库区移民专项收入	中央收入科目。反映中国长江三峡工程开发总公司和中国长江电力股份有限公司缴纳的三峡库区移民专项收入。
12	场外核应急准备收入	中央与地方共用收入科目。反映按核电厂核事故应急准备专项收入管理规定征收的场外核应急准备收入。
16	地方教育附加收入	地方收入科目。反映各省按规定征收的地方教育附加收入。
01	地方教育附加收入	地方收入科目。反映各省按规定征收的地方教育附加收入。
99	地方教育附加滞纳金、罚款收入	地方收入科目。反映地方教育附加滞纳金、罚款收入。
17	文化事业建设费收入	中央与地方共用收入科目。反映按有关规定征收的文化事业建设费。
18	残疾人就业保障金收入	中央与地方共用收入科目。反映新疆生产建设兵团和地方政府按照《残疾人就业保障金征收使用管理办法》征收的残疾人就业保障金。
19	教育资金收入	中央与地方共用收入科目。反映新疆生产建设兵团和地方政府从土地出让收益中计提的教育资金。
20	农田水利建设资金收入	中央与地方共用收入科目。反映从土地出让收益中计提的农田水利建设资金。
22	森林植被恢复费	中央与地方共用收入科目。反映林业草原部门按《森林植被恢复费征收使用管理暂行办法》征收的森林植被恢复费。
23	水利建设专项收入	中央与地方共用收入科目。反映按《水利建设基金筹集和使用管理办法》等有关文件规定缴入国库的水利建设基金收入。
24	油价调控风险准备金收入	中央收入科目。反映各地征收的油价调控风险准备金。
25	专项收益上缴收入	中央收入科目。反映按有关规定上缴的专项收益收入。

科目编码			科目名称	说明
类	款	项		
103	02	26	湿地恢复费收入▲	中央与地方共用收入科目。反映林业草原部门按《湿地恢复费缴纳和使用管理暂行办法》征收的湿地恢复费。
		99	其他专项收入	反映除上述项目以外的其他专项收入。
			01 广告收入	中央与地方共用收入科目。反映按《财政部关于加强政府非税收入管理的通知》规定由政府举办的广播电视机构占用国家无线电频率资源取得的广告收入。
			99 其他专项收入	中央与地方共用收入科目。反映除上述项目以外的其他专项收入。
	04		行政事业性收费收入	反映依据法律、行政法规、国务院有关规定、国务院财政部门会同价格主管部门共同发布的规章或者规定以及省、自治区、直辖市的地方性法规、政府规章或者规定，省、自治区、直辖市人民政府财政部门会同价格主管部门共同发布的规定所收取的各项收费收入。目前行政事业性收费没有设置科目的，地方在增设科目时可从科目编码98开始从大至小、逐一列目级科目反映，不宜列目级科目的，统一在各部门行政业性收费项级科目下的50目"其他缴入国库的××行政事业性收费"反映。
		01	公安行政事业性收费收入	反映公安部门收取的行政事业性收费收入。
			01 外国人签证费	中央与地方共用收入科目。反映公安部门收取的外国人签证费。
			02 外国人证件费	中央与地方共用收入科目。反映公安部门收取的外国人证件费。
			03 公民出入境证件费	中央与地方共用收入科目。反映公安部门收取的公民出入境证件费。
			04 中国国籍申请手续费	中央与地方共用收入科目。反映公安部门收取的中国国籍申请手续费（含证书费）。
			09 户籍管理证件工本费	中央与地方共用收入科目。反映公安部门收取的户籍管理证件工本费。
			10 居民身份证工本费	中央与地方共用收入科目。反映公安部门收取的居民身份证工本费。
			11 机动车号牌工本费	中央与地方共用收入科目。反映公安部门收取的机动车号牌工本费。
			12 机动车行驶证工本费	中央与地方共用收入科目。反映公安部门收取的机动车行驶证工本费。
			13 机动车登记证书工本费	中央与地方共用收入科目。反映公安部门收取的机动车登记证书工本费。
			16 驾驶证工本费	中央与地方共用收入科目。反映公安部门收取的驾驶证工本费。
			17 驾驶许可考试费	中央与地方共用收入科目。反映公安部门收取的驾驶许可考试费。

科目编码				科目名称	说明
类	款	项	目		
103	04	01	20	临时入境机动车号牌和行驶证工本费	地方收入科目。反映公安部门收取的临时入境机动车号牌和行驶证工本费。
			21	临时机动车驾驶证工本费	地方收入科目。反映公安部门收取的临时机动车驾驶证工本费。
			22	保安员资格考试费	地方收入科目。反映公安部门收取的保安员资格考试费。
			50	其他缴入国库的公安行政事业性收费	中央与地方共用收入科目。反映除上述项目以外其他缴入国库的公安行政事业性收费收入。
		02		法院行政事业性收费收入	反映各级法院收取的诉讼费等收入。
			01	诉讼费	中央与地方共用收入科目。反映各级法院收取的诉讼费收入。
			50	其他缴入国库的法院行政事业性收费	中央与地方共用收入科目。反映除上述项目以外其他缴入国库的法院行政事业性收费收入。
		03		司法行政事业性收费收入	反映司法部门收取的行政事业性收费收入。
			05	法律职业资格考试考务费	中央与地方共用收入科目。反映司法部门收取的法律职业资格考试考务费。
			50	其他缴入国库的司法行政事业性收费	中央与地方共用收入科目。反映除上述项目以外其他缴入国库的司法行政事业性收费收入。
		04		外交行政事业性收费收入	反映外交部门收取的行政事业性收费收入。
			02	认证费	中央与地方共用收入科目。反映外交部门收取的认证费。
			03	签证费	中央与地方共用收入科目。反映代办外国签证收取的签证费、签证加急费，代填外国签证申请表收取的签证费，以及驻外使馆为外国公民办理签证时收取的费用。
			04	驻外使领馆收费	中央与地方共用收入科目。反映驻外使领馆收取的相关收费收入。
			50	其他缴入国库的外交行政事业性收费	中央与地方共用收入科目。反映除上述项目以外其他缴入国库的外交行政事业性收费收入。
		06		商贸行政事业性收费收入	反映商务部门收取的行政事业性收费收入。
			50	其他缴入国库的商贸行政事业性收费	中央与地方共用收入科目。反映除证书工本费以外其他缴入国库的商务行政事业性收费收入。
		07		财政行政事业性收费收入	反映财政部门收取的行政事业性收费收入。
			02	考试考务费	中央与地方共用收入科目。反映财政部门收取的考试考务费收入。
			50	其他缴入国库的财政行政事业性收费	中央与地方共用收入科目。反映除上述项目以外其他缴入国库的财政行政事业性收费收入。
		08		税务行政事业性收费收入	反映税务部门收取的行政事业性收费收入。
			50	缴入国库的税务行政事业性收费	中央与地方共用收入科目。反映缴入国库的税务行政事业性收费收入。
		09		海关行政事业性收费收入	反映海关收取的行政事业性收费收入。

科目编码 类	科目编码 款	科目编码 项	目	科 目 名 称	说 明
103	04	09	50	缴入国库的海关行政事业性收费	中央收入科目。反映缴入国库的海关行政事业性收费收入。
		10		审计行政事业性收费收入	反映审计部门收取的行政事业性收费收入。
			01	考试考务费	中央与地方共用收入科目。反映审计部门收取的考试考务费收入。
			50	其他缴入国库的审计行政事业性收费	中央与地方共用收入科目。反映除考试考务费以外其他缴入国库的审计行政事业性收费收入。
		13		国管局行政事业性收费收入	反映国务院机关事务管理局收取的行政事业性收费收入。
			03	工人技术等级鉴定考核费	中央收入科目。反映国务院机关事务管理局收取的工人技术等级鉴定考核费收入。
			50	其他缴入国库的国管局行政事业性收费	中央收入科目。反映除上述项目以外其他缴入国库的国管局行政事业性收费收入。
		14		科技行政事业性收费收入	反映科技部门收取的行政事业性收费收入。
			50	其他缴入国库的科技行政事业性收费	中央与地方共用收入科目。反映除上述项目以外其他缴入国库的科技部门行政事业性收费收入。
		15		保密行政事业性收费收入	反映保密部门收取的行政事业性收费收入。
			50	其他缴入国库的保密行政事业性收费	中央与地方共用收入科目。反映除保密证表包装材料费以外其他缴入国库的保密行政事业性收费收入。
		16		市场监管行政事业性收费收入★	反映市场监管部门收取的行政事业性收费收入。
			01	客运索道运营审查检验和定期检验费	地方收入科目。反映市场监管部门收取的客运索道运营审查检验和定期检验费收入。
			02	压力管道安装审查检验和定期检验费	中央和地方共用收入科目。反映市场监管部门收取的压力管道安装审查检验和定期检验费收入。
			03	压力管道元件制造审查检验费	地方收入科目。反映市场监管部门收取的压力管道元件制造审查检验费收入
			04	特种劳动防护用品检验费	地方收入科目。反映市场监管部门收取的特种劳动防护用品检验费收入。
			05	一般劳动防护用品检验费	地方收入科目。反映市场监管部门收取的一般劳动防护用品检验费收入。
			07	锅炉、压力容器检验费	中央和地方共用收入科目。反映市场监管部门收取的锅炉、压力容器检验费收入。
			08	考试考务费	中央与地方共用收入科目。反映市场监管部门收取的考试考务费收入。
			16	滞纳金	中央收入科目。反映市场监管部门收取的滞纳金收入。
			17	特种设备检验检测费	中央与地方共用收入科目。反映各级特种设备检验检测机构收取的特种设备检验检测费收入。
			50	其他缴入国库的市场监管行政事业性收费	中央与地方共用收入科目。反映除上述项目以外其他缴入国库的市场监管行政事业性收费收入。

科目编码 类 款 项	科目名称	说明
103 04 17	广播电视行政事业性收费收入	反映广播电视部门收取的行政事业性收费收入。
04	考试考务费	中央与地方共用收入科目。反映广播电视部门收取的全国广播电视编辑记者、播音员、主持人资格考试考务费收入。
50	其他缴入国库的广播电视行政事业性收费	中央与地方共用收入科目。反映除上述项目以外其他缴入国库的广播电视部门行政事业性收费收入。
18	应急管理行政事业性收费收入	反映应急管理部门收取的行政事业性收费收入。
01	消防行业特有工种职业技能鉴定考试考务费	中央与地方共用收入科目。反映应急管理部门收取的消防行业特有工种职业技能鉴定考试考务费收入。
02	特种作业人员安全技术考试考务费	中央与地方共用收入科目。反映应急管理部门收取的特种作业人员安全技术考试考务费收入。
50	缴入国库的应急管理行政事业性收费	中央与地方共用收入科目。反映缴入国库的应急管理行政事业性收费收入。
19	档案行政事业性收费收入	反映档案部门收取的行政事业性收费收入。
50	其他缴入国库的档案行政事业性收费	中央与地方共用收入科目。反映除上述项目以外其他缴入国库的档案行政事业性收费收入。
20	港澳办行政事业性收费收入	反映港澳办收取的行政事业性收费收入。
50	缴入国库的港澳办行政事业性收费	中央收入科目。反映缴入国库的港澳办行政事业性收费收入。
22	贸促会行政事业性收费收入	反映贸促会收取的行政事业性收费收入。
50	其他缴入国库的贸促会行政事业性收费	中央与地方共用收入科目。反映除上述项目以外其他缴入国库的贸促会行政事业性收费收入。
24	人防办行政事业性收费收入	反映人防等部门收取的行政事业性收费收入。
01	防空地下室易地建设费	中央与地方共用收入科目。反映按有关规定收取的防空地下室易地建设费收入。
50	其他缴入国库的人防办行政事业性收费	中央与地方共用收入科目。反映除上述项目以外其他缴入国库的人防办行政事业性收费收入。
25	中直管理局行政事业性收费收入	反映中直管理局收取的行政事业性收费收入。
02	工人培训考核费	中央收入科目。反映中直管理局收取的工人培训考核费收入。
07	住宿费	中央收入科目。反映中央团校收取的住宿费收入。
08	学费	中央收入科目。反映中央团校收取的学费收入。
50	其他缴入国库的中直管理局行政事业性收费	中央收入科目。反映除上述项目以外其他缴入国库的中直管理局行政事业性收费收入。
26	文化和旅游行政事业性收费收入	反映文化和旅游部门收取的行政事业性收费收入。
04	导游人员资格考试费和等级考核费	中央与地方共用收入科目。反映文化和旅游部门收取的导游人员资格考试费和等级考核费收入。

科 目 编 码			科 目 名 称	说 明
类	款	项		
103	04	26		
		50	其他缴入国库的文化和旅游行政事业性收费	中央与地方共用收入科目。反映除上述项目以外其他缴入国库的文化和旅游行政事业性收费收入。
		27		教育行政事业性收费收入	反映教育部门收取的行政事业性收费收入。
			07	普通话水平测试费	中央与地方共用收入科目。反映教育部门收取的普通话水平测试费收入。
			50	其他缴入国库的教育行政事业性收费	中央与地方共用收入科目。反映除上述项目以外其他缴入国库的教育行政事业性收费收入。
			51	公办幼儿园保教费	中央与地方共用收入科目。反映教育部门收取的公办幼儿园保教费收入。
			52	公办幼儿园住宿费	中央与地方共用收入科目。反映教育部门收取的公办幼儿园住宿费收入。
		29		体育行政事业性收费收入	反映体育部门收取的行政事业性收费收入。
			07	体育特殊专业招生考务费	中央与地方共用收入科目。反映体育部门收取的体育特殊专业招生考务费收入。
			08	外国团体来华登山注册费	中央与地方共用收入科目。反映体育部门收取的外国团体来华登山注册费收入。
			50	其他缴入国库的体育行政事业性收费	中央与地方共用收入科目。反映除上述项目以外其他缴入国库的体育行政事业性收费收入。
		30		发展与改革（物价）行政事业性收费收入	反映发展与改革（物价）部门收取的行政事业性收费收入。
			50	其他缴入国库的发展与改革（物价）行政事业性收费	中央与地方共用收入科目。反映除上述项目以外其他缴入国库的发展与改革（物价）行政事业性收费收入。
		31		统计行政事业性收费收入	反映统计部门收取的行政事业性收费收入。
			01	统计专业技术资格考试考务费	中央与地方共用收入科目。反映统计部门收取的统计专业技术资格考试考务费收入。
			50	其他缴入国库的统计行政事业性收费	中央与地方共用收入科目。反映除上述项目以外其他缴入国库的统计行政事业性收费收入。
		32		自然资源行政事业性收费收入	反映自然资源管理等部门收取的行政事业性收费收入。
			04	土地复垦费	地方收入科目。反映自然资源管理部门收取的土地复垦费收入。
			05	土地闲置费	中央与地方共用收入科目。反映按有关规定收取的土地闲置费收入。
			08	耕地开垦费	中央和地方共用收入科目。反映自然资源管理部门收取的耕地开垦费收入。
			11	不动产登记费	中央与地方共用收入科目。反映按照《关于不动产登记收费有关政策问题的通知》规定收取的不动产登记费。
			50	其他缴入国库的自然资源行政事业性收费	中央与地方共用收入科目。反映除上述项目以外其他缴入国库的自然资源行政事业性收费收入。
		33		建设行政事业性收费收入	反映建设等部门收取的行政事业性收费收入。
			06	城市道路占用挖掘修复费	中央和地方共用收入科目。反映建设部门收取的城市道路占用、挖掘修复费收入。

科目编码 类	款	项	目	科 目 名 称	说 明
103	04	33	10	考试考务费	中央与地方共用收入科目。反映建设部门收取的考试考务费收入。
			13	生活垃圾处理费	中央和地方共用收入科目。反映按有关规定收取的生活垃圾处理费收入。
			50	其他缴入国库的建设行政事业性收费	中央与地方共用收入科目。反映除上述项目以外其他缴入国库的建设行政事业性收费收入。
		34		知识产权行政事业性收费收入	反映知识产权部门收取的行政事业性收费收入。
			01	专利收费	中央收入科目。反映知识产权部门收取的专利费收入。
			02	专利代理师资格考试考务费	中央与地方共用收入科目。反映知识产权部门收取专利代理师资格考试考务费收入。
			03	集成电路布图设计保护收费	中央收入科目。反映知识产权部门收取的集成电路布图设计保护收费收入。
			04	商标注册收费	中央收入科目。反映知识产权部门收取的商标注册费收入。
			50	其他缴入国库的知识产权行政事业性收费	中央与地方共用收入科目。反映除上述项目以外其他缴入国库的知识产权行政事业性收费收入。
		35		生态环境行政事业性收费收入	反映生态环境部门收取的行政事业性收费收入。
			06	考试考务费	中央与地方共用收入科目。反映生态环境部门收取的考试考务费收入。
			07	海洋废弃物收费	中央与地方共用收入科目。反映生态环境部门收取的海洋废弃物收费收入。
			50	其他缴入国库的生态环境行政事业性收费	中央与地方共用收入科目。反映除上述项目以外其他缴入国库的生态环境行政事业性收费收入。
		40		铁路行政事业性收费收入	中央收入科目。反映铁道部门收取的行政事业性收费收入。
			01	考试考务费	中央收入科目。反映铁道部门收取的考试考务费收入。
			50	其他缴入国库的铁路行政事业性收费	中央收入科目。反映除上述项目以外其他缴入国库的铁路行政事业性收费收入。
		42		交通运输行政事业性收费收入	反映交通运输部门收取的行政事业性收费收入。
			03	考试考务费	中央与地方共用收入科目。反映交通运输部门收取的考试考务费收入。
			08	航空业务权补偿费	中央收入科目。反映交通运输部门收取的航空业务权补偿费收入。
			09	适航审查费	中央收入科目。反映交通运输部门收取的适航审查费收入。
			20	长江口航道维护费	中央收入科目。反映交通运输部集中的航道维护收入。
			21	长江干线船舶引航收费	中央收入科目。反映交通运输部门收取的长江干线船舶引航、移泊、交通费收入。
			50	其他缴入国库的交通运输行政事业性收费	中央与地方共用收入科目。反映除上述项目以外其他缴入国库的交通运输行政事业性收费收入。

科目编码			科 目 名 称	说　明
类	款	项		
103	**04**	43	工业和信息产业行政事业性收费收入	反映工业和信息产业部门收取的行政事业性收费收入。
		06	考试考务费	中央与地方共用收入科目。反映工业和信息产业部门收取的考试考务费收入。
		07	电信网码号资源占用费	中央收入科目。反映工业和信息产业部门收取的电信网码号资源占用费收入。
		08	无线电频率占用费	中央与地方共用收入科目。反映国家无线电管理机构按照有关规定向公众通信网络运营商收取的收入。
		50	其他缴入国库的工业和信息产业行政事业性收费	中央与地方共用收入科目。反映除上述项目以外其他缴入国库的工业和信息产业行政事业性收费收入。
		44	农业农村行政事业性收费收入	反映农业农村部门收取的行政事业性收费收入。
		14	渔业资源增殖保护费	中央与地方共用收入科目。反映农业农村部门收取的渔业资源增殖保护费收入。
		16	海洋渔业船舶船员考试费	中央与地方共用收入科目。反映农业农村部门收取的海洋渔业船舶船员考试费收入。
		33	工人技术等级考核或职业技能鉴定费	中央与地方共用收入科目。反映农业农村部门收取的工人技术等级考核或职业技能鉴定费收入。
		34	农药实验费	中央与地方共用收入科目。反映农业农村部门收取的农药实验费收入。
		35	执业兽医资格考试考务费	中央与地方共用收入科目。反映农业农村部门收取的执业兽医资格考试考务费收入。
		50	其他缴入国库的农业农村行政事业性收费	中央与地方共用收入科目。反映除上述项目以外其他缴入国库的农业农村行政事业性收费收入。
		45	林业草原行政事业性收费收入	反映林业草原部门收取的行政事业性收费收入。
		07	草原植被恢复费收入	中央与地方共用收入科目。反映林业草原行政主管部门向征用或使用草原的单位和个人收取的草原植被恢复费收入。
		50	其他缴入国库的林业草原行政事业性收费	中央与地方共用收入科目。反映除上述项目以外其他缴入国库的林业草原行政事业性收费收入。
		46	水利行政事业性收费收入	反映水利等部门收取的行政事业性收费收入。
		08	考试考务费	中央与地方共用收入科目。反映水利部门收取的考试考务费收入。
		09	水土保持补偿费	中央与地方共用收入科目。反映按《水土保持补偿费征收使用管理办法》收取的水土保持补偿费。
		50	其他缴入国库的水利行政事业性收费	中央与地方共用收入科目。反映除上述项目以外其他缴入国库的水利行政事业性收费收入。
		47	卫生健康行政事业性收费收入	反映卫生健康部门收取的行政事业性收费收入。
		09	预防接种服务费	中央与地方共用收入科目。反映卫生健康部门收取的非免疫规划疫苗接种服务费收入。

科目编码				科目名称	说明
类	款	项	目		
103	04	47	12	医疗事故鉴定费	中央与地方共用收入科目。反映卫生健康部门收取的医疗事故鉴定费收入。
			13	考试考务费	中央与地方共用收入科目。反映卫生健康部门收取的考试考务费收入。
			15	预防接种异常反应鉴定费	地方收入科目。反映卫生健康部门收取的预防接种异常反应鉴定费收入。
			30	造血干细胞配型费	中央收入科目。反映中华骨髓库向国（境）外收取造血干细胞配型费。
			31	职业病诊断鉴定费	地方收入科目。反映卫生健康部门收取的职业病诊断鉴定费收入。
			33	非免疫规划疫苗储存运输费	地方收入科目。反映卫生健康部门收取的非免疫规划疫苗储存运输费收入。
			50	其他缴入国库的卫生健康行政事业性收费	中央与地方共用收入科目。反映除上述项目以外其他缴入国库的卫生健康行政事业性收费收入。
		48		药品监管行政事业性收费收入	反映药品监管部门收取的行政事业性收费收入。
			01	药品注册费	中央与地方共用收入科目。反映药品监管部门收取的药品注册费收入。
			02	医疗器械产品注册费	中央与地方共用收入科目。反映药品监管部门收取的医疗器械产品注册费收入。
			50	其他缴入国库的药品监管行政事业性收费	中央与地方共用收入科目。反映除上述项目以外其他缴入国库的药品监管行政事业性收费收入。
		49		民政行政事业性收费收入	反映民政部门收取的行政事业性收费收入。
			07	住宿费	中央收入科目。反映民政部管理干部学院收取的住宿费收入。
			08	殡葬收费	中央和地方共用收入科目。反映民政部门收取的殡葬收费收入。
			50	其他缴入国库的民政行政事业性收费	中央与地方共用收入科目。反映除上述项目以外其他缴入国库的民政行政事业性收费收入。
		50		人力资源和社会保障行政事业性收费收入	反映人力资源和社会保障部门收取的行政事业性收费收入。
			02	职业技能鉴定考试考务费	中央与地方共用收入科目。反映人力资源和社会保障部门收取的职业技能鉴定考试考务费收入。
			04	专业技术人员职业资格考试考务费	中央与地方共用收入科目。反映人力资源和社会保障部门收取的专业技术人员职业资格考试考务费收入。
			50	其他缴入国库的人力资源和社会保障行政事业性收费	中央与地方共用收入科目。反映除上述项目以外其他缴入国库的人力资源和社会保障行政事业性收费收入。
		51		证监会行政事业性收费收入	反映证券监管部门收取的行政事业性收费收入。
			01	证券市场监管费	中央收入科目。反映证券监管部门收取的证券市场监管费收入。
			02	期货市场监管费	中央收入科目。反映证券监管部门收取的期货市场监管费收入。

科目编码 类	款	项	目	科 目 名 称	说 明
103	04	51	03	证券、期货、基金从业人员资格报名考试费	中央收入科目。反映证券监管部门收取的证券、期货、基金从业人员资格报名考试费收入。
			50	其他缴入国库的证监会行政事业性收费	中央收入科目。反映除上述项目以外其他缴入国库的证监会行政事业性收费收入。
		52		金融监管行政事业性收费收入	反映金融监管总局及其派出机构收取的行政事业性收费收入。
			01	机构监管费	中央收入科目。反映金融监管总局及其派出机构收取的机构监管费收入。
			02	业务监管费	中央收入科目。反映金融监管总局及其派出机构收取的业务监管费收入。
			50	其他缴入国库的金融监管行政事业性收费	中央收入科目。反映除上述项目以外其他缴入国库的金融监管行政事业性收费收入。
		55		仲裁委行政事业性收费收入	反映各级仲裁机构收取的行政事业性收费收入。
			01	仲裁收费	中央与地方共用收入科目。反映各级仲裁机构收取的仲裁收费收入。
			50	其他缴入国库的仲裁委行政事业性收费	中央与地方共用收入科目。反映除上述项目以外其他缴入国库的仲裁委行政事业性收费收入。
		56		编办行政事业性收费收入	反映编办收取的行政事业性收费收入。
			50	缴入国库的编办行政事业性收费	中央与地方共用收入科目。反映缴入国库的编办行政事业性收费收入。
		57		党校行政事业性收费收入	反映党校收取的行政事业性收费收入。
			50	缴入国库的党校行政事业性收费	中央与地方共用收入科目。反映缴入国库的党校行政事业性收费收入。
		58		监察行政事业性收费收入	反映各级监察部门收取的行政事业性收费收入。
			50	缴入国库的监察行政事业性收费	中央与地方共用收入科目。反映缴入国库的监察行政事业性收费收入。
		59		外文局行政事业性收费收入	反映外文局收取的行政事业性收费收入。
			02	翻译专业资格（水平）考试考务费	中央与地方共有收入科目。反映外文局收取的翻译专业资格（水平）考试考务费收入。
			50	其他缴入国库的外文局行政事业性收费	中央与地方共用收入科目。反映除上述项目以外其他缴入国库的外文局行政事业性收费收入。
		61		国资委行政事业性收费收入	反映国资委收取的行政事业性收费收入。
			01	考试考务费	中央与地方共用收入科目。反映国资委收取的考试考务费收入。
			50	其他缴入国库的国资委行政事业性收费	中央与地方共用收入科目。反映其他缴入国库的国资委行政事业性收费收入。
		99		其他行政事业性收费收入	反映除上述项目以外其他行政事业性收费收入。
			01	政府信息公开信息处理费	中央与地方共用收入科目。反映行政部门收取的政府信息公开信息处理费收入。
			50	其他缴入国库的行政事业性收费	中央与地方共用收入科目。反映其他缴入国库的行政事业性收费收入。

科目编码			科目名称	说明
类	款	项		
103	05		罚没收入	反映执法机关依法收缴的罚款（罚金）、没收款、赃款，没收物资、赃物的变价款收入。
		01	一般罚没收入	反映除缉私、缉毒罚没收入以外的其他罚没收入。
		01	公安罚没收入	中央与地方共用收入科目。反映公安部门取得的罚没收入。
		02	检察院罚没收入	中央与地方共用收入科目。反映检察院取得的罚没收入。
		03	法院罚没收入	中央与地方共用收入科目。反映法院取得的罚没收入。
		05	新闻出版罚没收入	中央与地方共用收入科目。反映新闻出版部门取得的罚没收入。
		07	税务部门罚没收入	中央收入科目。反映税务部门取得的罚没收入。
		08	海关罚没收入	中央与地方共用收入科目。反映海关部门取得的罚没收入。
		09	药品监督罚没收入	中央与地方共用收入科目。反映药品监督部门取得的罚没收入。
		10	卫生罚没收入	中央与地方共用收入科目。反映卫生健康部门取得的罚没收入。
		11	检验检疫罚没收入	中央与地方共用收入科目。反映检验检疫部门取得的罚没收入。
		12	证监会罚没收入	中央与地方共用收入科目。反映证监部门取得的罚没收入。
		13	金融监管罚没收入	中央与地方共用收入科目。反映金融监管总局及其派出机构取得的罚没收入。
		14	交通罚没收入	中央与地方共用收入科目。反映交通部门取得的罚没收入。
		15	铁道罚没收入	中央与地方共用收入科目。反映铁道部门取得的罚没收入。
		16	审计罚没收入	中央与地方共用收入科目。反映审计部门取得的罚没收入。
		17	渔政罚没收入	中央与地方共用收入科目。反映渔政部门取得的罚没收入。
		19	民航罚没收入	中央收入科目。反映民航部门取得的罚没收入。
		20	电力监管罚没收入	中央收入科目。反映电力监管方面的罚没收入。
		21	交强险罚没收入	地方收入科目。反映交强险罚没收入。
		22	物价罚没收入	中央与地方共用收入科目。反映物价部门取得的罚没收入。
		23	市场监管罚没收入★	中央与地方共用收入科目。反映市场监管部门取得的罚没收入。
		24	工业和信息产业罚没收入	中央与地方共用收入科目。反映工业和信息产业部门取得的罚没收入。
		25	生态环境罚没收入	中央与地方共用收入科目。反映生态环境部门取得的罚没收入。

科目编码			科目名称	说明
类 款 项 目				
103 05 01 26			水利罚没收入	中央与地方共用收入科目。反映水利部门取得的罚没收入。
		27	邮政罚没收入	中央与地方共用收入科目。反映邮政部门取得的罚没收入。
		28	纪检监察罚没收入★	中央与地方共用收入科目。反映纪检监察部门取得的罚没收入。
		29	海警罚没收入	中央收入科目。反映海警部门取得的罚没收入。
		30	住房和城乡建设罚没收入	中央与地方共用收入科目。反映住房和城乡建设部门取得的罚没收入。
		31	应急管理罚没收入	中央与地方共用收入科目。反映应急管理部门取得的罚没收入。
		32	气象罚没收入	中央与地方共用收入科目。反映气象部门取得的罚没收入。
		33	烟草罚没收入	中央与地方共用收入科目。反映烟草专卖部门取得的罚没收入。
		34	自然资源罚没收入★	中央与地方共用收入科目。反映自然资源部门取得的罚没收入。
		99	其他一般罚没收入	中央与地方共用收入科目。反映其他一般罚没收入。
	02		缉私罚没收入★	反映海关、公安、市场监管等部门取得的缉私罚没收入。
		01	公安缉私罚没收入	中央收入科目。反映公安部门取得的缉私罚没收入。
		02	市场缉私罚没收入★	中央收入科目。反映市场监管部门取得的缉私罚没收入。
		03	海关缉私罚没收入	中央收入科目。反映海关部门取得的缉私罚没收入。
		99	其他部门缉私罚没收入	中央收入科目。反映其他部门取得的缉私罚没收入。
	03		缉毒罚没收入	中央与地方共用收入科目。反映公安、海关等部门取得的缉毒罚没收入。
	09		罚没收入退库	中央与地方共用收入退库科目。反映退库的代收罚款手续费。
06			国有资本经营收入	反映各级人民政府及其部门、机构履行出资人职责的企业（即一级企业）上缴的国有资本收益。
	01		利润收入	反映中国人民银行、国有独资企业等按规定上缴国家的利润。
		01	中国人民银行上缴收入	中央收入科目。反映中国人民银行按规定上缴国家的利润。
		02	金融企业利润收入	中央与地方共用收入科目。反映金融企业按规定上缴国家的利润。
		99	其他企业利润收入	中央与地方共用收入科目。反映其他企业按规定上缴国家的利润。

科目编码 类 款 项目	科目名称	说　　明
103 06 02	股息红利收入★	反映国有控股、参股企业国有股权（股份）上缴的股息红利收入。
01	金融业公司股息红利收入★	中央与地方共用收入科目。反映金融业公司股息红利收入。
99	其他股息红利收入★	中央与地方共用收入科目。反映除上述项目以外的其他股息红利收入。
03	产权转让收入	反映各级人民政府及其部门、机构出售或转让其持有的国有资产（股权）所取得的收入。
99	其他产权转让收入	中央与地方共用收入科目。反映其他产权转让收入。
04	清算收入	反映国有独资企业清算收入（扣除清算费用），以及国有控股、参股企业国有股权（股份）分享的公司清算收入（扣除清算费用）。
99	其他清算收入	中央与地方共用收入科目。反映其他清算收入。
05	国有资本经营收入退库	中央与地方共用退库科目。反映按有关政策审批退库的国有资本经营收入。
06	国有企业计划亏损补贴	反映按规定通过收入退库安排的国有企业计划亏损补贴。
01	工业企业计划亏损补贴	中央与地方共用收入科目。反映工业企业计划亏损补贴。
02	农业企业计划亏损补贴	中央与地方共用收入科目。反映农业企业计划亏损补贴。
99	其他国有企业计划亏损补贴	中央与地方共用收入科目。反映其他国有企业计划亏损补贴。
07	烟草企业上缴专项收入	中央收入科目。反映从中国烟草总公司税后利润收取的专项收入。
99	其他国有资本经营收入	中央与地方共用收入科目。反映其他国有资本经营收入。
07	国有资源（资产）有偿使用收入	反映有偿转让国有资源（资产）使用费而取得的收入。
01	海域使用金收入	反映按规定征收的海域使用金。
01	海域使用金收入	中央与地方共用收入科目。反映按规定征收的海域使用金收入。
02	场地和矿区使用费收入	反映按《开采海洋石油资源缴纳矿区使用费的规定》《中外合作开采陆上石油资源缴纳矿区使用费暂行规定》《财政部、国家土地管理局关于加强外商投资企业场地使用费征收管理工作的通知》等征收的矿区使用费、场地使用费。
01	陆上石油矿区使用费	地方收入科目。反映按《中外合作开采陆上石油资源缴纳矿区使用费暂行规定》征收的矿区使用费。
02	海上石油矿区使用费	中央收入科目。反映海上石油勘探开发企业开采海洋石油按《开采海洋石油资源缴纳矿区使用费的规定》缴纳的矿区使用费以及海上石油勘探开发企业发展陆上业务缴纳的矿区使用费。

科目编码 类 款 项 目	科目名称	说明
103 07 02 03	中央合资合作企业场地使用费收入	中央收入科目。反映对中央所属企事业单位与港澳台商、外商组成的合资、合作企业征收的场地使用费。
04	中央和地方合资合作企业场地使用费收入	中央与地方共用收入科目。反映对中央和地方所属企事业单位与港澳台商、外商组成的合资、合作企业征收的场地使用费。
05	地方合资合作企业场地使用费收入	地方收入科目。反映对地方所属企事业单位与港澳台商、外商组成的合资、合作企业征收的场地使用费。
06	港澳台和外商独资企业场地使用费收入	地方收入科目。反映对港澳台商独资企业、外商独资企业征收的场地使用费。
03	特种矿产品出售收入	中央收入科目。反映特种矿产品的出售收入。
04	专项储备物资销售收入	中央与地方共用收入科目。反映专项储备物资的销售收入。
05	利息收入	反映国库存款利息、有价证券利息及其他利息收入。
01	国库存款利息收入	中央与地方共用收入科目。反映人民银行对国库存款计付的利息收入以及国库现金管理操作的利息收入。
03	有价证券利息收入	中央与地方共用收入科目。反映有价证券利息收入。
99	其他利息收入	中央与地方共用收入科目，反映除上述项目以外的其他利息收入。
06	非经营性国有资产收入	反映行政事业单位上缴的非经营性国有资产出租、出借及处置收入。
01	行政单位国有资产出租、出借收入	中央与地方共用收入科目。反映行政单位（包括参照公务员法管理、执行行政单位财务和会计制度的事业单位和社会团体）出租出借国有资产的相关收入。
02	行政单位国有资产处置收入	中央与地方共用收入科目。反映行政单位（包括参照公务员法管理、执行行政单位财务和会计制度的事业单位和社会团体）处置国有资产的相关收入。
03	事业单位国有资产处置收入	中央与地方共用收入科目。反映执行事业单位财务和会计制度的各类事业单位和社会团体处置国有资产的相关收入。
04	事业单位国有资产出租出借收入	中央与地方共用收入科目。反映执行事业单位财务和会计制度的各类事业单位和社会团体取得的，按照相关制度规定需上缴的国有资产出租、出借相关收入。
99	其他非经营性国有资产收入	中央与地方共用收入科目。反映除上述项目以外的其他非经营性国有资产收入。
07	出租车经营权有偿出让和转让收入	地方收入科目。反映出租车经营权有偿出让和转让收入。
08	无居民海岛使用金收入	反映按规定征收的无居民海岛使用金收入。

科目编码 类 款 项	科目名称	说　明
103 07 08 01	无居民海岛使用金收入	中央与地方共用收入科目。反映按规定征收的无居民海岛使用金收入。
09	转让政府还贷道路收费权收入	地方收入科目。反映转让政府还贷公路和城市道路收费权收入。
10	石油特别收益金专项收入	反映开采并销售原油的企业按有关规定缴纳的石油特别收益金专项收入。
01	石油特别收益金专项收入	中央收入科目。反映石油特别收益金专项收入。
02	石油特别收益金退库	中央收入退库科目。反映按有关文件规定的石油特别收益金退库。
11	动用国家储备物资上缴财政收入	中央收入科目。反映动用国家储备物资上缴财政收入。
12	铁路资产变现收入	中央收入科目。反映按《财政部关于铁路运输企业出售国有资产变现收入管理有关问题的通知》取得的收入。
13	电力改革预留资产变现收入	中央收入科目。反映电力体制改革中预留的920万千瓦和647万千瓦发电资产变现收入。
14	矿产资源专项收入	反映按规定征收的矿产资源有偿使用相关收入。
01	矿产资源补偿费收入	中央与地方共用收入科目。反映按《矿产资源补偿费征收管理规定》征收的矿产资源补偿费。
02	探矿权、采矿权使用费收入	中央与地方共用收入科目。反映按规定征收的探矿权、采矿权使用费。
04	矿业权出让收益	中央与地方共用收入科目。反映按规定征收的矿业权出让收益。
05	矿业权占用费收入	中央与地方共用收入科目。反映按规定征收的矿业权占用费收入。
15	排污权出让收入	地方收入科目。反映按《排污权出让收入管理暂行办法》以有偿出让方式配置排污权取得的收入。
16	航班时刻拍卖和使用费收入	中央收入科目。反映中国民航局通过公开拍卖出让航班时刻取得的收入以及采取抽签出让航班时刻收取的航班时刻使用费。
17	农村集体经营性建设用地土地增值收益调节金收入	地方收入科目。反映按《农村集体经营性建设用地土地增值收益调节金征收使用管理暂行办法》规定征收的农村集体经营性建设用地土地增值收益调节金。
18	新增建设用地土地有偿使用费收入	中央与地方共用收入科目。反映各级政府按规定征收和分享的新增建设用地土地有偿使用费。
19	水资源费收入	反映有关部门按规定征收的水资源费收入。
01	三峡电站水资源费收入	中央与地方共用收入科目。反映有关部门按规定征收的三峡电站水资源费收入。
99	其他水资源费收入	中央与地方共用收入科目。反映有关部门按规定征收的其他水资源费收入。
20	国家留成油上缴收入	中央收入科目。反映销售国家留成油上缴的收入。

科目编码			科目名称	说　明
类	款	项		
103	07	21	市政公共资源有偿使用收入	地方收入科目。反映按照《市政公共资源有偿使用收入管理办法》以出让或其他有偿方式转让市政公共资源取得的收入。
		01	停车泊位及公共停车场等有偿使用收入	地方收入科目。反映通过公开招标、拍卖等公平竞争、收取费用等方式取得的市政道路路内停车泊位及政府投资的公共停车场等有偿使用收入。
		02	公共空间广告设置权等有偿使用收入	地方收入科目。反映城市公共空间广告设置权等有偿使用收入。
		99	其他市政公共资源有偿使用收入	地方收入科目。反映其他市政公共资源有偿使用收入。
		99	其他国有资源（资产）有偿使用收入	中央与地方共用收入科目。反映其他国有资源(资产)有偿使用收入。
	08		捐赠收入	反映按《财政部关于加强非税收入管理的通知》（财综〔2004〕53号）规定以政府名义接受的捐赠收入。
		01	国外捐赠收入	中央与地方共用收入科目。反映来自外国政府和非政府机构的捐赠收入。
		02	国内捐赠收入	中央与地方共用收入科目。反映以各级政府、国家机关、实行公务员管理的事业单位、代行政府职能的社会团体以及其他组织名义接受的非定向捐赠货币收入，不包括定向捐赠货币收入、实物捐赠收入以及以不实行公务员管理的事业单位、不代行政府职能的社会团体、企业、个人或者其他民间组织名义接受的捐赠收入。
	09		政府住房基金收入	反映按《住房公积金管理条例》等规定收取的政府住房基金收入。
		01	上缴管理费用	中央与地方共用收入科目。反映住房公积金管理机构按照《住房公积金管理条例》规定，从住房公积金增值收益中上缴同级财政的管理费用。
		02	计提公共租赁住房资金	中央与地方共用收入科目。反映住房公积金管理机构从住房公积金增值收益中计提用于公共租赁住房的资金。
		03	公共租赁住房租金收入	中央与地方共用收入科目。反映按照《财政部、国家发展改革委、住房城乡建设部关于保障性安居工程资金使用管理有关问题的通知》规定取得的公租赁住房收入。
		04	配建商业设施租售收入	中央与地方共用收入科目。反映政府投资建设廉租住房和公共租赁住房项目中配建的商业设施出租出售收入。
		99	其他政府住房基金收入	中央与地方共用收入科目。反映除上述项目以外的其他住房基金收入。
	99		其他收入	反映除上述各款收入以外的其他收入。
		04	主管部门集中收入	中央与地方共用收入科目。反映政府主管部门从下属单位集中的收入。

科目编码			科目名称	说明
类	款	项		
103	99	07	免税商品特许经营费收入	中央收入科目。反映免税商品经营企业上缴的免税商品特许经营费收入。
		08	基本建设收入	反映基本建设过程中形成的各项收入和竣工项目结余资金、投资包干结余收入。
		12	差别电价收入	地方收入科目。反映地方政府按国家发改委、财政部、国家电监会发布的《关于进一步贯彻落实差别电价政策有关问题的通知》（发改价格〔2007〕2655号）规定，征收的差别电价收入。
		13	债务管理收入	中央与地方共用收入科目。反映国债、地方债务管理收入。
		14	南水北调工程基金收入	中央与地方共用收入科目。反映河北省征收用于南水北调工程建设的基金收入。
		15	生态环境损害赔偿资金	中央与地方共用收入科目。反映按照《生态环境损害赔偿金管理办法（试行）》的规定，由赔偿义务人缴纳的生态环境损害赔偿资金收入。
		99	其他收入	中央与地方共用收入科目。反映除上述项目以外的其他收入。
105			**债务收入**	反映政府的各类债务收入。
	03		中央政府债务收入	反映中央政府取得的债务收入。
		01	中央政府国内债务收入	反映中央政府从国内取得的债务收入。
		02	中央政府国外债务收入	反映中央政府从国外或境外取得的债务收入。
		01	中央政府境外发行主权债券收入	反映中央政府在境外发行本外币主权债券取得的收入。
		02	中央政府向外国政府借款收入	反映中央政府向外国政府借款的收入。
		03	中央政府向国际组织借款收入	反映中央政府向国际金融组织和联合国各基金组织借款的收入。
		04	中央政府其他国外借款收入	反映除上述项目以外中央政府向国外借款取得的收入。
	04		地方政府债务收入	反映地方政府取得的债务收入。
		01	一般债务收入	反映地方政府取得的一般债务收入。
		01	地方政府一般债券收入	反映地方政府取得的一般债券收入。
		02	地方政府向外国政府借款收入	反映地方政府通过中央政府直接转贷或委托银行转贷向外国政府借款的收入。
		03	地方政府向国际组织借款收入	反映地方政府通过中央政府直接转贷或委托银行转贷向国际金融组织和联合国各基金组织借款的收入。
		04	地方政府其他一般债务收入	反映地方政府取得的其他一般债务收入。
110			**转移性收入**	反映政府间的转移支付以及不同性质资金之间的调拨收入。
	01		返还性收入	反映下级政府收到上级政府的返还性收入。

科目编码 类	科目编码 款	科目编码 项	科目名称	说明
110	01	02	所得税基数返还收入	反映下级政府收到的上级政府返还的所得税基数收入。
		03	成品油税费改革税收返还收入	反映下级政府收到的上级政府返还的成品油税费改革税收收入。
		04	增值税税收返还收入	反映下级政府收到的上级政府返还的增值税税收收入。
		05	消费税税收返还收入	反映下级政府收到的上级政府返还的消费税税收收入。
		06	增值税"五五分享"税收返还收入	地方收入科目。反映实行增值税收入划分过渡方案后，下级政府收到的上级政府返还的增值税"五五分享"税收返还。
		99	其他返还性收入	反映下级政府收到的上级政府返还的其他返还性收入。
	02		一般性转移支付收入	反映政府间一般性转移支付收入。
		01	体制补助收入	反映下级政府收到的上级政府的体制补助收入。
		02	均衡性转移支付收入	反映下级政府收到的上级政府均衡性转移支付补助。
		07	县级基本财力保障机制奖补资金收入	反映下级政府收到的上级政府的县级基本财力保障机制奖补资金收入。
		08	结算补助收入	反映下级政府收到的上级政府的结算补助收入。
		12	资源枯竭型城市转移支付补助收入	反映下级政府收到的上级政府资源枯竭型城市转移支付补助收入。
		14	企业事业单位划转补助收入	反映下级政府收到的上级政府企业事业单位划转补助收入。
		25	产粮（油）大县奖励资金收入	反映下级政府收到的上级政府的产粮（油）大县奖励资金收入。
		26	重点生态功能区转移支付收入	反映下级政府收到的上级政府的重点生态功能区转移支付收入。
		27	固定数额补助收入	反映下级政府收到的上级政府固定数额补助收入。
		28	革命老区转移支付收入	反映下级政府收到的上级政府革命老区转移支付收入。
		29	民族地区转移支付收入	反映下级政府收到的上级政府民族地区转移支付收入。
		30	边境地区转移支付收入	反映下级政府收到的上级政府边境地区转移支付收入。
		31	巩固脱贫攻坚成果衔接乡村振兴转移支付收入	反映下级政府收到的上级政府巩固拓展脱贫攻坚成果同乡村振兴有效衔接等方面的收入。
		41	一般公共服务共同财政事权转移支付收入	反映下级政府收到的上级政府一般公共服务共同财政事权转移支付收入。
		42	外交共同财政事权转移支付收入	反映下级政府收到的上级政府外交共同财政事权转移支付收入。

科目编码 类 款 项	科目名称	说明
110 02 43	国防共同财政事权转移支付收入	反映下级政府收到的上级政府国防共同财政事权转移支付收入。
44	公共安全共同财政事权转移支付收入	反映下级政府收到的上级政府公共安全共同财政事权转移支付收入。
45	教育共同财政事权转移支付收入	反映下级政府收到的上级政府教育共同财政事权转移支付收入。
46	科学技术共同财政事权转移支付收入	反映下级政府收到的上级政府科学技术共同财政事权转移支付收入。
47	文化旅游体育与传媒共同财政事权转移支付收入	反映下级政府收到的上级政府文化旅游体育与传媒共同财政事权转移支付收入。
48	社会保障和就业共同财政事权转移支付收入	反映下级政府收到的上级政府社会保障和就业共同财政事权转移支付收入。
49	医疗卫生共同财政事权转移支付收入	反映下级政府收到的上级政府医疗卫生共同财政事权转移支付收入。
50	节能环保共同财政事权转移支付收入	反映下级政府收到的上级政府节能环保共同财政事权转移支付收入。
51	城乡社区共同财政事权转移支付收入	反映下级政府收到的上级政府城乡社区共同财政事权转移支付收入。
52	农林水共同财政事权转移支付收入	反映下级政府收到的上级政府农林水共同财政事权转移支付收入。
53	交通运输共同财政事权转移支付收入	反映下级政府收到的上级政府交通运输共同财政事权转移支付收入。
54	资源勘探工业信息等共同财政事权转移支付收入	反映下级政府收到的上级政府资源勘探工业信息等共同财政事权转移支付收入。
55	商业服务业等共同财政事权转移支付收入	反映下级政府收到的上级政府商业服务业等共同财政事权转移支付收入。
56	金融共同财政事权转移支付收入	反映下级政府收到的上级政府金融共同财政事权转移支付收入。
57	自然资源海洋气象等共同财政事权转移支付收入	反映下级政府收到的上级政府自然资源海洋气象等共同财政事权转移支付收入。
58	住房保障共同财政事权转移支付收入	反映下级政府收到的上级政府住房保障共同财政事权转移支付收入。
59	粮油物资储备共同财政事权转移支付收入	反映下级政府收到的上级政府粮油物资储备共同财政事权转移支付收入。
60	灾害防治及应急管理共同财政事权转移支付收入	反映下级政府收到的上级的灾害防治及应急管理共同财政事权转移支付收入。
69	其他共同财政事权转移支付收入	反映下级政府收到的上级政府其他共同财政事权转移支付收入。
99	其他一般性转移支付收入	反映除上述项目以外其他一般性转移支付收入。
03	专项转移支付收入	反映政府间专项转移支付收入。
01	一般公共服务	反映下级政府收到的上级政府的一般公共服务专项补助收入。

科目编码			科目名称	说明
类	款	项		
110	03	02	外交	反映下级政府收到的上级政府的外交专项补助收入。
		03	国防	反映下级政府收到的上级政府的国防专项补助收入。
		04	公共安全	反映下级政府收到的上级政府的公共安全专项补助收入。
		05	教育	反映下级政府收到的上级政府的教育专项补助收入。
		06	科学技术	反映下级政府收到的上级政府的科学技术专项补助收入。
		07	文化旅游体育与传媒	反映下级政府收到的上级政府的文化旅游体育与传媒专项补助收入。
		08	社会保障和就业	反映下级政府收到的上级政府的社会保障和就业专项补助收入。
		10	卫生健康	反映下级政府收到的上级政府的卫生健康专项补助收入。
		11	节能环保	反映下级政府收到的上级政府的节能环保专项补助收入。
		12	城乡社区	反映下级政府收到的上级政府的城乡社区专项补助收入。
		13	农林水	反映下级政府收到的上级政府的农林水专项补助收入。
		14	交通运输	反映下级政府收到的上级政府的交通运输专项补助收入。
		15	资源勘探工业信息等	反映下级政府收到的上级政府的资源勘探工业信息等专项补助收入。
		16	商业服务业等	反映下级政府收到的上级政府的商业服务业等专项补助收入。
		17	金融	反映下级政府收到的上级政府的金融专项补助收入。
		20	自然资源海洋气象等	反映下级政府收到的上级政府的自然资源海洋气象等专项补助收入。
		21	住房保障	反映下级政府收到的上级政府的住房保障专项补助收入。
		22	粮油物资储备	反映下级政府收到的上级政府的粮油物资储备管理专项补助收入。
		24	灾害防治及应急管理	反映下级政府收到的上级政府的灾害防治及应急管理专项补助收入。
		99	其他收入	反映下级政府收到的上级政府的其他专项补助收入。
	06		上解收入	反映上级政府收到下级政府的上解收入。
		01	体制上解收入	反映上级政府收到下级政府的体制上解收入。

科目编码			科目名称	说明
类	款	项目		
110	06	02	专项上解收入	反映上级政府收到下级政府的专项上解收入。
	08		上年结余收入	反映各类资金的上年结余。
	09		调入资金	反映不同预算资金之间的调入收入。
		01	调入一般公共预算资金	线下收入科目。反映从其他预算调入一般公共预算的资金。
		02	从政府性基金预算调入一般公共预算	反映从政府性基金预算调入一般公共预算的资金。
		03	从国有资本经营预算调入一般公共预算	反映从国有资本经营预算调入一般公共预算的资金。
		99	从其他资金调入一般公共预算	反映从其他资金调入一般公共预算的资金。
	11		债务转贷收入	反映下级政府收到的上级政府转贷的债务收入。
		01	地方政府一般债务转贷收入	反映下级政府收到的上级政府转贷的一般债务收入。
		01	地方政府一般债券转贷收入	反映下级政府收到的上级政府转贷的一般债券收入。
		02	地方政府向外国政府借款转贷收入	反映下级政府收到的上级政府转贷的向外国政府借款收入。
		03	地方政府向国际组织借款转贷收入	反映下级政府收到的上级政府转贷的向国际金融组织和联合国各基金组织借款收入。
		04	地方政府其他一般债务转贷收入	反映下级政府收到的上级政府转贷的其他一般债务收入。
	15		动用预算稳定调节基金	反映用于弥补收支缺口的预算稳定调节基金。
	21		区域间转移性收入	反映省及省以下无隶属关系的政府间转移性收入。
		01	接受其他地区援助收入	反映受援方政府接受的可统筹使用的各类援助、捐赠等资金收入。该科目反映的是以受援方政府名义接收的、援助方政府安排且没有限定用途的援助资金。该科目使用主体为各级财政部门，其他部门不得使用；反映的内容为一般公共预算资金，其他性质的资金不在本科目反映。对于援助方政府按照国家统一要求安排的对口援助西藏、新疆、青海藏区的支出，受援方政府不在本科目反映。
		02	生态保护补偿转移性收入	反映省及省以下无隶属关系的政府间生态保护补偿转移性收入。
		03	土地指标调剂转移性收入	反映省及省以下无隶属关系的政府间土地指标调剂转移性收入。
		99	其他转移性收入	反映省及省以下无隶属关系的政府间其他转移性收入。

一般公共预算支出功能分类科目

科目编码 类	科目编码 款	科目编码 项	科 目 名 称	说 明
201			一般公共服务支出	反映政府提供一般公共服务的支出。
	01		人大事务	反映各级人民代表大会（以下简称"人大"）的支出。
		01	行政运行	反映行政单位（包括实行公务员管理的事业单位）的基本支出。
		02	一般行政管理事务	反映行政单位（包括实行公务员管理的事业单位）未单独设置项级科目的其他项目支出。
		03	机关服务	反映为行政单位（包括实行公务员管理的事业单位）提供后勤服务的各类后勤服务中心、医务室等附属事业单位的支出。其他事业单位的支出，凡单独设置了项级科目的，在单独设置的项级科目中反映。未单设项级科目的，在"其他"项级科目中反映。
		04	人大会议	反映各级人大召开人民代表大会等专门会议的支出。
		05	人大立法	反映各级人大立法方面的支出。
		06	人大监督	反映各级人大开展监督工作的支出。
		07	人大代表履职能力提升	反映各级人大为提高代表履职能力所发生的各项支出。
		08	代表工作	反映人大代表开展各类视察等方面的支出。
		09	人大信访工作	反映各级人大处理来信来访工作的支出。
		50	事业运行	反映事业单位的基本支出，不包括行政单位（包括实行公务员管理的事业单位）后勤服务中心、医务室等附属事业单位。
		99	其他人大事务支出	反映除上述项目以外的其他人大事务支出。
	02		政协事务	反映各级政治协商会议（以下简称"政协"）的支出。
		01	行政运行	反映行政单位（包括实行公务员管理的事业单位）的基本支出。
		02	一般行政管理事务	反映行政单位（包括实行公务员管理的事业单位）未单独设置项级科目的其他项目支出。
		03	机关服务	反映为行政单位（包括实行公务员管理的事业单位）提供后勤服务的各类后勤服务中心、医务室等附属事业单位的支出。其他事业单位的支出，凡单独设置了项级科目的，在单独设置的项级科目中反映。未单设项级科目的，在"其他"项级科目中反映。
		04	政协会议	反映各级政协召开政治协商会议等专门会议的支出。

科目编码			科目名称	说明
类款	款	项		
201	02	05	委员视察	反映政协委员开展各类视察的支出。
		06	参政议政	反映政协为参政议政进行调研、检查等方面的支出。
		50	事业运行	反映事业单位的基本支出，不包括行政单位（包括实行公务员管理的事业单位）后勤服务中心、医务室等附属事业单位。
		99	其他政协事务支出	反映除上述项目以外的其他政协事务支出。
	03		政府办公厅（室）及相关机构事务	反映各级政府办公厅（室）及相关机构的支出。
		01	行政运行	反映行政单位（包括实行公务员管理的事业单位）的基本支出。
		02	一般行政管理事务	反映行政单位（包括实行公务员管理的事业单位）未单独设置项级科目的其他项目支出。
		03	机关服务	反映为行政单位（包括实行公务员管理的事业单位）提供后勤服务的各类后勤服务中心、医务室等附属事业单位的支出。其他事业单位的支出，凡单独设置了项级科目的，在单独设置的项级科目中反映。未单设项级科目的，在"其他"项级科目中反映。
		04	专项服务	反映指定范围内的国家领导人、最高人民法院院长、最高人民检察院检察长、已退出领导岗位的政府领导人以及其他有关政府领导同志的生活服务管理支出。
		05	专项业务及机关事务管理	反映各级政府举行各类重大活动、召开重要会议（如国务院一类会议、国庆招待会、全国劳模大会）的支出，政府机关房地产管理、公务用车管理等方面的支出。
		06	政务公开审批	反映各级政府政务公开审批方面的支出。
		09	参事事务	反映用于政府参事事务方面的支出。
		50	事业运行	反映事业单位的基本支出，不包括行政单位（包括实行公务员管理的事业单位）后勤服务中心、医务室等附属事业单位。
		99	其他政府办公厅（室）及相关机构事务支出	反映除上述项目以外的其他政府办公厅（室）及相关机构事务支出。
	04		发展与改革事务	反映发展与改革事务方面的支出。
		01	行政运行	反映行政单位（包括实行公务员管理的事业单位）的基本支出。
		02	一般行政管理事务	反映行政单位（包括实行公务员管理的事业单位）未单独设置项级科目的其他项目支出。
		03	机关服务	反映为行政单位（包括实行公务员管理的事业单位）提供后勤服务的各类后勤服务中心、医务室等附属事业单位的支出。其他事业单位的支出，凡单独设置了项级科目的，在单独设置的项级科目中反映。未单设项级科目的，在"其他"项级科目中反映。
		04	战略规划与实施	反映拟订并组织实施国民经济和社会发展战略、中长期规划和年度计划，实施宏观管理与调控等方面的支出。

科目编码			科目名称	说明
类	款	项		
201	04	05	日常经济运行调节	反映日常经济运行调节方面的支出。
		06	社会事业发展规划	反映社会事业发展规划方面的支出。
		07	经济体制改革研究	反映经济体制改革与研究方面的支出。
		08	物价管理	反映物价管理方面的支出。
		50	事业运行	反映事业单位的基本支出，不包括行政单位（包括实行公务员管理的事业单位）后勤服务中心、医务室等附属事业单位。
		99	其他发展与改革事务支出	反映除上述项目以外的其他发展与改革事务支出。
	05		统计信息事务	反映统计、信息事务方面的支出。
		01	行政运行	反映行政单位（包括实行公务员管理的事业单位）的基本支出。
		02	一般行政管理事务	反映行政单位（包括实行公务员管理的事业单位）未单独设置项级科目的其他项目支出。
		03	机关服务	反映为行政单位（包括实行公务员管理的事业单位）提供后勤服务的各类后勤服务中心、医务室等附属事业单位的支出。其他事业单位的支出，凡单独设置了项级科目的，在单独设置的项级科目中反映。未单设项级科目的，在"其他"项级科目中反映。
		04	信息事务	反映国家信息中心和地方各级政府信息中心的支出。
		05	专项统计业务	反映各级统计机关在日常业务之外开展专项统计工作的支出。
		06	统计管理	反映统计信息化建设、统计执法、统计人员上岗资格认定、职称考试等方面支出。
		07	专项普查活动	反映统计部门开展人口普查、经济普查、农业普查、投入产出调查等周期性普查工作的支出。
		08	统计抽样调查	反映统计抽样调查队开展各类统计调查工作的支出。
		50	事业运行	反映事业单位的基本支出，不包括行政单位（包括实行公务员管埋的事业单位）后勤服务中心、医务室等附属事业单位。
		99	其他统计信息事务支出	反映除上述项目以外的其他统计信息事务支出。
	06		财政事务	反映财政事务方面的支出。
		01	行政运行	反映行政单位（包括实行公务员管理的事业单位）的基本支出。
		02	一般行政管理事务	反映行政单位（包括实行公务员管理的事业单位）未单独设置项级科目的其他项目支出。
		03	机关服务	反映为行政单位（包括实行公务员管理的事业单位）提供后勤服务的各类后勤服务中心、医务室等附属事业单位的支出。其他事业单位的支出，凡单独设置了项级科目的，在单独设置的项级科目中反映。未单设项级科目的，在"其他"项级科目中反映。

科目编码			科目名称	说明
类	款	项		
201	06	04	预算改革业务	反映财政部门用于预算改革方面的支出。
		05	财政国库业务	反映财政部门用于财政国库集中收付业务方面的支出。
		06	财政监察★	反映财政监察方面的专项业务支出。
		07	信息化建设	反映财政部门用于信息化建设方面的支出。
		08	财政委托业务支出	反映财政委托评审机构进行财政投资评审和委托建设银行等机构代理业务发生的支出。
		50	事业运行	反映事业单位的基本支出，不包括行政单位（包括实行公务员管理的事业单位）后勤服务中心、医务室等附属事业单位。
		99	其他财政事务支出	反映除上述项目以外其他财政事务方面的支出。
	07		税收事务	反映税收征管方面的支出。
		01	行政运行	反映行政单位（包括实行公务员管理的事业单位）的基本支出。
		02	一般行政管理事务	反映行政单位（包括实行公务员管理的事业单位）未单独设置项级科目的其他项目支出。
		03	机关服务	反映为行政单位（包括实行公务员管理的事业单位）提供后勤服务的各类后勤服务中心、医务室等附属事业单位的支出。其他事业单位的支出，凡单独设置了项级科目的，在单独设置的项级科目中反映。未单设项级科目的，在"其他"项级科目中反映。
		09	信息化建设	反映税务部门用于信息化建设方面的支出。
		10	税收业务	反映各级税务部门开展税费征收、票证管理、稽查办案、纳税服务等税收专项业务方面的支出。
		50	事业运行	反映事业单位的基本支出，不包括行政单位（包括实行公务员管理的事业单位）后勤服务中心、医务室等附属事业单位。
		99	其他税收事务支出	反映除上述项目以外其他税收事务方面的支出。
	08		审计事务	反映政府审计方面的支出。
		01	行政运行	反映行政单位（包括实行公务员管理的事业单位）的基本支出。
		02	一般行政管理事务	反映行政单位（包括实行公务员管理的事业单位）未单独设置项级科目的其他项目支出。
		03	机关服务	反映为行政单位（包括实行公务员管理的事业单位）提供后勤服务的各类后勤服务中心、医务室等附属事业单位的支出。其他事业单位的支出，凡单独设置了项级科目的，在单独设置的项级科目中反映。未单设项级科目的，在"其他"项级科目中反映。
		04	审计业务	反映各级审计机构的审计、专项审计调查、聘请社会审计组织人员及技术专家等方面的支出。
		05	审计管理	反映审计部门法制建设、审计质量控制、审计结果公告、宣传、教育、职称考试等方面的支出。

科目编码			科目名称	说明
类	款	项		
201	08	06	信息化建设	反映审计部门用于信息化建设方面的支出。
		50	事业运行	反映事业单位的基本支出，不包括行政单位（包括实行公务员管理的事业单位）后勤服务中心、医务室等附属事业单位。
		99	其他审计事务支出	反映除上述项目以外其他审计事务方面的支出。
	09		海关事务	反映海关事务方面的支出。
		01	行政运行	反映行政单位（包括实行公务员管理的事业单位）的基本支出。
		02	一般行政管理事务	反映行政单位（包括实行公务员管理的事业单位）未单独设置项级科目的其他项目支出。
		03	机关服务	反映为行政单位（包括实行公务员管理的事业单位）提供后勤服务的各类后勤服务中心、医务室等附属事业单位的支出。其他事业单位的支出，凡单独设置了项级科目的，在单独设置的项级科目中反映。未单设项级科目的，在"其他"项级科目中反映。
		05	缉私办案	反映海关用于缉私办案方面的支出。
		07	口岸管理	反映口岸业务管理及电子口岸建设、运行维护方面的支出。
		08	信息化建设	反映海关系统用于信息化建设及运行维护方面的支出。
		09	海关关务	反映为海关行政执法提供业务保障、支持能力以及基础设施建设、设备设施运维等方面的支出。
		10	关税征管	反映海关用于关税及其他税费征管方面的支出。
		11	海关监管	反映海关用于监管执法、业务管理及相关设备、技术支持方面的支出。
		12	检验检疫	反映海关用于出入境检验检疫行政执法、业务管理及相关技术支持方面的支出。
		50	事业运行	反映事业单位的基本支出，不包括行政单位（包括实行公务员管理的事业单位）后勤服务中心、医务室等附属事业单位。
		99	其他海关事务支出	反映除上述项目以外其他海关事务方面的支出。
	11		纪检监察事务	反映纪检、监察方面的支出。
		01	行政运行	反映行政单位（包括实行公务员管理的事业单位）的基本支出。
		02	一般行政管理事务	反映行政单位（包括实行公务员管理的事业单位）未单独设置项级科目的其他项目支出。
		03	机关服务	反映为行政单位（包括实行公务员管理的事业单位）提供后勤服务的各类后勤服务中心、医务室等附属事业单位的支出。其他事业单位的支出，凡单独设置了项级科目的，在单独设置的项级科目中反映。未单设项级科目的，在"其他"项级科目中反映。
		04	大案要案查处	反映查处大要（专）案的支出。

科目编码			科目名称	说明
类	款	项		
201	11	05	派驻派出机构	反映由纪检监察部门负担的派驻各部门和单位的纪检监察人员的专项业务支出。
		06	巡视工作	反映中央和地方巡视机构的专项业务支出。
		50	事业运行	反映事业单位的基本支出,不包括行政单位(包括实行公务员管理的事业单位)后勤服务中心、医务室等附属事业单位。
		99	其他纪检监察事务支出	反映除上述项目以外其他纪检监察事务方面的支出。
	13		商贸事务	反映商贸事务方面的支出。
		01	行政运行	反映行政单位(包括实行公务员管理的事业单位)的基本支出。
		02	一般行政管理事务	反映行政单位(包括实行公务员管理的事业单位)未单独设置项级科目的其他项目支出。
		03	机关服务	反映为行政单位(包括实行公务员管理的事业单位)提供后勤服务的各类后勤服务中心、医务室等附属事业单位的支出。其他事业单位的支出,凡单独设置了项级科目的,在单独设置的项级科目中反映。未单设项级科目的,在"其他"项级科目中反映。
		04	对外贸易管理	反映商贸部门对外贸易管理方面的支出。
		05	国际经济合作	反映商贸部门国际经济合作管理方面的支出。
		06	外资管理	反映商贸部门外资管理方面的支出。
		07	国内贸易管理	反映商贸部门国内贸易管理方面的支出。
		08	招商引资	反映用于招商引资、优化经济环境等方面的支出。
		50	事业运行	反映事业单位的基本支出,不包括行政单位(包括实行公务员管理的事业单位)后勤服务中心、医务室等附属事业单位。
		99	其他商贸事务支出	反映除上述项目以外其他用于商贸事务方面的支出。
	14		知识产权事务	反映知识产权等方面的支出。
		01	行政运行	反映行政单位(包括实行公务员管理的事业单位)的基本支出。
		02	一般行政管理事务	反映行政单位(包括实行公务员管理的事业单位)未单独设置项级科目的其他项目支出。
		03	机关服务	反映为行政单位(包括实行公务员管理的事业单位)提供后勤服务的各类后勤服务中心、医务室等附属事业单位的支出。其他事业单位的支出,凡单独设置了项级科目的,在单独设置的项级科目中反映。未单设项级科目的,在"其他"项级科目中反映。
		04	专利审批	反映专利申请受理、审批、复审业务支出。
		05	知识产权战略和规划	反映知识产权战略和规划的制定、实施、评估和统计监测等方面的支出。
		08	国际合作与交流	反映知识产权国际合作与交流等方面的支出。
		09	知识产权宏观管理	反映知识产权保护、运用、公共服务等方面的支出。

科目编码			科 目 名 称	说　明
类	款	项		
201	14	10	商标管理	反映商标注册申请受理、审批业务支出。
		11	原产地地理标志管理	反映原产地地理标志注册申请受理、审批业务支出。
		50	事业运行	反映事业单位的基本支出，不包括行政单位（包括实行公务员管理的事业单位）后勤服务中心、医务室等附属事业单位。
		99	其他知识产权事务支出	反映除上述项目以外其他用于知识产权事务方面的支出。
	23		民族事务	反映用于民族事务管理方面的支出。
		01	行政运行	反映行政单位（包括实行公务员管理的事业单位）的基本支出。
		02	一般行政管理事务	反映行政单位（包括实行公务员管理的事业单位）未单独设置项级科目的其他项目支出。
		03	机关服务	反映为行政单位(包括实行公务员管理的事业单位)提供后勤服务的各类后勤服务中心、医务室等附属事业单位的支出。其他事业单位的支出，凡单独设置了项级科目的，在单独设置的项级科目中反映。未单设项级科目的，在"其他"项级科目中反映。
		04	民族工作专项	反映用于民族事务管理方面的专项支出。
		50	事业运行	反映事业单位的基本支出，不包括行政单位（包括实行公务员管理的事业单位）后勤服务中心、医务室等附属事业单位。
		99	其他民族事务支出	反映除上述项目以外其他用于民族事务方面的支出。
	25		港澳台事务	反映用于港澳台事务方面的支出。
		01	行政运行	反映行政单位（包括实行公务员管理的事业单位）的基本支出。
		02	一般行政管理事务	反映行政单位（包括实行公务员管理的事业单位）未单独设置项级科目的其他项目支出。
		03	机关服务	反映为行政单位(包括实行公务员管理的事业单位)提供后勤服务的各类后勤服务中心、医务室等附属事业单位的支出。其他事业单位的支出，凡单独设置了项级科目的，在单独设置的项级科目中反映。未单设项级科目的，在"其他"项级科目中反映。
		04	港澳事务	反映用于港澳事务方面的支出。
		05	台湾事务	反映用于台湾事务方面的支出。
		50	事业运行	反映事业单位的基本支出，不包括行政单位（包括实行公务员管理的事业单位）后勤服务中心、医务室等附属事业单位。
		99	其他港澳台事务支出	反映除上述项目以外其他用于港澳台事务方面的支出。
	26		档案事务	反映档案事务方面的支出。
		01	行政运行	反映行政单位（包括实行公务员管理的事业单位）的基本支出。

科目编码			科目名称	说明
类	款	项		
201	26	02	一般行政管理事务	反映行政单位（包括实行公务员管理的事业单位）未单独设置项级科目的其他项目支出。
		03	机关服务	反映为行政单位（包括实行公务员管理的事业单位）提供后勤服务的各类后勤服务中心、医务室等附属事业单位的支出。其他事业单位的支出，凡单独设置了项级科目的，在单独设置的项级科目中反映。未单设项级科目的，在"其他"项级科目中反映。
		04	档案馆	反映中央和地方各级档案馆的支出，包括档案资料征集，档案抢救、保护、编纂、修复、现代化管理，档案信息资源开发、提供、利用，档案馆设备购置、维护，档案陈列展览等方面的支出。
		99	其他档案事务支出	反映除上述项目以外其他用于档案事务方面的支出。
	28		民主党派及工商联事务	反映各民主党派（包括民革、民盟、民建、民进、农工、致公、九三、台盟等）及办事机构的支出，工商联的支出。
		01	行政运行	反映行政单位（包括实行公务员管理的事业单位）的基本支出。
		02	一般行政管理事务	反映行政单位（包括实行公务员管理的事业单位）未单独设置项级科目的其他项目支出。
		03	机关服务	反映为行政单位（包括实行公务员管理的事业单位）提供后勤服务的各类后勤服务中心、医务室等附属事业单位的支出。其他事业单位的支出，凡单独设置了项级科目的，在单独设置的项级科目中反映。未单设项级科目的，在"其他"项级科目中反映。
		04	参政议政	反映各民主党派为参政议政进行的调研、会议、检查等方面的支出。
		50	事业运行	反映事业单位的基本支出，不包括行政单位（包括实行公务员管理的事业单位）后勤服务中心、医务室等附属事业单位。
		99	其他民主党派及工商联事务支出	反映除上述项目以外其他用于民主党派及工商联事务方面的支出。
	29		群众团体事务	反映各级人民团体、社会团体、群众团体以及工会、妇联、共青团组织（包括中华青年联合会）等方面的支出。
		01	行政运行	反映行政单位（包括实行公务员管理的事业单位）的基本支出。
		02	一般行政管理事务	反映行政单位（包括实行公务员管理的事业单位）未单独设置项级科目的其他项目支出。
		03	机关服务	反映为行政单位（包括实行公务员管理的事业单位）提供后勤服务的各类后勤服务中心、医务室等附属事业单位的支出。其他事业单位的支出，凡单独设置了项级科目的，在单独设置的项级科目中反映。未单设项级科目的，在"其他"项级科目中反映。
		06	工会事务	反映财政对工会事务的补助支出。

科目编码			科目名称	说明
类	款	项		
201	29	50	事业运行	反映事业单位的基本支出，不包括行政单位（包括实行公务员管理的事业单位）后勤服务中心、医务室等附属事业单位。
		99	其他群众团体事务支出	反映除上述项目以外其他用于群众团体事务方面的支出。
	31		党委办公厅（室）及相关机构事务	反映党委办公厅（室）及相关机构的支出。
		01	行政运行	反映行政单位（包括实行公务员管理的事业单位）的基本支出。
		02	一般行政管理事务	反映行政单位（包括实行公务员管理的事业单位）未单独设置项级科目的其他项目支出。
		03	机关服务	反映为行政单位（包括实行公务员管理的事业单位）提供后勤服务的各类后勤服务中心、医务室等附属事业单位的支出。其他事业单位的支出，凡单独设置了项级科目的，在单独设置的项级科目中反映。未单设项级科目的，在"其他"项级科目中反映。
		05	专项业务	反映党委办公厅（室）及相关机构开展专项业务活动所发生的支出。
		50	事业运行	反映事业单位的基本支出，不包括行政单位（包括实行公务员管理的事业单位）后勤服务中心、医务室等附属事业单位。
		99	其他党委办公厅（室）及相关机构事务支出	反映除上述项目以外其他用于党委办公厅（室）及相关机构事务支出。
	32		组织事务	反映中国共产党组织部门的支出。
		01	行政运行	反映行政单位（包括实行公务员管理的事业单位）的基本支出。
		02	一般行政管理事务	反映行政单位（包括实行公务员管理的事业单位）未单独设置项级科目的其他项目支出。
		03	机关服务	反映为行政单位（包括实行公务员管理的事业单位）提供后勤服务的各类后勤服务中心、医务室等附属事业单位的支出。其他事业单位的支出，凡单独设置了项级科目的，在单独设置的项级科目中反映。未单设项级科目的，在"其他"项级科目中反映。
		04	公务员事务	反映公务员考核、公务员招考、公务员管理、公务员履职能力提升等方面的支出。
		50	事业运行	反映事业单位的基本支出，不包括行政单位（包括实行公务员管理的事业单位）后勤服务中心、医务室等附属事业单位。
		99	其他组织事务支出	反映除上述项目以外其他用于中国共产党组织部门的事务支出。
	33		宣传事务	反映中国共产党宣传部门的支出。
		01	行政运行	反映行政单位（包括实行公务员管理的事业单位）的基本支出。

科目编码			科目名称	说明
类	款	项		
201	33	02	一般行政管理事务	反映行政单位（包括实行公务员管理的事业单位）未单独设置项级科目的其他项目支出。
		03	机关服务	反映为行政单位(包括实行公务员管理的事业单位)提供后勤服务的各类后勤服务中心、医务室等附属事业单位的支出。其他事业单位的支出，凡单独设置了项级科目的，在单独设置的项级科目中反映。未单设项级科目的，在"其他"项级科目中反映。
		04	宣传管理	反映宣传事务管理方面的支出。
		50	事业运行	反映事业单位的基本支出，不包括行政单位（包括实行公务员管理的事业单位）后勤服务中心、医务室等附属事业单位。
		99	其他宣传事务支出	反映除上述项目以外其他用于中国共产党宣传部门的事务支出。
	34		统战事务	反映中国共产党统战部门的支出。
		01	行政运行	反映行政单位（包括实行公务员管理的事业单位）的基本支出。
		02	一般行政管理事务	反映行政单位（包括实行公务员管理的事业单位）未单独设置项级科目的其他项目支出。
		03	机关服务	反映为行政单位(包括实行公务员管理的事业单位)提供后勤服务的各类后勤服务中心、医务室等附属事业单位的支出。其他事业单位的支出，凡单独设置了项级科目的，在单独设置的项级科目中反映。未单设项级科目的，在"其他"项级科目中反映。
		04	宗教事务	反映用于宗教事务管理方面的支出。
		05	华侨事务	反映有关华侨接待安置、生活困难补助以及华文教育等方面的支出。
		50	事业运行	反映事业单位的基本支出，不包括行政单位（包括实行公务员管理的事业单位）后勤服务中心、医务室等附属事业单位。
		99	其他统战事务支出	反映除上述项目以外其他用于中国共产党统战部门的事务支出。
	35		对外联络事务	反映中国共产党对外联络部门的支出。
		01	行政运行	反映行政单位（包括实行公务员管理的事业单位）的基本支出。
		02	一般行政管理事务	反映行政单位（包括实行公务员管理的事业单位）未单独设置项级科目的其他项目支出。
		03	机关服务	反映为行政单位(包括实行公务员管理的事业单位)提供后勤服务的各类后勤服务中心、医务室等附属事业单位的支出。其他事业单位的支出，凡单独设置了项级科目的，在单独设置的项级科目中反映。未单设项级科目的，在"其他"项级科目中反映。
		50	事业运行	反映事业单位的基本支出，不包括行政单位（包括实行公务员管理的事业单位）后勤服务中心、医务室等附属事业单位。

科目编码			科 目 名 称	说　　明
类	款	项		
201	35	99	其他对外联络事务支出	反映除上述项目以外其他用于中国共产党对外联络部门的事务支出。
	36		其他共产党事务支出	反映上述款项以外其他用于中国共产党事务的支出。
		01	行政运行	反映行政单位（包括实行公务员管理的事业单位）的基本支出。
		02	一般行政管理事务	反映行政单位（包括实行公务员管理的事业单位）未单独设置项级科目的其他项目支出。
		03	机关服务	反映为行政单位（包括实行公务员管理的事业单位）提供后勤服务的各类后勤服务中心、医务室等附属事业单位的支出。其他事业单位的支出，凡单独设置了项级科目的，在单独设置的项级科目中反映。未单设项级科目的，在"其他"项级科目中反映。
		50	事业运行	反映事业单位的基本支出，不包括行政单位（包括实行公务员管理的事业单位）后勤服务中心、医务室等附属事业单位。
		99	其他共产党事务支出	反映除上述项目以外其他用于中国共产党事务的支出。
	37		网信事务	反映中国共产党网信部门的支出。
		01	行政运行	反映行政单位（包括实行公务员管理的事业单位）的基本支出。
		02	一般行政管理事务	反映行政单位（包括实行公务员管理的事业单位）未单独设置项级科目的其他项目支出。
		03	机关服务	反映为行政单位（包括实行公务员管理的事业单位）提供后勤服务的各类后勤服务中心、医务室等附属事业单位的支出。其他事业单位的支出，凡单独设置了项级科目的，在单独设置的项级科目中反映。未单设项级科目的，在"其他"项级科目中反映。
		04	信息安全事务	反映信息安全事业单位项目支出。
		50	事业运行	反映事业单位的基本支出，不包括行政单位（包括实行公务员管理的事业单位）后勤服务中心、医务室等附属事业单位。
		99	其他网信事务支出	反映除上述项目以外其他用于网信事务的支出。
	38		市场监督管理事务	反映市场监督管理事务方面的支出。
		01	行政运行	反映行政单位（包括实行公务员管理的事业单位）的基本支出。
		02	一般行政管理事务	反映行政单位（包括实行公务员管理的事业单位）未单独设置项级科目的其他项目支出。
		03	机关服务	反映为行政单位（包括实行公务员管理的事业单位）提供后勤服务的各类后勤服务中心、医务室等附属事业单位的支出。其他事业单位的支出，凡单独设置了项级科目的，在单独设置的项级科目中反映。未单设项级科目的，在"其他"项级科目中反映。

科目编码 类	科目编码 款	科目编码 项	科目名称	说明
201	38	04	经营主体管理★	反映市场准入、许可审批、信用监管等经营主体管理专项工作支出。
		05	市场秩序执法	反映反垄断、价格监督、反不正当竞争、规范直销与打击传销、网络交易监管、广告监管、消费者权益保护、综合执法等市场秩序执法专项工作支出。
		08	信息化建设	反映市场监督管理、药品监督管理部门用于信息化建设及运行维护方面的支出。
		10	质量基础	反映计量、标准、认证认可、检验检测等质量基础专项工作支出。
		12	药品事务	反映用于药品（含中药、民族药）监督管理方面的支出。
		13	医疗器械事务	反映用于医疗器械监督管理方面的支出。
		14	化妆品事务	反映用于化妆品监督管理方面的支出。
		15	质量安全监管	反映产品质量安全监管、特种设备安全监管等质量监管专项工作支出。
		16	食品安全监管	反映食品安全监管等专项工作支出。
		50	事业运行	反映事业单位的基本支出，不包括行政单位（包括实行公务员管理的事业单位）后勤服务中心、医务室等附属事业单位。
		99	其他市场监督管理事务	反映用于除上述项目以外其他市场监督管理事务方面的支出。
	39		社会工作事务	反映中国共产党社会工作部门的支出。
		01	行政运行	反映行政单位（包括实行公务员管理的事业单位）的基本支出。
		02	一般行政管理事务	反映行政单位（包括实行公务员管理的事业单位）未单独设置项级科目的其他项目支出。
		03	机关服务	反映为行政单位（包括实行公务员管理的事业单位）提供后勤服务的各类后勤服务中心、医务室等附属事业单位的支出。其他事业单位的支出，凡单独设置了项级科目的，在单独设置的项级科目中反映。未单独设置项级科目的，在"其他"项级科目中反映。
		04	专项业务	反映社会工作部门开展专项业务活动的支出。
		50	事业运行	反映事业单位的基本支出，不包括行政单位（包括实行公务员管理的事业单位）后勤服务中心、医务室等附属事业单位。
		99	其他社会工作事务支出	反映除上述项目以外其他用于社会工作事务的支出。
	40		信访事务	反映信访事务的支出。
		01	行政运行	反映行政单位（包括实行公务员管理的事业单位）的基本支出。
		02	一般行政管理事务	反映行政单位（包括实行公务员管理的事业单位）未单独设置项级科目的其他项目支出。

科目编码			科目名称	说明
类	款	项		
201	40	03	机关服务	反映为行政单位（包括实行公务员管理的事业单位）提供后勤服务的各类后勤服务中心、医务室等附属事业单位的支出。其他事业单位的支出，凡单独设置了项级科目的，在单独设置的项级科目中反映。未单独设置项级科目的，在"其他"项级科目中反映。
		04	信访业务	反映各级政府用于接待群众来信来访方面的支出。
		50	事业运行★	反映事业单位的基本支出，不包括行政单位（包括实行公务员管理的事业单位）后勤服务中心、医务室等附属事业单位。
		99	其他信访事务支出	反映除上述项目以外的其他信访事务支出。
	41		数据事务★	反映数据事务方面的支出。
		01	行政运行★	反映行政单位（包括实行公务员管理的事业单位）的基本支出。
		02	一般行政管理事务★	反映行政单位（包括实行公务员管理的事业单位）未单独设置项级科目的其他项目支出。
		03	机关服务★	反映行政单位（包括实行公务员管理的事业单位）提供后勤服务的各类后勤服务中心、医务室等附属事业单位的支出。其他事业单位的支出，凡单独设置了项级科目的，在单独设置的项级科目中反映。未单独设置项级科目的，在"其他"项级科目中反映。
		50	事业运行★	反映事业单位的基本支出，不包括行政单位（包括实行公务员管理的事业单位）后勤服务中心、医务室等附属事业单位。
		99	其他数据事务支出★	反映除上述项目以外其他用于数据事务的支出。
	99		其他一般公共服务支出	反映上述项目未包括的一般公共服务支出。
		01	国家赔偿费用支出	反映用于国家赔偿方面的支出。
		99	其他一般公共服务支出	反映除上述项目以外的其他一般公共服务支出。
202			外交支出	反映政府外交事务支出。人大、政协、政府及所属各部门（除国家领导人、外交部门）的出国费、招待费列相关功能科目，不在本科目反映。
	01		外交管理事务	反映政府外交管理事务支出。
		01	行政运行	反映行政单位（包括实行公务员管理的事业单位）的基本支出。
		02	一般行政管理事务	反映行政单位（包括实行公务员管理的事业单位）未单独设置项级科目的其他项目支出。
		03	机关服务	反映为行政单位（包括实行公务员管理的事业单位）提供后勤服务的各类后勤服务中心、医务室等附属事业单位的支出。其他事业单位的支出，凡单独设置了项级科目的，在单独设置的项级科目中反映。未单设项级科目的，在"其他"项级科目中反映。
		04	专项业务	反映外交部门在外交外事方面的专项业务支出。

科目编码 类	科目编码 款	科目编码 项	科目名称	说明
202	01	50	事业运行	反映事业单位的基本支出，不包括行政单位（包括实行公务员管理的事业单位）后勤服务中心、医务室等附属事业单位。
		99	其他外交管理事务支出	反映除上述项目以外其他用于外交管理事务方面的支出。
	02		驻外机构	反映驻外使领馆、公署、办事处、留守组及驻国际机构代表团、代表处等方面的支出。
		01	驻外使领馆（团、处）	反映驻外使领馆、公署、办事处、留守组及驻联合国、联合国粮农组织、国际原子能机构等国际机构的代表团、代表处的支出。
		02	其他驻外机构支出	反映实行经费独立核算的驻外经商处（室）、教育处、文化处、驻外文化中心、科技处、武官处等方面的支出。
	03		对外援助	反映对外国政府（地区）提供的各种援助和技术合作支出。
		04	援外优惠贷款贴息	反映援外优惠贷款贴息支出。
		06	对外援助	反映对外国政府（地区）提供的各种援助和技术合作支出，援外优惠贷款贴息支出不在此科目反映。
	04		国际组织	反映向国际组织缴纳的会费、捐款、联合国维和摊款以及股金、基金等支出。
		01	国际组织会费	反映我国政府（包括国务院主管部门）批准参加国际组织，按国际组织规定缴纳的会费。
		02	国际组织捐赠	反映以我国政府（包括国务院主管部门）名义，向国际组织的认捐、救灾、馈赠等支出。
		03	维和摊款	反映向联合国缴纳的维持和平行动部队摊款。
		04	国际组织股金及基金	反映经批准参加国际组织，按章程或协定规定缴纳的股金或基金。
		99	其他国际组织支出	反映除上述项目以外其他用于国际组织方面的支出。
	05		对外合作与交流	反映党政、人大、政协领导人和外交部门赴外参加国际交流活动支出，接待外国政要来华交流及参加在华举办各项国际活动代表团的支出，在我国举办国际会议支出等。
		03	在华国际会议	反映经国务院批准或由外交部、财政部同意在华召开国际会议的支出。
		04	国际交流活动	反映党政、人大、政协领导人及外交部门赴外参加国际交流活动支出及接待外国政要来华交流支出。
		05	对外合作活动	反映用于外交目的的对外合作方面支出。
		99	其他对外合作与交流支出	反映除上述项目以外其他用于对外合作与交流方面的支出。
	06		对外宣传	反映用于外交目的的对外宣传支出。
		01	对外宣传	反映用于外交目的的对外宣传支出。
	07		边界勘界联检	反映我国在与周边国家进行划界、勘界和联合检查等方面的支出。

科目编码			科目名称	说明
类	款	项		
202	07	01	边界勘界	反映进行边界勘查和划界方面的支出。
		02	边界联检	反映边界划定后进行边界联合检查方面的支出。
		03	边界界桩维护	反映边界划定后日常界桩维护方面的支出。
		99	其他支出	反映除上述项目以外其他用于边界勘界联检方面的支出。
	08		国际发展合作	反映政府国际发展合作事务支出。
		01	行政运行	反映行政单位（包括实行公务员管理的事业单位）的基本支出。
		02	一般行政管理事务	反映行政单位（包括实行公务员管理的事业单位）未单独设置项级科目的其他项目支出。
		03	机关服务	反映为行政单位（包括实行公务员管理的事业单位）提供后勤服务的各类后勤服务中心、医务室等附属事业单位的支出。其他事业单位的支出，凡单独设置了项级科目的，在单独设置的项级科目中反映。未单设项级科目的，在"其他"项级科目中反映。
		50	事业运行	反映事业单位的基本支出，不包括行政单位（包括实行公务员管理的事业单位）后勤服务中心、医务室等附属事业单位。
		99	其他国际发展合作支出	反映上述项目以外其他用于国际发展合作事务方面的支出。
	99		其他外交支出	反映除上述项目以外其他用于外交方面的支出。
		99	其他外交支出	反映除上述项目以外其他用于外交方面的支出。
203			国防支出	反映政府用于国防方面的支出。
	01		军费	反映用于军队建设方面的支出。
		01	现役部队	反映用于现役部队建设与管理等方面的支出。
		02	预备役部队	反映用于预备役部队建设与管理等方面的支出。
		99	其他军费支出	反映除上述项目以外其他用于军费方面的支出。
	04		国防科研事业	反映用于国防科研等方面的支出。
		01	国防科研事业	反映用于国防科研等方面的支出。
	05		专项工程	反映用于国防专项工程建设方面的支出。
		01	专项工程	反映用于国防专项工程建设方面的支出。
	06		国防动员	反映国防动员方面的支出。
		01	兵役征集	反映用于兵役征集等方面的支出。
		02	经济动员	反映用于经济动员等方面的支出。
		03	人民防空	反映用于人民防空工程建设、宣传等方面的支出。
		04	交通战备	反映用于交通战备等方面的支出。
		07	民兵	反映用于民兵建设与管理等方面的支出。
		08	边海防	反映用于边海防建设和维护管理等方面的支出。
		99	其他国防动员支出	反映除上述项目以外其他用于国防动员方面的支出。

科目编码			科目名称	说明
类	款	项		
203	99		其他国防支出	反映其他用于国防方面的支出。
		99	其他国防支出	反映其他用于国防方面的支出。
204			**公共安全支出**	反映政府维护社会公共安全方面的支出。
	01		武装警察部队	反映武装警察部队的支出。
		01	武装警察部队	反映用于武装警察部队的支出。
		99	其他武装警察部队支出	反映其他用于武装警察部队方面的支出。
	02		公安	反映公安事务及管理支出。
		01	行政运行	反映行政单位（包括实行公务员管理的事业单位）的基本支出。
		02	一般行政管理事务	反映行政单位（包括实行公务员管理的事业单位）未单独设置项级科目的其他项目支出。
		03	机关服务	反映为行政单位（包括实行公务员管理的事业单位）提供后勤服务的各类后勤服务中心、医务室等附属事业单位的支出。其他事业单位的支出，凡单独设置了项级科目的，在单独设置的项级科目中反映。未单设项级科目的，在"其他"项级科目中反映。
		19	信息化建设	反映各级公安机关用于非涉密的信息网络建设和运行维护相关支出。
		20	执法办案	反映公安机关从事行政执法、刑事司法及侦查办案等相关活动的支出。
		21	特别业务	反映公安机关开展特别业务工作的相关支出。
		22	特勤业务	反映公安特勤部门开展特勤工作、执行安全保卫任务的支出。
		23	移民事务	反映公民出入境管理、外国人管理、边防检查、边境管理的支出。
		50	事业运行	反映事业单位的基本支出，不包括行政单位（包括实行公务员管理的事业单位）后勤服务中心、医务室等附属事业单位。
		99	其他公安支出	反映除上述项目以外其他用于公安方面的支出。
	03		国家安全	反映国家安全部门的支出。
		01	行政运行	反映行政单位（包括实行公务员管理的事业单位）的基本支出。
		02	一般行政管理事务	反映行政单位（包括实行公务员管理的事业单位）未单独设置项级科目的其他项目支出。
		03	机关服务	反映为行政单位（包括实行公务员管理的事业单位）提供后勤服务的各类后勤服务中心、医务室等附属事业单位的支出。其他事业单位的支出，凡单独设置了项级科目的，在单独设置的项级科目中反映。未单设项级科目的，在"其他"项级科目中反映。
		04	安全业务	反映国家安全部门开展安全业务工作的支出。

科目编码			科目名称	说明
类	款	项		
204	03	50	事业运行	反映事业单位的基本支出，不包括行政单位（包括实行公务员管理的事业单位）后勤服务中心、医务室等附属事业单位。
		99	其他国家安全支出	反映除上述项目以外其他用于国家安全方面的支出。
	04		检察	反映检察事务的支出。
		01	行政运行	反映行政单位（包括实行公务员管理的事业单位）的基本支出。
		02	一般行政管理事务	反映行政单位（包括实行公务员管理的事业单位）未单独设置项级科目的其他项目支出。
		03	机关服务	反映为行政单位（包括实行公务员管理的事业单位）提供后勤服务的各类后勤服务中心、医务室等附属事业单位的支出。其他事业单位的支出，凡单独设置了项级科目的，在单独设置的项级科目中反映。未单设项级科目的，在"其他"项级科目中反映。
		09	"两房"建设	反映办案用房和专业技术用房及附属设施的建设和修缮支出。
		10	检察监督	反映检察机关依法开展法律监督工作的支出，包括侦察监督、公诉、审判监督、执行监督、民事行政监督、公益诉讼、控告申诉等。
		50	事业运行	反映事业单位的基本支出，不包括行政单位（包括实行公务员管理的事业单位）后勤服务中心、医务室等附属事业单位。
		99	其他检察支出	反映除上述项目以外其他用于检察方面的支出。
	05		法院	反映法院（包括各专门法院）的支出。
		01	行政运行	反映行政单位（包括实行公务员管理的事业单位）的基本支出。
		02	一般行政管理事务	反映行政单位（包括实行公务员管理的事业单位）未单独设置项级科目的其他项目支出。
		03	机关服务	反映为行政单位（包括实行公务员管理的事业单位）提供后勤服务的各类后勤服务中心、医务室等附属事业单位的支出。其他事业单位的支出，凡单独设置了项级科目的，在单独设置的项级科目中反映。未单设项级科目的，在"其他"项级科目中反映。
		04	案件审判	反映人民法院对刑事、民事、行政、涉外等案件审判活动的支出。
		05	案件执行	反映人民法院对刑事、民事、行政、涉外等案件执行活动和对各种非诉执行活动的支出。
		06	"两庭"建设	反映人民法院审判用房、人民法庭用房、刑场建设维修和设备购置，以及审判庭安全监控设备购置及运行管理等支出。
		50	事业运行	反映事业单位的基本支出，不包括行政单位（包括实行公务员管理的事业单位）后勤服务中心、医务室等附属事业单位。

科目编码 类	科目编码 款	科目编码 项	科 目 名 称	说 明
204	05	99	其他法院支出	反映除上述项目以外其他用于法院方面的支出。
	06		司法	反映司法行政事务支出。监狱和强制隔离戒毒方面的支出不在此科目反映。
		01	行政运行	反映行政单位（包括实行公务员管理的事业单位）的基本支出。
		02	一般行政管理事务	反映行政单位（包括实行公务员管理的事业单位）未单独设置项级科目的其他项目支出。
		03	机关服务	反映为行政单位（包括实行公务员管理的事业单位）提供后勤服务的各类后勤服务中心、医务室等附属事业单位的支出。其他事业单位的支出，凡单独设置了项级科目的，在单独设置的项级科目中反映。未单设项级科目的，在"其他"项级科目中反映。
		04	基层司法业务	反映各级司法行政部门用于基层业务的支出，包括基层工作指导费、调解费、安置帮教费、司法所经费和公共法律服务平台相关支出、人民陪审员选任管理费用、人民监督员选任管理费用等支出。
		05	普法宣传	反映各级司法行政部门用于组织各种媒体的宣传、普法装备与设施、宣传资料、对外宣传、法制作品的审读评审等方面的支出。
		06	律师管理	反映司法行政部门用于律师管理和法律顾问的相关支出。
		07	公共法律服务	反映司法行政部门用于法律援助、司法鉴定、公证、仲裁等公共法律服务工作的相关支出。
		08	国家统一法律职业资格考试	反映司法行政部门用于国家统一法律职业资格考试及管理的相关支出。
		10	社区矫正	反映司法行政部门用于社区矫正的相关支出。
		12	法治建设	反映全面依法治国相关工作和行政立法、执法监督、行政复议等方面的支出。
		13	信息化建设	反映信息化建设及运行维护等方面的支出。
		50	事业运行	反映事业单位的基本支出，不包括行政单位（包括实行公务员管理的事业单位）后勤服务中心、医务室等附属事业单位。
		99	其他司法支出	反映除上述项目以外其他用于司法方面的支出。
	07		监狱	反映监狱管理事务支出。
		01	行政运行	反映行政单位（包括实行公务员管理的事业单位）的基本支出。
		02	一般行政管理事务	反映行政单位（包括实行公务员管理的事业单位）未单独设置项级科目的其他项目支出。
		03	机关服务	反映为行政单位（包括实行公务员管理的事业单位）提供后勤服务的各类后勤服务中心、医务室等附属事业单位的支出。其他事业单位的支出，凡单独设置了项级科目的，在单独设置的项级科目中反映。未单设项级科目的，在"其他"项级科目中反映。

科目编码			科 目 名 称	说　　　明
类	款	项		
204	07	04	罪犯生活及医疗卫生	反映监狱管理部门及监狱用于罪犯生活的支出，包括伙食费、被服费等，以及用于罪犯医疗卫生的支出。
		05	监狱业务及罪犯改造	反映监狱管理部门及监狱开展业务工作的支出，包括刑罚执行费、狱政管理费、狱内侦查费等支出，以及用于罪犯改造的支出。
		06	狱政设施建设	反映监狱管理部门和监狱狱政设施建设及维修、技术装备购置等方面的支出。
		07	信息化建设	反映信息化建设及运行维护等方面的支出。
		50	事业运行	反映事业单位的基本支出，不包括行政单位（包括实行公务员管理的事业单位）后勤服务中心、医务室等附属事业单位。
		99	其他监狱支出	反映除上述项目以外其他用于监狱方面的支出。
	08		强制隔离戒毒	反映强制隔离戒毒管理事务支出。
		01	行政运行	反映行政单位（包括实行公务员管理的事业单位）的基本支出。
		02	一般行政管理事务	反映行政单位（包括实行公务员管理的事业单位）未单独设置项级科目的其他项目支出。
		03	机关服务	反映为行政单位（包括实行公务员管理的事业单位）提供后勤服务的各类后勤服务中心、医务室等附属事业单位的支出。其他事业单位的支出，凡单独设置了项级科目的，在单独设置的项级科目中反映。未单设项级科目的，在"其他"项级科目中反映。
		04	强制隔离戒毒人员生活	反映强制隔离戒毒管理部门及强制隔离戒毒所用于强制隔离戒毒人员生活的各项开支，包括伙食费、被服费、水电费、日用品补助费、医疗康复费、杂支费等。
		05	强制隔离戒毒人员教育	反映强制隔离戒毒管理部门及强制隔离戒毒所用于强制隔离戒毒人员教育的各项开支，包括教育矫治费、心理治疗费、习艺费、社会帮教费、回访调查费、传染病查治费、诊断评估费等。
		06	所政设施建设	反映强制隔离戒毒管理部门及强制隔离戒毒所所政设施建设及维修、技术装备购置等方面的支出。
		07	信息化建设	反映信息化建设及运行维护等方面的支出。
		50	事业运行	反映事业单位的基本支出，不包括行政单位（包括实行公务员管理的事业单位）后勤服务中心、医务室等附属事业单位。
		99	其他强制隔离戒毒支出	反映强制隔离戒毒管理部门及强制隔离戒毒所发生的强制隔离戒毒人员调遣费、突发事件处置费、安全保卫费、警察服装费、宣传及奖励费、技术辅导人员及关键要害岗位人员补助费等支出。
	09		国家保密	反映国家保密事务支出。
		01	行政运行	反映行政单位（包括实行公务员管理的事业单位）的基本支出。

科目编码			科目名称	说明
类	款	项		
204	09	02	一般行政管理事务	反映行政单位（包括实行公务员管理的事业单位）未单独设置项级科目的其他项目支出。
		03	机关服务	反映为行政单位（包括实行公务员管理的事业单位）提供后勤服务的各类后勤服务中心、医务室等附属事业单位的支出。其他事业单位的支出，凡单独设置了项级科目的，在单独设置的项级科目中反映。未单设项级科目的，在"其他"项级科目中反映。
		04	保密技术	反映与保密业务相关课题研究及产品开发方面的支出。
		05	保密管理	反映国家保密机关管理保密业务方面的支出。
		50	事业运行	反映事业单位的基本支出，不包括行政单位（包括实行公务员管理的事业单位）后勤服务中心、医务室等附属事业单位。
		99	其他国家保密支出	反映除上述项目以外其他用于国家保密方面的支出。
	10		缉私警察	反映海关缉私警察的支出。
		01	行政运行	反映行政单位（包括实行公务员管理的事业单位）的基本支出。
		02	一般行政管理事务	反映行政单位（包括实行公务员管理的事业单位）未单独设置项级科目的其他项目支出。
		06	信息化建设	反映缉私警察信息化建设和运行维护方面的支出。
		07	缉私业务	反映缉私警察开展执法工作，打击走私犯罪活动的支出。
		99	其他缉私警察支出	反映除上述项目以外其他缉私警察方面的支出。
	99		其他公共安全支出	反映除上述项目以外其他用于公共安全方面的支出。
		02	国家司法救助支出	反映用于国家司法救助方面的支出。
		99	其他公共安全支出	反映除上述项目以外其他用于公共安全方面的支出。
205			教育支出	反映政府教育事务支出。
	01		教育管理事务	反映教育管理方面的支出。
		01	行政运行	反映行政单位（包括实行公务员管理的事业单位）的基本支出。
		02	一般行政管理事务	反映行政单位（包括实行公务员管理的事业单位）未单独设置项级科目的其他项目支出。
		03	机关服务	反映为行政单位（包括实行公务员管理的事业单位）提供后勤服务的各类后勤服务中心、医务室等附属事业单位的支出。其他事业单位的支出，凡单独设置了项级科目的，在单独设置的项级科目中反映。未设项级科目的，在"其他"项级科目中反映。
		99	其他教育管理事务支出	反映除上述项目以外其他用于教育管理事务方面的支出。
	02		普通教育	反映各类普通教育支出。

科目编码			科 目 名 称	说 明
类	款	项		
205	02	01	学前教育	反映各部门举办的学前教育支出。政府各部门对社会组织等举办的幼儿园的资助,如捐赠、补贴等,也在本科目中反映。
		02	小学教育	反映各部门举办的小学教育支出。政府各部门对社会组织等举办的小学的资助,如捐赠、补贴等,也在本科目中反映。
		03	初中教育	反映各部门举办的初中教育支出。政府各部门对社会组织等举办的初中的资助,如捐赠、补贴等,也在本科目中反映。
		04	高中教育	反映各部门举办的普通高中教育支出。政府各部门对社会组织等举办的普通高中的资助,如捐赠、补贴等,也在本科目中反映。
		05	高等教育	反映各部门举办的普通本科(包括研究生)教育支出。政府各部门对社会组织等举办的普通本科高等院校(包括研究生)的资助,如捐赠、补贴等,也在本科目中反映。
		99	其他普通教育支出	反映除上述项目以外其他用于普通教育方面的支出。
	03		职业教育	反映各部门举办的各类职业教育支出。
		01	初等职业教育	反映各部门举办的初等职业教育支出。政府各部门对社会组织等举办的初等职业学校的资助,如捐赠、补贴等,也在本科目中反映。
		02	中等职业教育	反映各部门(不含人力资源社会保障部门)举办的中等职业教育支出。政府各部门对社会组织等举办的中等职业学校的资助,如捐赠、补贴等,也在本科目中反映。
		03	技校教育	反映人力资源社会保障部门举办的技校教育支出。政府各部门对社会组织等举办的技工学校的资助,如捐赠、补贴等,也在本科目中反映。
		05	高等职业教育	反映各部门举办的本科、专科层次职业教育支出。政府各部门对社会组织等举办的本科、专科层次职业院校的资助,如捐赠、补贴等,也在本科目中反映。
		99	其他职业教育支出	反映除上述项目以外其他用于职业教育方面的支出。
	04		成人教育	反映各部门举办函授、夜大、自学考试等成人教育的支出。
		01	成人初等教育	反映各部门举办各类成人初等教育的支出。
		02	成人中等教育	反映各部门举办各类成人中等教育的支出。
		03	成人高等教育	反映各部门举办函授、夜大、高等教育自学考试等方面的支出。
		04	成人广播电视教育	反映各部门举办成人广播电视教育的支出。
		99	其他成人教育支出	反映除上述项目以外其他用于成人教育方面的支出。
	05		广播电视教育	反映广播电视教育支出。

科目编码			科目名称	说 明
类	款	项		
205	05	01	广播电视学校	反映各部门举办广播电视学校的支出。
		02	教育电视台	反映教育电视台的支出。
		99	其他广播电视教育支出	反映除上述项目以外其他用于广播电视教育方面的支出。
	06		留学教育★	反映经国家批准,由教育部门统一归口管理的出国、来华留学人员教育支出。
		01	出国留学教育★	反映资助出国留学人员以及专门为出国留学人员举办的学校的支出。
		02	来华留学教育★	反映直接资助来华留学人员的支出。
		99	其他留学教育支出★	反映除上述项目以外其他用于留学教育方面的支出,包括由学校统筹使用的资助来华留学人员学费和住宿费补助。
	07		特殊教育★	反映各部门举办的盲童学校、聋哑学校、智力落后儿童学校、其他生理缺陷儿童学校和专门学校的支出。
		01	特殊学校教育	反映各部门举办盲童学校、聋哑学校、智力落后儿童学校、其他生理缺陷儿童学校的支出。
		02	专门学校教育★	反映各部门举办专门学校的支出。
		99	其他特殊教育支出	反映除上述项目以外其他用于特殊教育方面的支出。
	08		进修及培训	反映教师进修及干部培训等方面的支出。
		01	教师进修	反映教师进修、师资培训支出。
		02	干部教育	反映各级党校、行政学院、社会主义学院、国家会计学院的支出。包括机构运转、招聘师资、举办各类培训班的支出等。
		03	培训支出	反映各部门安排的用于培训的支出。教育部门的师资培训,党校、行政学院等专业干部教育机构的支出,以及退役士兵、转业士官的培训支出,不在本科目反映。
		04	退役士兵能力提升	反映退役士兵技能培训支出,以及转业士官待分配期间培训支出。
		99	其他进修及培训	反映除上述项目以外其他用于进修及培训方面的支出。
	09		教育费附加安排的支出	反映用教育费附加安排的支出。
		01	农村中小学校舍建设	反映教育费附加安排用于农村中小学校舍新建、改建、修缮和维护的支出。
		02	农村中小学教学设施	反映教育费附加安排用于改善农村中小学教学设施和办学条件的支出。
		03	城市中小学校舍建设	反映教育费附加安排用于城市中小学校舍新建、改建、修缮和维护的支出。
		04	城市中小学教学设施	反映教育费附加安排用于改善城市中小学教学设施和办学条件的支出。
		05	中等职业学校教学设施	反映教育费附加安排用于中等职业学校教学设施的支出。

科目编码			科 目 名 称	说　　明
类	款	项		
205	09	99	其他教育费附加安排的支出	反映除上述项目以外的教育费附加支出。
	99		其他教育支出	反映除上述项目以外其他用于教育方面的支出。
		99	其他教育支出	反映除上述项目以外其他用于教育方面的支出。
206			科学技术支出	反映科学技术方面的支出。
	01		科学技术管理事务	反映各级政府科学技术管理事务方面的支出。
		01	行政运行	反映行政单位（包括实行公务员管理的事业单位）的基本支出。
		02	一般行政管理事务	反映行政单位（包括实行公务员管理的事业单位）未单独设置项级科目的其他项目支出。
		03	机关服务	反映为行政单位（包括实行公务员管理的事业单位）提供后勤服务的各类后勤服务中心、医务室等附属事业单位的支出。其他事业单位的支出，凡单独设置了项级科目的，在单独设置的项级科目中反映。未单设项级科目的，在"其他"项级科目中反映。
		99	其他科学技术管理事务支出	反映除上述项目以外其他用于科学技术管理事务方面的支出。
	02		基础研究	反映从事基础研究、近期无法取得实用价值的应用研究机构的支出、专项科学研究支出，以及国家实验室、国家重点实验室、重大科学工程、高层次科技人才等支出。
		01	机构运行	反映从事基础研究和近期无法取得实用价值的应用基础研究机构的基本支出。
		03	自然科学基金	反映各级政府设立的自然科学基金支出。
		04	实验室及相关设施	反映国家实验室、国家重点实验室、部门开放实验室及野外台站的支出。
		05	重大科学工程	反映国家重大科学工程支出。
		06	专项基础科研	反映用于专项基础科研方面的支出。
		07	专项技术基础	反映用于专项技术基础方面的支出。
		08	科技人才队伍建设	反映高层次科技人才、科研机构研究生培养和博士后科学基金等方面的支出。
		99	其他基础研究支出	反映其他用于基础研究工作的支出。
	03		应用研究	反映在基础研究成果上，针对某一特定的实际目的或目标进行的创造性研究工作的支出。
		01	机构运行	反映应用研究机构的基本支出。
		02	社会公益研究	反映从事卫生、劳动保护、计划生育、环境科学、农业等社会公益专项科研方面的支出。
		03	高技术研究	反映为解决事关国民经济长远发展和国家安全等重大战略性、前沿性和前瞻性高技术问题而开展的研究工作支出。
		04	专项科研试制	反映用于专项科研试制方面的支出。
		99	其他应用研究支出	反映除上述项目以外其他用于应用研究方面的支出。

科目编码			科目名称	说明
类	款	项		
206	04		技术研究与开发	反映用于技术研究与开发等方面的支出。
		01	机构运行	反映各类技术研究与开发机构的基本支出。
		04	科技成果转化与扩散	反映促进科技成果转化为现实生产力的应用、推广和引导性支出，以及基本建设支出中用于支持企业科技自主创新的支出。
		05	共性技术研究与开发	反映为国民经济和社会发展主要领域提供支撑和引领的共性技术研究与开发支出，以及加速产业升级和结构调整等方面的支出（不含已推进科技计划改革地区的重点研发计划）。
		99	其他技术研究与开发支出	反映除上述项目以外其他用于技术研究与开发方面的支出。
	05		科技条件与服务	反映用于完善科技条件及从事科技标准、计量和检测，科技数据、种质资源、标本、基因的收集、加工处理和服务，科技文献信息资源的采集、保存、加工和服务等为科技活动提供基础性、通用性服务的支出。
		01	机构运行	反映科技服务机构的基本支出。
		02	技术创新服务体系	反映国家为公益性行业、企业提供信息、技术、中介等全方位服务和支持，建立健全企业技术服务体系等方面的支出。
		03	科技条件专项	反映国家用于完善科技条件的支出，包括科技文献信息、网络环境支撑等科技条件专项支出等。
		99	其他科技条件与服务支出	反映除上述项目以外其他用于科技条件与服务方面的支出。
	06		社会科学	反映用于社会科学方面的支出。
		01	社会科学研究机构	反映各级社会科学院、中共中央所属社会科学研究机构、其他部门所属从事社会科学研究机构的基本支出。
		02	社会科学研究	反映除社科基金支出外的社会科学研究支出。
		03	社科基金支出	反映各级政府设立的社科基金支出。
		99	其他社会科学支出	反映其他用于社会科学研究方面的支出，包括中国社科院研究生院的支出。
	07		科学技术普及	反映科学技术普及方面的支出。
		01	机构运行	反映科普事业单位的基本支出。
		02	科普活动	反映用于开展科普活动的支出。
		03	青少年科技活动	反映开展青少年科技活动的支出。
		04	学术交流活动	反映开展学术交流活动、编制学术期刊和学会补助等方面的支出。
		05	科技馆站	反映各级政府科技馆、站的支出。
		99	其他科学技术普及支出	反映除上述项目以外其他用于科学技术普及方面的支出。
	08		科技交流与合作	反映科技交流与合作方面的支出。

科目编码			科 目 名 称	说　　明
类	款	项		
206	08	01	国际交流与合作	反映为提升国家科技水平与国外政府和国际组织开展合作研究、科技交流等方面的支出。
		02	重大科技合作项目	反映重大国际科技合作专项支出。
		99	其他科技交流与合作支出	反映除上述项目以外其他用于科技交流与合作方面的支出。
	09		科技重大项目	反映用于科技重大专项和重点研发计划的有关经费支出，不包括目标导向的基础研究支出。
		01	科技重大专项	反映用于科技重大专项的经费支出。
		02	重点研发计划	反映用于重点研发计划的有关经费支出。
		99	其他科技重大项目	反映用于其他科技重大项目的经费支出。
	99		其他科学技术支出	反映除以上各项以外用于科技方面的支出。
		01	科技奖励	反映用于科学技术奖励方面的支出。
		02	核应急	反映核事故应急指挥等方面的支出。
		03	转制科研机构	反映对已转制为企业的各类科研机构的补助支出。
		99	其他科学技术支出	反映其他科学技术支出中除以上各项外用于科技方面的支出。
207			文化旅游体育与传媒支出	反映政府在文化、旅游、文物、体育、广播电视、电影、新闻出版等方面的支出。
	01		文化和旅游	反映政府用于公共文化设施、艺术表演团体、文化艺术活动、对外文化交流及旅游业管理与服务等方面的支出。
		01	行政运行	反映行政单位（包括实行公务员管理的事业单位）的基本支出。
		02	一般行政管理事务	反映行政单位（包括实行公务员管理的事业单位）未单独设置项级科目的其他项目支出。
		03	机关服务	反映为行政单位（包括实行公务员管理的事业单位）提供后勤服务的各类后勤服务中心、医务室等附属事业单位的支出。其他事业单位的支出，凡单独设置了项级科目的，在单独设置的项级科目中反映。未单设项级科目的，在"其他"项级科目中反映。
		04	图书馆	反映图书馆的支出。
		05	文化展示及纪念机构	反映各类艺术展览馆、文化名人纪念馆（碑）的支出。
		06	艺术表演场所	反映文化及其他部门主管的剧场（院）的支出。
		07	艺术表演团体	反映文化及其他部门主管的剧院（团）等艺术表演团体的支出。
		08	文化活动	反映举办大型文化艺术活动的支出。
		09	群众文化	反映群众文化方面的支出，包括基层文化馆（站）、群众艺术馆支出等。
		10	文化和旅游交流与合作	反映对外文化和旅游交流合作活动的支出。
		11	文化创作与保护	反映鼓励文学、艺术创作和优秀传统文化保护方面的支出。

科目编码			科目名称	说明
类	款	项		
207	01	12	文化和旅游市场管理	反映文化和旅游执法检查等文化旅游市场管理方面的支出。
		13	旅游宣传	反映在境内外开展各类旅游宣传促销活动的支出，包括驻外旅游机构宣传费、境外宣传促销费、境内宣传促销费、海外记者及旅行商接待费、旅游宣传品制作费及设备购置费等。
		14	文化和旅游管理事务	反映文化和旅游管理事务支出。
		99	其他文化和旅游支出	反映除上述项目以外其他用于文化和旅游方面的支出。
	02		文物	反映文物保护和管理等方面的支出。
		01	行政运行	反映行政单位（包括实行公务员管理的事业单位）的基本支出。
		02	一般行政管理事务	反映行政单位（包括实行公务员管理的事业单位）未单独设置项级科目的其他项目支出。
		03	机关服务	反映为行政单位（包括实行公务员管理的事业单位）提供后勤服务的各类后勤服务中心、医务室等附属事业单位的支出。其他事业单位的支出，凡单独设置了项级科目的，在单独设置的项级科目中反映。未单设项级科目的，在"其他"项级科目中反映。
		04	文物保护	反映考古发掘及文物保护方面的支出。
		05	博物馆	反映文物系统及其他部门所属博物馆、纪念馆（室）的支出。
		06	历史名城与古迹	反映历史名城、世界遗产规划与古迹保护等方面的支出。
		99	其他文物支出	反映除上述项目以外其他用于文物方面的支出。
	03		体育	反映体育方面的支出。
		01	行政运行	反映行政单位（包括实行公务员管理的事业单位）的基本支出。
		02	一般行政管理事务	反映行政单位（包括实行公务员管理的事业单位）未单独设置项级科目的其他项目支出。
		03	机关服务	反映为行政单位（包括实行公务员管理的事业单位）提供后勤服务的各类后勤服务中心、医务室等附属事业单位的支出。其他事业单位的支出，凡单独设置了项级科目的，在单独设置的项级科目中反映。未单设项级科目的，在"其他"项级科目中反映。
		04	运动项目管理	反映各项目运动管理中心和运动学校等单位的日常管理支出。
		05	体育竞赛	反映综合性运动会及单项体育比赛支出。
		06	体育训练	反映各级体育运动队训练补助及器材购置等方面的支出。
		07	体育场馆	反映体育场馆建设及维护等方面的支出。
		08	群众体育	反映业余体校和全民健身等群众体育活动方面的支出。

科目编码			科目名称	说明
类	款	项		
207	03	09	体育交流与合作	反映用于体育交流与合作等方面的支出。
		99	其他体育支出	反映除上述项目以外其他用于体育方面的支出。
	06		新闻出版电影	反映新闻出版、电影等方面的支出。
		01	行政运行	反映行政单位（包括实行公务员管理的事业单位）的基本支出。
		02	一般行政管理事务	反映行政单位（包括实行公务员管理的事业单位）未单独设置项级科目的其他项目支出。
		03	机关服务	反映为行政单位（包括实行公务员管理的事业单位）提供后勤服务的各类后勤服务中心、医务室等附属事业单位的支出。其他事业单位的支出，凡单独设置了项级科目的，在单独设置的项级科目中反映。未单设项级科目的，在"其他"项级科目中反映。
		04	新闻通讯	反映用于新闻通讯社等新闻宣传支出。
		05	出版发行	反映图书、报纸、期刊、音像、电子、网络出版物出版、印刷复制和发行等方面的支出。
		06	版权管理	反映版权管理方面的支出。
		07	电影	反映电影制片、发行、放映等方面的支出。
		99	其他新闻出版电影支出	反映除上述项目以外其他用于新闻出版电影方面的支出。
	08		广播电视	反映广播、电视等方面的支出。
		01	行政运行	反映行政单位（包括实行公务员管理的事业单位）的基本支出。
		02	一般行政管理事务	反映行政单位（包括实行公务员管理的事业单位）未单独设置项级科目的其他项目支出。
		03	机关服务	反映为行政单位（包括实行公务员管理的事业单位）提供后勤服务的各类后勤服务中心、医务室等附属事业单位的支出。其他事业单位的支出，凡单独设置了项级科目的，在单独设置的项级科目中反映。未单设项级科目的，在"其他"项级科目中反映。
		06	监测监管	反映广播电视监测监管台站等为完成广播电视、网络视听节目监测监管等任务的支出。
		07	传输发射	反映广播电视发射、转播台站的支出。
		08	广播电视事务	反映广播电视台等的支出。
		99	其他广播电视支出	反映除上述项目以外其他用于广播电视方面的支出。
	99		其他文化旅游体育与传媒支出	反映除上述项目以外其他用于文化旅游体育与传媒方面的支出。
		03	文化产业发展专项支出	反映支持文化产业发展专项支出。
		99	其他文化旅游体育与传媒支出	反映除上述项目以外其他用于文化旅游体育与传媒方面的支出。
208			社会保障和就业支出	反映政府在社会保障与就业方面的支出。
	01		人力资源和社会保障管理事务	反映人力资源和社会保障管理事务支出。

科目编码			科目名称	说明
类	款	项		
208	01	01	行政运行	反映行政单位（包括实行公务员管理的事业单位）的基本支出。
		02	一般行政管理事务	反映行政单位（包括实行公务员管理的事业单位）未单独设置项级科目的其他项目支出。
		03	机关服务	反映为行政单位（包括实行公务员管理的事业单位）提供后勤服务的各类后勤服务中心、医务室等附属事业单位的支出。其他事业单位的支出，凡单独设置了项级科目的，在单独设置的项级科目中反映。未单设项级科目的，在"其他"项级科目中反映。
		04	综合业务管理	反映人力资源和社会保障管理方面综合性管理事务支出。
		05	劳动保障监察	反映劳动保障监察事务支出。
		06	就业管理事务	反映就业和职业技能鉴定管理方面的支出。
		07	社会保险业务管理事务	反映社会保险业务管理和基金监督方面的支出。
		08	信息化建设	反映人力资源和社会保障部门用于信息化建设、运行维护和数据分析等方面的支出，如金保工程、社会保障卡建设和运行维护、人力资源市场信息化等支出。
		09	社会保险经办机构	反映社会保险经办机构开展业务工作的支出。
		10	劳动关系和维权	反映劳动关系和维权事务支出。
		11	公共就业服务和职业技能鉴定机构	反映公共就业服务和职业技能鉴定机构的支出。
		12	劳动人事争议调解仲裁	反映仲裁机构实体化建设、办案经费、调解仲裁能力建设等支出。
		13	政府特殊津贴	反映与政府特殊津贴相关的支出。
		14	资助留学回国人员	反映人力资源和社会保障部门管理的择优资助留学人员回国创业的支出。
		15	博士后日常经费	反映国家计划内招收的博士后人员日常经费及相应管理工作经费支出。
		16	引进人才费用	反映用于引进外国专家补助、引智成果推广等方面的支出。
		50	事业运行	反映事业单位的基本支出，不包括行政单位（包括实行公务员管理的事业单位）后勤服务中心、医务室等附属事业单位。
		99	其他人力资源和社会保障管理事务支出	反映除上述项目以外其他用于人力资源和社会保障管理事务方面的支出。
	02		民政管理事务	反映民政管理事务支出。
		01	行政运行	反映行政单位（包括实行公务员管理的事业单位）的基本支出。
		02	一般行政管理事务	反映行政单位（包括实行公务员管理的事业单位）未单独设置项级科目的其他项目支出。

科目编码 类	款	项	科目名称	说　明
208	02	03	机关服务	反映为行政单位(包括实行公务员管理的事业单位)提供后勤服务的各类后勤服务中心、医务室等附属事业单位的支出。其他事业单位的支出，凡单独设置了项级科目的，在单独设置的项级科目中反映。未单设项级科目的，在"其他"项级科目中反映。
		06	社会组织管理	反映社会组织管理、支持社会组织发展等方面的支出。
		07	行政区划和地名管理	反映行政区域界线勘定、管理，以及行政区划和地名管理支出。
		09	老龄事务★	反映老龄机构工作经费和开展为老服务活动方面的支出。
		99	其他民政管理事务支出	反映除上述项目以外其他用于民政管理事务的支出。
	04		补充全国社会保障基金	反映用于补充全国社会保障基金的支出。
		02	用一般公共预算补充基金	反映用一般公共预算补充全国社会保障基金的支出。
	05		行政事业单位养老支出	反映用于行政事业单位养老方面的支出。
		01	行政单位离退休	反映行政单位（包括实行公务员管理的事业单位）开支的离退休经费。
		02	事业单位离退休	反映事业单位开支的离退休经费。
		03	离退休人员管理机构	反映各类离退休人员管理机构的支出。
		05	机关事业单位基本养老保险缴费支出	反映机关事业单位实施养老保险制度由单位缴纳的基本养老保险费支出。
		06	机关事业单位职业年金缴费支出	反映机关事业单位实施养老保险制度由单位实际缴纳的职业年金支出（含职业年金补记支出）。
		07	对机关事业单位基本养老保险基金的补助	反映各级财政部门对机关事业单位基本养老保险基金收支缺口的补助。
		08	对机关事业单位职业年金的补助	反映各级财政部门对机关事业单位职业年金记账利息的补助。
		99	其他行政事业单位养老支出	反映除上述项目以外其他用于行政事业单位养老方面的支出。
	06		企业改革补助	反映财政用于企业改革的补助。
		01	企业关闭破产补助	反映财政用于国有企业关闭破产所需资金缺口的补助。
		02	厂办大集体改革补助	反映财政用于厂办大集体改革方面的补助支出。
		99	其他企业改革发展补助	反映除上述项目以外财政用于企业改革发展方面的补助。
	07		就业补助	反映财政用于就业方面的补助支出。
		01	就业创业服务补助★	反映财政用于支持加强公共就业服务机构提升创业服务能力和向社会力量购买就业创业服务成果的补助支出。

科目编码			科目名称	说明
类	款	项		
208	07	02	职业培训补贴	反映财政用于落实相关职业培训政策方面的补贴支出。
		04	社会保险补贴	反映财政对符合条件人员就业后缴纳的社会保险费给予的补贴支出。
		05	公益性岗位补贴	反映财政对符合条件的就业困难人员在公益性岗位就业给予的岗位补贴支出。
		09	职业技能评价补贴★	反映财政对符合条件人员参加职业技能评价给予的补贴支出。
		11	就业见习补贴	反映财政对高校毕业生就业见习基本生活费给予的补贴支出。
		12	高技能人才培养补助	反映财政用于技能大师工作室建设等方面的补助支出。
		13	求职和创业补贴★	反映财政为支持符合条件的困难高校毕业生求职给予的一次性求职补贴，以及为支持符合条件的群体灵活就业、自主创业给予的一次性创业补贴等支出。
		99	其他就业补助支出	反映除上述项目以外按规定确定的其他用于促进就业的补助支出。
	08		抚恤	反映用于各类优抚对象和优抚事业单位的支出。
		01	死亡抚恤	反映按规定用于烈士和牺牲、病故人员家属的一次性和定期抚恤金、丧葬补助费以及烈士褒扬金。
		02	伤残抚恤	反映按规定用于伤残人员的抚恤金和按规定开支的各种伤残补助费。
		03	在乡复员、退伍军人生活补助	反映在乡退伍红军老战士（含西路军红军老战士、红军失散人员）、1954年10月31日前入伍的在乡复员军人、按规定办理带病回乡手续的退伍军人、符合领取定期生活补助条件的"两参"人员生活补助。
		05	义务兵优待	反映用于义务兵优待方面的支出。
		06	农村籍退役士兵老年生活补助	反映1954年11月1日试行义务兵役制后至《退役士兵安置条例》实施前入伍、年龄在60周岁以上（含60周岁）、未享受到国家定期抚恤补助的农村籍退役士兵的老年生活补助。
		07	光荣院	反映光荣院运行及管理维护服务支出。
		08	褒扬纪念	反映各级政府用于烈士纪念设施和军人公墓的修缮维护、烈士遗骸搜寻发掘鉴定、英烈事迹宣传等烈士褒扬工作支出，以及烈士纪念设施保护单位的运行支出。
		99	其他优抚支出	反映除上述项目以外其他用于优抚方面的支出，包括向优抚对象发放的价格临时补贴、老烈士子女、老党员定期生活补助等支出。
	09		退役安置	反映用于退役军人安置方面的支出。
		01	退役士兵安置	反映按规定用于伤残义务兵的一次性建房补助，对符合条件的退役士兵、转业士官的安置支出。

科目编码			科目名称	说 明
类	款	项		
208	09	02	军队移交政府的离退休人员安置★	反映移交政府的军队离退休人员、无军籍退休退职职工（含无军籍离休干部）、退休文职人员等群体安置支出。
		03	军队移交政府离退休干部管理机构	反映退役军人事务部门管理的军队移交政府安置的离退休干部管理机构列入事业编制的人员经费、公用经费以及管理机构用房建设经费等支出。
		04	退役士兵管理教育	反映退役士兵职业教育、转业士官待分配期间管理教育、医疗等支出。
		05	军队转业干部安置	反映军队转业干部（含选择逐月领取退役金的军士）教育培训、管理服务、退役金等方面的支出。
		99	其他退役安置支出	反映除上述项目以外其他用于退役安置方面的支出。
	10		社会福利	反映用于社会福利的支出。
		01	儿童福利	反映对儿童提供福利服务方面的支出。
		02	老年福利	反映对老年人提供福利服务方面的支出，包括为经济困难的高龄、失能等老年人提供基本养老服务保障的资金补助等支出。
		03	康复辅具	反映民政部门举办的康复辅具机构的支出。
		04	殡葬	反映殡葬管理和殡葬服务方面的支出，包括民政部门直属的殡仪馆、公墓、殡葬管理服务机构的支出。
		05	社会福利事业单位	反映民政部门举办的社会福利事业单位的支出，以及对集体社会福利事业单位的补助费。
		06	养老服务	反映财政在养老服务方面的补助支出，包括支持居家养老服务、社区养老服务和机构养老服务的支出，对养老服务机构的运营、建设补助支出等，不包括对社会福利事业单位的补助支出。
		99	其他社会福利支出	反映除上述项目以外其他用于社会福利方面的支出。
	11		残疾人事业	反映政府在残疾人事业方面的支出。
		01	行政运行	反映行政单位（包括实行公务员管理的事业单位）的基本支出。
		02	一般行政管理事务	反映行政单位（包括实行公务员管理的事业单位）未单独设置项级科目的其他项目支出。
		03	机关服务	反映为行政单位（包括实行公务员管理的事业单位）提供后勤服务的各类后勤服务中心、医务室等附属事业单位的支出。其他事业单位的支出，凡单独设置了项级科目的，在单独设置的项级科目中反映。未单设项级科目的，在"其他"项级科目中反映。
		04	残疾人康复	反映残疾人联合会用于残疾人康复方面的支出。
		05	残疾人就业	反映残疾人联合会用于残疾人就业方面的支出。
		06	残疾人体育	反映残疾人联合会用于残疾人体育方面的支出。
		07	残疾人生活和护理补贴	反映困难残疾人生活补贴和重度残疾人护理补贴支出。

科目编码 类	科目编码 款	科目编码 项	科目名称	说明
208	11	99	其他残疾人事业支出	反映除上述项目以外其他用于残疾人事业方面的支出。
	16		红十字事业	反映政府支持红十字会开展红十字社会公益活动等方面的支出。
		01	行政运行	反映行政单位（包括实行公务员管理的事业单位）的基本支出。
		02	一般行政管理事务	反映行政单位（包括实行公务员管理的事业单位）未单独设置项级科目的其他项目支出。
		03	机关服务	反映为行政单位（包括实行公务员管理的事业单位）提供后勤服务的各类后勤服务中心、医务室等附属事业单位的支出。其他事业单位的支出，凡单独设置了项级科目的，在单独设置的项级科目中反映。未单设项级科目的，在"其他"项级科目中反映。
		50	事业运行	反映事业单位的基本支出，不包括行政单位（包括实行公务员管理的事业单位）后勤服务中心、医务室等附属事业单位。
		99	其他红十字事业支出	反映除上述项目以外其他用于红十字事业方面的支出。
	19		最低生活保障	反映城乡最低生活保障对象的最低生活保障金支出。
		01	城市最低生活保障金支出	反映城市最低生活保障对象的最低生活保障金支出。
		02	农村最低生活保障金支出	反映农村最低生活保障对象的最低生活保障金支出。
	20		临时救助	反映城乡生活困难居民的临时救助等支出。
		01	临时救助支出	反映用于城乡生活困难居民的临时救助。
		02	流浪乞讨人员救助支出	反映用于生活无着的流浪乞讨人员的救助支出和救助管理机构的运转支出。
	21		特困人员救助供养	反映特困人员救助供养支出。
		01	城市特困人员救助供养支出	反映城市特困人员救助供养支出。
		02	农村特困人员救助供养支出	反映农村特困人员救助供养支出。
	24		补充道路交通事故社会救助基金	反映通过财政补助安排给道路交通事故社会救助基金的支出。
		01	对道路交通事故社会救助基金的补助	反映地方政府给予道路交通事故社会救助基金的财政补助支出。
		02	交强险罚款收入补助基金支出	反映地方政府按照交强险罚款收入补助给道路交通事故社会救助基金的支出。
	25		其他生活救助	反映除最低生活保障、临时救助、特困人员救助供养外，用于城乡生活困难居民生活救助的其他支出。
		01	其他城市生活救助	反映除最低生活保障、临时救助、特困人员救助供养外，用于城市生活困难居民生活救助的其他支出，包括用于除优抚对象、失业人员之外城市生活困难居民的价格临时补贴支出。

科目编码			科 目 名 称	说 明
类	款	项		
208	25	02	其他农村生活救助	反映除最低生活保障、临时救助、特困人员救助供养外，用于农村生活困难居民生活救助的其他支出，包括用于除优抚对象、失业人员之外农村生活困难居民的价格临时补贴支出。
	26		财政对基本养老保险基金的补助	反映财政对基本养老保险基金的补助支出。财政对机关事业单位基本养老保险基金的补助，不在此科目反映。
		01	财政对企业职工基本养老保险基金的补助	反映财政对企业职工基本养老保险基金的补助支出。
		02	财政对城乡居民基本养老保险基金的补助	反映财政对城乡居民基本养老保险基金的补助支出。
		99	财政对其他基本养老保险基金的补助	反映财政对其他基本养老保险基金的补助支出。
	27		财政对其他社会保险基金的补助	反映财政对其他社会保险基金的补助支出。财政对基本养老保险基金和基本医疗保险基金的补助，不在此科目反映。
		01	财政对失业保险基金的补助	反映财政对失业保险基金的补助支出。
		02	财政对工伤保险基金的补助	反映财政对工伤保险基金的补助支出。
		99	其他财政对社会保险基金的补助	反映其他财政对社会保险基金的补助支出。
	28		退役军人管理事务	反映退役军人事务管理支出。
		01	行政运行	反映行政单位（包括实行公务员管理的事业单位）的基本支出。
		02	一般行政管理事务	反映行政单位（包括实行公务员管理的事业单位）未单独设置项级科目的其他项目支出。
		03	机关服务	反映为行政单位（包括实行公务员管理的事业单位）提供后勤服务的各类后勤服务中心、医务室等附属事业单位的支出。其他事业单位的支出，凡单独设置了项级科目的，在单独设置的项级科目中反映。未设项级科目的，在"其他"项级科目中反映。
		04	拥军优属	反映开展拥军优属活动的支出。
		05	军供保障	反映各级退役军人事务部所属军供站运行及管理维护、保障军队运输和食宿供应等方面的支出。
		06	信息化建设	反映退役军人事务部门用于信息化建设和运行维护等方面的支出。
		50	事业运行	反映事业单位的基本支出，不包括行政单位（包括实行公务员管理的事业单位）后勤服务中心、医疗室等附属事业单位。
		99	其他退役军人事务管理支出	反映除上述项目以外其他用于退役军人事务管理方面的支出。
	30		财政代缴社会保险费支出	反映财政为城乡生活困难人员缴纳的社会保险费支出。

科目编码			科目名称	说明
类	款	项		
208	30	01	财政代缴城乡居民基本养老保险费支出	反映财政为生活困难人员缴纳的城乡居民基本养老保险费支出。
		99	财政代缴其他社会保险费支出	反映在政策规定范围内,财政为生活困难人员缴纳的其他社会保险费支出。
	99		其他社会保障和就业支出	反映除上述项目以外其他用于社会保障和就业方面的支出。
		99	其他社会保障和就业支出	反映除上述项目以外其他用于社会保障和就业方面的支出。
210			卫生健康支出	反映政府卫生健康方面的支出。
	01		卫生健康管理事务	反映卫生健康管理等方面的支出。
		01	行政运行	反映行政单位(包括实行公务员管理的事业单位)的基本支出。
		02	一般行政管理事务	反映行政单位(包括实行公务员管理的事业单位)未单独设置项级科目的其他项目支出。
		03	机关服务	反映为行政单位(包括实行公务员管理的事业单位)提供后勤服务的各类后勤服务中心、医务室等附属事业单位的支出。其他事业单位的支出,凡单独设置了项级科目的,在单独设置的项级科目中反映。未单设项级科目的,在"其他"项级科目中反映。
		99	其他卫生健康管理事务支出	反映除上述项目以外其他用于卫生健康管理事务方面的支出。
	02		公立医院	反映公立医院方面的支出。
		01	综合医院	反映卫生健康、中医部门所属的城市综合性医院、独立门诊、教学医院、疗养院和县医院的支出。
		02	中医(民族)医院	反映卫生健康、中医部门所属的中医院、中西医结合医院、民族医院的支出。
		03	传染病医院	反映卫生健康、中医、疾病预防控制部门所属的专门收治各类传染病人医院的支出。
		04	职业病防治医院	反映卫生健康、中医部门所属的专门从事职业病防治医院的支出。
		05	精神病医院	反映专门收治精神病人医院的支出。
		06	妇幼保健医院	反映卫生健康、中医部门所属的专门从事妇产、妇幼保健医院的支出。
		07	儿童医院	反映卫生健康、中医部门所属的专门从事儿童疾病治疗医院的支出。
		08	其他专科医院	反映卫生健康、中医部门所属的除传染病医院、职业病医院、精神病医院、妇幼保健医院、儿童医院、康复医院以外的其他专科医院的支出。
		09	福利医院	反映政府举办的专门为贫困人群提供基本医疗服务医院的支出。
		10	行业医院	反映除卫生健康、中医部门外的各部门、国有企业所属医院的支出。

科目编码			科 目 名 称	说　　明
类	款	项		
210	02	11	处理医疗欠费	反映拨给卫生健康、中医部门处理医疗欠费的支出。
		12	康复医院	反映卫生健康、中医部门所属的康复医院的支出。
		13	优抚医院	反映政府举办的用于集中收治优抚对象、伤残退役军人的医疗机构的支出。
		99	其他公立医院支出	反映除上述项目以外的其他用于公立医院方面的支出。
	03		基层医疗卫生机构	反映用于基层医疗卫生机构的支出。
		01	城市社区卫生机构	反映用于城市社区卫生机构的支出。
		02	乡镇卫生院	反映用于乡镇卫生院的支出。
		99	其他基层医疗卫生机构支出	反映除上述项目以外的其他用于基层医疗卫生机构的支出。
	04		公共卫生	反映公共卫生支出。
		01	疾病预防控制机构	反映卫生健康、疾病预防控制部门所属疾病预防控制机构的支出。
		02	卫生监督机构	反映卫生健康、疾病预防控制部门所属卫生监督机构的支出。
		03	妇幼保健机构	反映卫生健康部门所属妇幼保健机构的支出
		04	精神卫生机构	反映卫生健康部门所属精神卫生机构的支出。
		05	应急救治机构	反映卫生健康、疾病预防控制部门所属应急救治机构的支出。
		06	采供血机构	反映卫生健康部门所属采供血机构的支出。
		07	其他专业公共卫生机构	反映上述专业公共卫生机构以外的其他专业公共卫生机构的支出。
		08	基本公共卫生服务★	反映基本公共卫生服务项目支出。
		09	重大公共卫生服务	反映重大疾病、重大传染病预防控制等重大公共卫生服务项目支出。
		10	突发公共卫生事件应急处置	反映用于突发公共卫生事件应急处置的支出。
		99	其他公共卫生支出	反映除上述项目以外的其他用于公共卫生方面的支出。
	07		计划生育事务	反映计划生育方面的支出。
		16	计划生育机构	反映卫生健康部门所属计划生育机构的支出。
		17	计划生育服务	反映计划生育服务支出。
		99	其他计划生育事务支出	反映除上述项目以外其他用于计划生育管理事务方面的支出。
	11		行政事业单位医疗	反映行政事业单位医疗方面的支出。
		01	行政单位医疗	反映财政部门安排的行政单位（包括实行公务员管理的事业单位，下同）基本医疗保险缴费经费，未参加医疗保险的行政单位的公费医疗经费，按国家规定享受离休人员、红军老战士待遇人员的医疗经费。

科目编码 类	科目编码 款	科目编码 项	科 目 名 称	说　　明
210	11	02	事业单位医疗	反映财政部门安排的事业单位基本医疗保险缴费经费，未参加医疗保险的事业单位的公费医疗经费，按国家规定享受离休人员待遇的医疗经费。
		03	公务员医疗补助	反映财政部门安排的公务员医疗补助经费。
		99	其他行政事业单位医疗支出	反映上述项目以外的其他用于行政事业单位医疗方面的支出。
	12		财政对基本医疗保险基金的补助	反映财政对基本医疗保险基金的补助支出。
		01	财政对职工基本医疗保险基金的补助	反映财政对职工基本医疗保险基金的补助支出。
		02	财政对城乡居民基本医疗保险基金的补助	反映财政对城乡居民基本医疗保险基金的补助支出。
		99	财政对其他基本医疗保险基金的补助	反映财政对其他基本医疗保险基金的补助支出。
	13		医疗救助	反映医疗救助方面的支出。
		01	城乡医疗救助	反映财政用于城乡困难群众医疗救助的支出。
		02	疾病应急救助	反映财政用于疾病应急救助基金的补助支出。
		99	其他医疗救助支出	反映除上述项目以外的其他用于医疗救助方面的支出。
	14		优抚对象医疗	反映优抚对象医疗方面的支出。
		01	优抚对象医疗补助	反映按规定补助优抚对象的医疗经费。
		99	其他优抚对象医疗支出	反映除优抚对象医疗补助以外的其他优抚对象医疗支出。
	15		医疗保障管理事务	反映医疗保障管理方面的支出。
		01	行政运行	反映行政单位（包括实行公务员管理的事业单位）的基本支出。
		02	一般行政管理事务	反映行政单位（包括实行公务员管理的事业单位）未单独设置项级科目的其他项目支出。
		03	机关服务	反映为行政单位（包括实行公务员管理的事业单位）提供后勤服务的各类后勤服务中心、医务室等附属事业单位的支出。其他事业单位的支出，凡单独设置了项级科目的，在单独设置的项级科目中反映；未单设项级科目的，在"其他"项级科目中反映。
		04	信息化建设	反映医疗保障部门用于信息化建设、开发、运行维护和数据分析等方面支出。
		05	医疗保障政策管理	反映医疗保障待遇管理、医药服务管理、医药价格和招标采购管理、医疗保障基金监管等支出。
		06	医疗保障经办事务	反映医保基金核算、精算、参保登记、权益记录、转移接续等医疗保障经办支出。
		50	事业运行	反映事业单位的基本支出，不包括行政单位（包括实行公务员管理的事业单位）后勤服务中心、医务室等附属事业单位。

科目编码			科　目　名　称	说　　明
类	款	项		
210	15	99	其他医疗保障管理事务支出	反映除上述项目以外的其他用于医疗保障管理事务方面的支出
	17		中医药事务	反映中医药管理等方面支出。
		01	行政运行	反映行政单位（包括实行公务员管理的事业单位）的基本支出。
		02	一般行政管理事务	反映行政单位（包括实行公务员管理的事业单位）未单独设置项级科目的其他项目支出。
		03	机关服务	反映为行政单位（包括实行公务员管理的事业单位）提供后勤服务的各类后勤服务中心、医务室等附属事业单位的支出。其他事业单位的支出，凡单独设置了项级科目的，在单独设置的项级科目中反映。未单独设置项级科目的，在"其他"项级科目中反映。
		04	中医（民族医）药专项	反映中医（民族医）药方面的专项支出。
		50	事业运行★	反映事业单位的基本支出，不包括行政单位（包括实行公务员管理的事业单位）后勤服务中心、医务室等附属事业单位。
		99	其他中医药事务支出	反映除上述项目以外的其他用于中医药事务方面的支出。
	18		疾病预防控制事务	反映疾病预防控制管理方面的支出。
		01	行政运行	反映行政单位（包括实行公务员管理的事业单位）的基本支出。
		02	一般行政管理事务	反映行政单位（包括实行公务员管理的事业单位）未单独设置项级科目的其他项目支出。
		03	机关服务	反映为行政单位（包括实行公务员管理的事业单位）提供后勤服务的各类后勤服务中心、医务室等附属事业单位的支出。其他事业单位的支出，凡单独设置了项级科目的，在单独设置的项级科目中反映。未单独设置项级科目的，在"其他"项级科目中反映。
		99	其他疾病预防控制事务支出	反映除上述项目以外的其他用于疾病预防控制事务方面的支出。
	19		托育服务★	反映托育服务方面的支出。
		01	托育机构★	反映用于托育机构的支出。
		99	其他托育服务支出★	反映除上述项目以外其他用于托育服务方面的支出。
	99		其他卫生健康支出	反映除上述项目以外其他用于卫生健康方面的支出。
		99	其他卫生健康支出	反映除上述项目以外的其他用于卫生健康方面的支出。
211			节能环保支出	反映政府节能环保支出。
	01		环境保护管理事务	反映政府环境保护管理事务支出。
		01	行政运行	反映行政单位（包括实行公务员管理的事业单位）的基本支出。

科目编码			科目名称	说明
类	款	项		
211	01	02	一般行政管理事务	反映行政单位（包括实行公务员管理的事业单位）未单独设置项级科目的其他项目支出。
		03	机关服务	反映为行政单位（包括实行公务员管理的事业单位）提供后勤服务的各类后勤服务中心、医务室等附属事业单位的支出。其他事业单位的支出，凡单独设置了项级科目的，在单独设置的项级科目中反映。未单设项级科目的，在"其他"项级科目中反映。
		04	生态环境保护宣传	反映生态环境部门环境保护宣传教育方面的支出。
		05	环境保护法规、规划及标准	反映环境保护法规政策的前期研究、制订，规划的前期研究、制订及实施评估，环境标准试验、研究和制订等方面的支出。
		06	生态环境国际合作及履约	反映生态环境部门国际环境合作与交流、谈判及履约工作支出，国际环境合作及履约项目国内配套、国际环境热点问题调研及咨询、周边国家环境纠纷处理及合作方面的支出等。
		07	生态环境保护行政许可	反映生态环境部门经法律法规设定和经国务院批准的行政许可管理支出，如建设项目环境影响评价审批、排污许可、危险废物经营许可等行政许可管理及相关技术支持等方面的支出。
		08	应对气候变化管理事务	反映应对气候变化管理事务方面的支出。
		99	其他环境保护管理事务支出	反映除上述项目以外其他用于环境保护管理事务方面的支出。
	02		环境监测与监察	反映政府环境监测与监察支出。
		03	建设项目环评审查与监督	反映生态环境部门对建设类规划、建设项目的环境影响评价、评审，建设项目"三同时"监理、验收等方面的支出。
		04	核与辐射安全监督	反映生态环境部门核安全核辐射安全监管、审评支出、放射性物质运输监管、核材料管制、核设施监管等支出。
		99	其他环境监测与监察支出	反映除上述项目以外其他用于环境监测与监察方面的支出。
	03		污染防治	反映政府在治理大气、水体、噪声、固体废弃物、放射性物质等方面的支出。
		01	大气	反映政府在治理空气污染、汽车尾气、酸雨、二氧化硫、沙尘暴等方面的支出。
		02	水体	反映政府在排水、污水处理、水污染防治、湖库生态环境保护、水源地保护、国土江河综合整治、河流治理与保护、地下水修复与保护等方面的支出。
		03	噪声	反映政府在治理噪声与震动污染方面的支出。
		04	固体废弃物与化学品	反映政府在垃圾、医疗废物、危险废物及工业废弃物处置处理等方面的支出，持久性有机污染物监管及淘汰处置支出等。

科目编码			科 目 名 称	说　　明
类	款	项		
210	15	99	其他医疗保障管理事务支出	反映除上述项目以外的其他用于医疗保障管理事务方面的支出
	17		中医药事务	反映中医药管理等方面支出。
		01	行政运行	反映行政单位（包括实行公务员管理的事业单位）的基本支出。
		02	一般行政管理事务	反映行政单位（包括实行公务员管理的事业单位）未单独设置项级科目的其他项目支出。
		03	机关服务	反映为行政单位（包括实行公务员管理的事业单位）提供后勤服务的各类后勤服务中心、医务室等附属事业单位的支出。其他事业单位的支出，凡单独设置了项级科目的，在单独设置的项级科目中反映。未单独设置项级科目的，在"其他"项级科目中反映。
		04	中医（民族医）药专项	反映中医（民族医）药方面的专项支出。
		50	事业运行★	反映事业单位的基本支出，不包括行政单位（包括实行公务员管理的事业单位）后勤服务中心、医务室等附属事业单位。
		99	其他中医药事务支出	反映除上述项目以外的其他用于中医药事务方面的支出。
	18		疾病预防控制事务	反映疾病预防控制管理方面的支出。
		01	行政运行	反映行政单位（包括实行公务员管理的事业单位）的基本支出。
		02	一般行政管理事务	反映行政单位（包括实行公务员管理的事业单位）未单独设置项级科目的其他项目支出。
		03	机关服务	反映为行政单位（包括实行公务员管理的事业单位）提供后勤服务的各类后勤服务中心、医务室等附属事业单位的支出。其他事业单位的支出，凡单独设置了项级科目的，在单独设置的项级科目中反映。未单独设置项级科目的，在"其他"项级科目中反映。
		99	其他疾病预防控制事务支出	反映除上述项目以外的其他用于疾病预防控制事务方面的支出。
	19		托育服务★	反映托育服务方面的支出。
		01	托育机构★	反映用于托育机构的支出。
		99	其他托育服务支出★	反映除上述项目以外其他用于托育服务方面的支出。
	99		其他卫生健康支出	反映除上述项目以外其他用于卫生健康方面的支出。
		99	其他卫生健康支出	反映除上述项目以外其他用于卫生健康方面的支出。
211			节能环保支出	反映政府节能环保支出。
	01		环境保护管理事务	反映政府环境保护管理事务支出。
		01	行政运行	反映行政单位（包括实行公务员管理的事业单位）的基本支出。

科目编码			科目名称	说明
类	款	项		
211	01	02	一般行政管理事务	反映行政单位（包括实行公务员管理的事业单位）未单独设置项级科目的其他项目支出。
		03	机关服务	反映为行政单位（包括实行公务员管理的事业单位）提供后勤服务的各类后勤服务中心、医务室等附属事业单位的支出。其他事业单位的支出，凡单独设置了项级科目的，在单独设置的项级科目中反映。未单设项级科目的，在"其他"项级科目中反映。
		04	生态环境保护宣传	反映生态环境部门环境保护宣传教育方面的支出。
		05	环境保护法规、规划及标准	反映环境保护法规政策的前期研究、制订，规划的前期研究、制订及实施评估，环境标准试验、研究和制订等方面的支出。
		06	生态环境国际合作及履约	反映生态环境部门国际环境合作与交流、谈判及履约工作支出，国际环境合作及履约项目国内配套、国际环境热点问题调研及咨询、周边国家环境纠纷处理及合作方面的支出等。
		07	生态环境保护行政许可	反映生态环境部门经法律法规设定和经国务院批准的行政许可管理支出，如建设项目环境影响评价审批、排污许可、危险废物经营许可等行政许可管理及相关技术支持等方面的支出。
		08	应对气候变化管理事务	反映应对气候变化管理事务方面的支出。
		99	其他环境保护管理事务支出	反映除上述项目以外其他用于环境保护管理事务方面的支出。
	02		环境监测与监察	反映政府环境监测与监察支出。
		03	建设项目环评审查与监督	反映生态环境部门对建设类规划、建设项目的环境影响评价、评审，建设项目"三同时"监理、验收等方面的支出。
		04	核与辐射安全监督	反映生态环境部门核安全核辐射安全监管、审评支出、放射性物质运输监管、核材料管制、核设施监管等支出。
		99	其他环境监测与监察支出	反映除上述项目以外其他用于环境监测与监察方面的支出。
	03		污染防治	反映政府在治理大气、水体、噪声、固体废弃物、放射性物质等方面的支出。
		01	大气	反映政府在治理空气污染、汽车尾气、酸雨、二氧化硫、沙尘暴等方面的支出。
		02	水体	反映政府在排水、污水处理、水污染防治、湖库生态环境保护、水源地保护、国土江河综合整治、河流治理与保护、地下水修复与保护等方面的支出。
		03	噪声	反映政府在治理噪声与震动污染方面的支出。
		04	固体废弃物与化学品	反映政府在垃圾、医疗废物、危险废物及工业废弃物处置处理等方面的支出，持久性有机污染物监管及淘汰处置支出等。

科目编码			科 目 名 称	说　　明
类	款	项		
211	03	05	放射源和放射性废物监管	反映对放射源生产、销售、使用、废弃源处置等管理的支出，放射性废物管理、收集、处置等支出，放射性废物库建设与运行等方面的支出。
		06	辐射	反映政府在核辐射、电磁辐射污染治理等方面的支出。
		07	土壤	反映政府在土壤污染调查、风险管控、治理与修复等方面的支出。
		99	其他污染防治支出	反映除上述项目以外其他用于污染防治方面的支出。
	04		自然生态保护	反映生态保护、生态修复、生物多样性保护、农村环境保护和生物安全管理等方面的支出。
		01	生态保护	反映用于生态功能区、生态示范区、生态省（市、县）管理及能力建设、日常管护、宣教、试点示范等支出，生态修复支出，资源开发生态监管支出，生态护林员的劳务报酬等支出。
		02	农村环境保护	反映用于农村环境保护方面的支出。有关事项包括：农村环境综合整治，如生活垃圾、污水处理，农村饮用水源地监测与保护等；小城镇环境保护，如小城镇环境保护能力建设及环境基础设施建设，环境优美乡镇及生态村创建等；农用化学品（化肥、农药、农膜等）污染防治、畜禽养殖污染防治、土壤污染防治；农产品产地环境监测与监管，有机食品基地建设与管理，秸秆等农业废弃物综合利用；农村环境保护能力建设、宣教、试点示范等。
		04	生物及物种资源保护	反映用于生物多样性、生物安全、生物遗传资源管理及保护、外来入侵物种防治、微生物环境安全监管等支出。
		05	草原生态修复治理	反映用于退化草原生态修复治理、草种繁育、草原边境防火隔离带建设、草原有害生物防治等方面的支出。
		06	自然保护地	反映用于国家公园、自然保护区、自然公园勘界、建设、调查、规划、监测、管护、生态保护补偿与修复、野生动植物保护、科研、保护设施设备运行维护、宣传及管理等方面的支出。
		99	其他自然生态保护支出	反映除上述项目以外其他用于自然生态保护方面的支出。
	05		森林保护修复	反映用于森林资源保护管理和修复支出。
		01	森林管护	反映专项用于森林资源管护所发生的各项补助支出。
		02	社会保险补助	反映专项用于由于木材减产或停产造成实施单位应缴纳社会保险费缺口的补助支出。
		03	政策性社会性支出补助	反映专项用于实施单位承担的政策性社会性支出补助。
		06	天然林保护工程建设	反映天然林保护工程建设支出。

科目编码 类	款	项	科 目 名 称	说　　明
211	05	07	停伐补助	反映专项用于全面停止天然林商业性采伐的补助支出。
		99	其他森林保护修复支出	反映除上述项目以外其他用于森林保护修复方面的支出。
	07		风沙荒漠治理	反映用于风沙荒漠治理方面的支出。
		04	京津风沙源治理工程建设	反映用于风沙荒漠治理工程建设支出。
		99	其他风沙荒漠治理支出退牧还草	反映除上述项目以外其他用于风沙荒漠治理方面的支出。
	08		退牧还草	反映退牧还草方面的支出。
		04	退牧还草工程建设	反映退牧还草工程建设支出。
		99	其他退牧还草支出	反映除上述项目以外其他用于退牧还草方面的支出。
	09		已垦草原退耕还草	反映已垦草原退耕还草方面的支出。
		01	已垦草原退耕还草	反映已垦草原退耕还草方面的支出。
	10		能源节约利用	反映用于能源节约利用方面的支出。
		01	能源节约利用	反映用于能源节约利用方面的支出。
	11		污染减排	反映用于污染减排方面的支出。
		01	生态环境监测与信息	反映生态环境部门监测和信息方面的支出，包括环境质量监测、污染治理设施竣工验收监测、污染源监督性监测、污染事故应急监测和污染纠纷监测等支出，环境统计和调查、环境质量评价、绿色国民经济核算等支出，环境信息系统建设、维护、运行、信息发布及其技术支持等方面的支出。
		02	生态环境执法监察	反映生态环境部门监督检查环保法律法规、标准等执行情况的支出，行政处罚、行政诉讼、行政复议支出，环境行政稽查支出，执法装备支出，排污费申报、征收与使用管理支出，环境问题举报、环境纠纷调查处理支出，突发性污染事故预防、应急处置等支出。
		03	减排专项支出	反映用减排专项资金安排的支出。
		04	清洁生产专项支出	反映支持清洁生产方面的支出。
		99	其他污染减排支出	反映除上述项目以外其他用于污染减排方面的支出。
	12		清洁能源★	反映用于清洁能源方面的支出。
		01	可再生能源	反映用于可再生能源方面的支出。
		99	其他清洁能源支出★	反映用于除上述项目以外的其他清洁能源支出。
	13		循环经济	反映用于循环经济（含资源综合利用）方面的支出。
		01	循环经济	反映用于循环经济（含资源综合利用）方面的支出。
	14		能源管理事务	反映能源管理事务方面的支出。
		01	行政运行	反映行政单位（包括实行公务员管理的事业单位）的基本支出。

科目编码			科目名称	说明
类	款	项		
211	14	02	一般行政管理事务	反映行政单位（包括实行公务员管理的事业单位）未单独设置项级科目的其他项目支出。
		03	机关服务	反映为行政单位（包括实行公务员管理的事业单位）提供后勤服务的各类后勤服务中心、医务室等附属事业单位的支出。其他事业单位的支出，凡单独设置了项级科目的，在单独设置的项级科目中反映。未单设项级科目的，在"其他"项级科目中反映。
		06	能源科技装备	反映用于能源科技装备方面的支出。
		07	能源行业管理	反映用于煤炭、电力（含核电）、石油、天然气、可再生能源、其他能源行业的管理及能源节约等方面的支出。
		08	能源管理	反映能源监管事务以及国家能源专家咨询委员会等方面的支出。
		11	信息化建设	反映用于信息化建设方面的支出。
		13	农村电网建设	反映用于农村电网建设与改造方面的支出。
		50	事业运行	反映事业单位的基本支出，不包括行政单位（包括实行公务员管理的事业单位）后勤服务中心、医务室等附属事业单位。
		99	其他能源管理事务支出	反映除上述项目以外的其他能源管理支出。
	99		其他节能环保支出	反映除上述项目以外其他用于节能环保方面的支出。
		99	其他节能环保支出	反映除上述项目以外其他用于节能环保方面的支出。
212			城乡社区支出	反映政府城乡社区事务支出。
	01		城乡社区管理事务	反映城乡社区管理事务支出。
		01	行政运行	反映行政单位（包括实行公务员管理的事业单位）的基本支出。
		02	一般行政管理事务	反映行政单位（包括实行公务员管理的事业单位）未单独设置项级科目的其他项目支出。
		03	机关服务	反映为行政单位（包括实行公务员管理的事业单位）提供后勤服务的各类后勤服务中心、医务室等附属事业单位的支出。其他事业单位的支出，凡单独设置了项级科目的，在单独设置的项级科目中反映。未单设项级科目的，在"其他"项级科目中反映。
		04	城管执法	反映城市管理综合行政执法、加强城市市容和环境卫生管理等方面的支出。
		05	工程建设标准规范编制与监管	反映拟定工程建设国家标准和部管行业标准、监督指导各类工程建设标准定额的实施、管理工程造价等方面的支出。
		06	工程建设管理	反映调控建设市场运行、拟定建设市场法规、实施建筑工程质量、安全、工程勘察设计监管等方面的支出。

科目编码 类	科目编码 款	科目编码 项	科 目 名 称	说 明
211	01	07	市政公用行业市场监管	反映拟定城镇市政公用设施建设法规政策、组织跨区域污水垃圾及供水燃气管网等公共基础设施建设、对城乡基础设施建设过程中资源利用与环境保护实施监管等方面的支出。
		09	住宅建设与房地产市场监管	反映调控房地产市场运行、研究拟定城镇住房制度改革法规、对住房公积金和其他房改资金进行政策指导并监督使用等方面的支出。
		10	执业资格注册、资质审查	反映执业资格注册和资质审查等行政事业性收费的成本性开支。
		99	其他城乡社区管理事务支出	反映除上述项目以外其他用于城乡社区管理事务方面的支出。
	02		城乡社区规划与管理	反映城乡社区、防灾减灾、历史名城规划制定与管理等方面的支出。
		01	城乡社区规划与管理	反映城乡社区、防灾减灾、历史名城规划制定与管理等方面的支出。
	03		城乡社区公共设施	反映城乡社区道路、桥涵、燃气、供暖、公共交通（含轮渡、轻轨、地铁）、道路照明等公共设施建设维护与管理方面的支出。
		03	小城镇基础设施建设	反映用于小城镇路、气、水、电等基础建设方面的支出。
		99	其他城乡社区公共设施支出	反映除上述项目以外其他用于城乡社区公共设施方面的支出。
	05		城乡社区环境卫生	反映城乡社区道路清扫、垃圾清运与处理、公厕建设与维护、园林绿化等方面的支出。
		01	城乡社区环境卫生	反映城乡社区道路清扫、垃圾清运与处理、公厕建设与维护、园林绿化等方面的支出。
	06		建设市场管理与监督	反映各类建筑工程强制性和推荐性标准及规范的制定与修改、建筑工程招投标等市场管理、建筑工程质量与安全监督等方面的支出。
		01	建设市场管理与监督	反映各类建筑工程强制性和推荐性标准及规范的制定与修改、建筑工程招投标等市场管理、建筑工程质量与安全监督等方面的支出。
	99		其他城乡社区支出	反映除上述项目以外其他用于城乡社区方面的支出。
		99	其他城乡社区支出	反映除上述项目以外其他用于城乡社区方面的支出。
213			**农 林 水 支 出**	反映政府农林水事务支出。
	01		农业农村	反映种植业、畜牧业、渔业、种业、兽医、农机、农垦、农场、农村产业、农村社会事业等方面的支出。
		01	行政运行	反映行政单位（包括实行公务员管理的事业单位）的基本支出。
		02	一般行政管理事务	反映行政单位（包括实行公务员管理的事业单位）未单独设置项级科目的其他项目支出。

科目编码			科 目 名 称	说　　明
类	款	项		
213	01	03	机关服务	反映为行政单位（包括实行公务员管理的事业单位）提供后勤服务的各类后勤服务中心、医务室等附属事业单位的支出。其他事业单位的支出，凡单独设置了项级科目的，在单独设置的项级科目中反映。未单设项级科目的，在"其他"项级科目中反映。
		04	事业运行	反映用于农业事业单位基本支出，事业单位设施、系统运行与资产维护等方面的支出。
		05	农垦运行	反映用于农垦方面的支出，包括农垦机构的基本支出，垦区中小学、公检法、公共卫生防疫等人员经费及专项业务补助支出。
		06	科技转化与推广服务	反映用于农业科技成果转化，农业科技人才奖励，农业新品种、新机具、新技术引进、试验、示范、推广及服务，农村人居环境整治等方面的技术试验示范支出。
		08	病虫害控制	反映用于病虫鼠害及疫情监测、预报、预防、控制、检疫、防疫所需的仪器、设施、药物、疫苗、种苗，疫畜（禽、鱼、植物）防治、扑杀补偿及劳务补助、菌（毒）种保藏及动植物及其产品检疫、检测等方面的支出。
		09	农产品质量安全	反映用于农产品及其投入品的质量安全评估、监测、抽查、认证、应急处置，相关标准的制定、修订、实施、监管等方面的支出。
		10	执法监管	反映用于农业农村法制建设、行政执法、行政复议、行政诉讼等方面的支出。
		11	统计监测与信息服务	反映用于农业农村统计调查与信息收集、整理、分析、发布，以及农业自然资源调查与农业区划等方面的支出。
		12	行业业务管理	反映用于农业农村政策研究、规划编制、评审评估、绩效评价、监督检查等基本业务管理工作的支出。
		14	对外交流与合作★	反映对外农业农村交流合作活动，领导人出访后续项目，招待来访、参观以及来华参加各项国际活动的外国代表团、对外联络等方面的支出。
		19	防灾救灾	反映对农业生产因遭受自然、生物灾害损失给予的补助，促进农业防灾增产措施补助，海难救助补助，因其他灾害导致农牧渔业生产者损失给予的补助。
		20	稳定农民收入补贴	反映用于耕地地力保护补贴以及为稳定增加农民收入给予的补贴。
		21	农业结构调整补贴	反映政府对农业结构调整给予的补贴。
		22	农业生产发展	反映用于粮油生产保障、适度规模经营、农机购置与应用补贴、优势特色主导产业发展、畜牧水产发展、农村一二三产业融合等方面支出。
		24	农村合作经济	反映用于农村集体经济组织、农民合作经济组织、新型农业经营主体和农业社会化服务体系建设，以及土地承包管理、宅基地管理等方面的支出。

科目编码 类	科目编码 款	科目编码 项	科 目 名 称	说 明
213	01	25	农产品加工与促销	反映用于促进农产品加工、储藏、运输、国内外大型农产品展示、交易、产销衔接、开拓国内外农产品市场及农业产业化发展等方面的支出。
		26	农村社会事业	反映用于农村社会事业发展的支出。
		35	农业生态资源保护	反映用于草原草场利用，渔业水域资源环境保护，农业品种改良提升，以及农业生物资源调研收集、鉴定评价、保存利用等方面的支出。
		42	乡村道路建设	反映用于乡村内街巷和农田间机耕道建设等方面的支出。
		48	渔业发展	反映用于海洋牧场、现代渔业装备设施、渔业基础公共设施、渔业绿色循环发展、渔业资源调查养护和国际履约能力提升等方面的支出。
		52	对高校毕业生到基层任职补助	反映按规定对高校毕业生到基层任职的补助支出。
		53	耕地建设与利用	反映用于农田建设和田间水利相关工程建设、盐碱地综合利用、黑土地保护、耕地轮作休耕、耕地质量提升等方面的支出。
		99	其他农业农村支出	反映除上述项目以外其他用于农业农村方面的支出。
	02		林业和草原	反映政府用于林业和草原方面的支出。
		01	行政运行	反映行政单位（包括实行公务员管理的事业单位）的基本支出。
		02	一般行政管理事务	反映行政单位（包括实行公务员管理的事业单位）未单独设置项级科目的其他项目支出。
		03	机关服务	反映为行政单位(包括实行公务员管理的事业单位)提供后勤服务的各类后勤服务中心、医务室等附属事业单位的支出。其他事业单位的支出，凡单独设置了项级科目的，在单独设置的项级科目中反映。未单设项级科目的，在"其他"项级科目中反映。
		04	事业机构	反映事业单位的基本支出，不包括行政单位（含实行公务员管理的事业单位）后勤服务中心等附属事业单位的支出。
		05	森林资源培育	反映育苗（种）、造林、抚育、退化林修复、义务植树以及生物质能源建设等方面的支出。
		06	技术推广与转化	反映良种繁育、新技术引进、区域化试验、示范、技术推广、成果转化、科学普及等方面的支出。
		07	森林资源管理	反映森林资源核查、监测、评估、经营利用、林地保护等方面的支出。
		09	森林生态效益补偿	反映用于公益林保护和管理等方面的支出。
		11	动植物保护	反映动植物资源生存环境调查、监测、保护管理、野外放（回）归、巡护、野生动物疫源疫病监测防控、濒危野生动植物拯救、繁育及进出口管理等方面的支出。
		12	湿地保护	反映湿地保护和管理方面的支出。

科目编码			科目名称	说明
类	款	项		
213	02	13	执法与监督	反映执法与监督队伍建设，刑事、行政案件受理、查处和督办，行政许可、复议与诉讼管理等方面的支出。
		17	防沙治沙	反映荒漠化和沙化土地普查、监测、防治及管理等方面的支出。
		20	对外合作与交流	反映履行国际公约、国际合作项目管理、对外联络等交流合作方面的支出。
		21	产业化管理	反映产业化管理方面的支出。
		23	信息管理	反映信息化建设、运行维护及管理方面的支出。
		26	林区公共支出	反映林区公共支出。
		27	贷款贴息	反映贷款的财政贴息支出。
		34	林业草原防灾减灾★	反映用于林业草原有害生物灾害防治、森林草原防火等方面的支出。
		36	草原管理	反映草原草场调查、规划、监测、管护等方面的支出。
		37	行业业务管理	反映行业标准、政策法规、规划规程制定，生态工程及项目的可研、评审评估、绩效评价、检查验收，资金资产监督管理，统计调查与数据分析发布，检疫检测，森林认证，林产品质量监管，新品种及知识产权保护，生物安全与遗传资源管理，重大宣传，人才发展等方面的支出。
		38	退耕还林还草	反映专项用于退耕还林还草工程的各项补助支出。
		99	其他林业和草原支出	反映除上述项目以外其他用于林业和草原方面的支出。
	03		水利	反映政府用于水利方面的支出。
		01	行政运行	反映行政单位（包括实行公务员管理的事业单位）的基本支出。
		02	一般行政管理事务	反映行政单位（包括实行公务员管理的事业单位）未单独设置项级科目的其他项目支出。
		03	机关服务	反映为行政单位（包括实行公务员管理的事业单位）提供后勤服务的各类后勤服务中心、医务室等附属事业单位的支出。其他事业单位的支出，凡单独设置了项级科目的，在单独设置的项级科目中反映。未单设项级科目的，在"其他"项级科目中反映。
		04	水利行业业务管理	反映用于水利行业业务管理方面的支出。有关业务包括制定政策、法规及行业标准、规程规范、进行水利宣传、审计监督检查、精神文明建设以及农田水利管理、水利重大活动、水利工程质量监督、水利资金监督管理、水利国有资产监管、行政许可及监督管理等。
		05	水利工程建设	反映水利系统用于江、河、湖、滩等水利工程建设支出，包括堤防、河道、水库、水利枢纽、涵闸、灌区、供水、蓄滞洪区等水利工程及其附属设备、设施的建设、改造更新、病险水库除险加固、大型灌区改造、农村电气化建设等支出。

科目编码			科 目 名 称	说 明
类	款	项		
213	03	06	水利工程运行与维护	反映水利系统用于江、河、湖、滩等治理工程运行与维护方面的支出，以及纳入预算管理的水利工程管理单位的支出。
		07	长江黄河等流域管理	反映部门派出流域管理机构及其所属各级管理机构履行职责支出。
		08	水利前期工作	反映水利规划、勘测、设计、科研及相关管理办法编制、资料整编、设备购置等基础性前期工作的支出。
		09	水利执法监督	反映水利系统纳入预算管理的事业单位开展水利执法监督活动的支出。
		10	水土保持	反映水利系统纳入预算管理的水土保持事业单位的支出，包括规划制订和实施，治理、生态修复、预防监测、调查协调、综合治理、开发技术的示范、监督执法等支出以及水土保持生态工程措施和各项管理保护活动的支出。
		11	水资源节约管理与保护	反映水资源节约、监管、配置、调度、保护和基础管理工作的支出。
		12	水质监测	反映水利系统纳入预算管理的水质监测事业单位的支出。有关事项包括水质监测仪器设备运行维护，水环境监测技术的研究、开发与推广，进行水样品采集、保存、运输、测试、化验、分析、资料整编、发布水质公报等。
		13	水文测报	反映水利系统纳入预算管理的水文事业单位的支出。有关事项包括江、河、湖、库、滨海、区的水文测报，水文测验、水文情报预报、河道（淤积）监测，水量调度监测，水文业务管理，水文水资源公报编制、水文资料整编及水文设施运行维护等。
		14	防汛	反映防汛业务支出。有关事项包括防汛物资购置管护，防汛通信设施设备、网络系统、车船设备运行维护，防汛值班、水情报汛、防汛指挥系统运行维护、水毁修复以及防汛组织（如防汛预案编制、检查、演习、宣传、会议等），汛期调用民工及劳动保护，水利设施灾后重建，退田还湖，蓄滞洪区补偿，水情、雨情、决策支持，防汛视频会商，应急度汛，山洪灾害防治等。
		15	抗旱	反映抗旱业务支出。有关事项包括旱情监测及报旱，抗旱预案编制修订，抗旱物资购置管护，抗旱设施设备运行维护，抗旱应急水源建设以及对各级抗旱服务组织的补助等。
		16	农村水利	反映国家对中型灌区节水配套改造、牧区水利建设、小型水源建设、农村河塘整治以及排灌站、小水电站补助等。
		17	水利技术推广	反映水利系统纳入预算管理的技术推广事业单位的支出。有关事项包括国内外先进水利技术的引进、试验、技术创新、推广、应用，宣传等。

科目编码			科目名称	说明
类	款	项		
213	03	18	国际河流治理与管理	反映国际河流的治理开发和协调管理支出，具体包括岸线治理、国土保护、水资源开发、涉外工作等。
		19	江河湖库水系综合整治	反映江河湖库水系综合整治方面的支出，包括中小河流治理、水系连通及水美乡村建设等。
		21	大中型水库移民后期扶持专项支出	反映中央财政划转大中型水库移民后期扶持基金的支出，包括对销售电量加价部分征收的增值税返还以及用于解决水库移民遗留问题的定额补助。
		22	水利安全监督	反映水利系统纳入预算管理的事业单位开展水利安全生产监督和水利建设项目稽查业务支出。
		33	信息管理	反映水利系统纳入预算管理的信息管理事业单位支出。有关事项包括业务信息数据的收集、整理、分析、保存以及信息管理系统的建设、维护等。
		34	水利建设征地及移民支出	反映水利工程建设移民、征地、拆迁等方面的支出。
		35	农村供水	反映用于农村供水工程建设改造和维修养护等方面的支出。
		36	南水北调工程建设	反映南水北调工程的建设、更新改造等支出。
		37	南水北调工程管理	反映南水北调工程水量调度、工程监管、水质监测、技术经济及工程验收等各项活动的支出。
		99	其他水利支出	反映除上述项目以外其他用于水利方面的支出。
	05		巩固脱贫攻坚成果衔接乡村振兴	反映用于农村（包括国有农场、国有林场）巩固拓展脱贫攻坚成果同乡村振兴有效衔接等方面的支出。
		04	农村基础设施建设	反映用于农村欠发达地区乡村道路、住房、基本农田、水利设施、人畜饮水、生态环境保护等生产生活条件改善方面的支出。
		05	生产发展	反映用于农村欠发达地区发展种植业、养殖业、畜牧业、农副产品加工、林果地建设等生产发展项目以及相关技术推广等方面的项目支出。
		06	社会发展	反映用于农村欠发达地区中小学教育、文化、广播、电视、卫生健康等方面的项目支出。
		07	贷款奖补和贴息	反映用于农村欠发达地区巩固拓展脱贫攻坚成果同乡村振兴有效衔接贷款的奖补和贴息支出。
		08	"三西"农业建设专项补助	反映专项用于"三西"农业建设的补助支出。
		99	其他巩固脱贫攻坚成果衔接乡村振兴支出	反映除上述项目以外其他用于巩固拓展脱贫攻坚成果同乡村振兴有效衔接方面的支出。
	07		农村综合改革	反映农村综合改革方面的支出。
		01	对村级公益事业建设的补助	反映农村税费改革后对村级公益事业建设的补助支出。
		05	对村民委员会和村党支部的补助	反映各级财政对村民委员会和村党支部的补助支出，以及支持建立县级基本财力保障机制安排的村级组织运转奖补资金。
		06	对村集体经济组织的补助	反映农村税费改革后对村集体经济组织的补助支出。

科目编码			科 目 名 称	说　　明
类	款	项		
213	07	07	农村综合改革示范试点补助	反映各级财政对农村综合改革示范试点、新型农业社会化服务体系建设等补助支出。
		99	其他农村综合改革支出	反映上述项目以外其他用于农村综合改革方面的支出。
	08		普惠金融发展支出	反映各级财政部门用于普惠金融发展的支出。
		01	支持农村金融机构	反映各级财政部门通过金融方式支持农村金融机构发展的支出。
		03	农业保险保费补贴	反映对农民或农业生产经营组织投保农业保险给予的补贴。
		04	创业担保贷款贴息及奖补	反映财政用于符合条件的人员和小微企业创业担保贷款的贴息及奖补支出。
		05	补充创业担保贷款基金	反映财政用于补充创业贷款担保基金的支出。
		99	其他普惠金融发展支出	反映各级财政部门用于除上述方式以外的其他普惠金融发展的支出。
	09		目标价格补贴	反映大豆、棉花等重要农产品目标价格补贴支出。
		01	棉花目标价格补贴	反映棉花目标价格补贴支出。
		99	其他目标价格补贴	反映除上述项目以外的其他农产品目标价格补贴支出。
	99		其他农林水支出	反映除上述项目以外其他用于农林水方面的支出。
		01	化解其他公益性乡村债务支出	反映化解除农村义务教育债务以外的乡村其他公益性债务支出。
		99	其他农林水支出	反映除化解债务支出以外其他用于农林水方面的支出。
214			交通运输支出	反映交通运输和邮政业方面的支出。
	01		公路水路运输	反映与公路、水路运输相关的支出。
		01	行政运行	反映行政单位（包括实行公务员管理的事业单位）的基本支出。
		02	一般行政管理事务	反映行政单位（包括实行公务员管理的事业单位）未单独设置项级科目的其他项目支出。
		03	机关服务	反映为行政单位(包括实行公务员管理的事业单位)提供后勤服务的各类后勤服务中心、医务室等附属事业单位的支出。其他事业单位的支出，凡单独设置了项级科目的，在单独设置的项级科目中反映。未单设项级科目的，在"其他"项级科目中反映。
		04	公路建设	反映公路新建和改扩建支出，特大型桥梁建设、公路客货运站（场）以及公路相关设备设施建设支出。
		06	公路养护	反映公路养护支出。
		09	交通运输信息化建设	反映交通运输信息化建设支出。
		10	公路和运输安全	反映公路和运输安全支出。
		12	公路运输管理	反映公路运输管理支出和公路路政管理支出。

科目编码			科 目 名 称	说 明
类	款	项		
214	01	14	公路和运输技术标准化建设	反映公路和运输技术标准化建设支出。
		22	水运建设	反映港口、航道等水运基础设施建设及相关支持系统能力建设支出。
		23	航道维护	反映内河航道整治、维护方面的支出。
		27	船舶检验	反映船舶检验方面的支出。
		28	救助打捞	反映救助打捞方面的支出。
		29	内河运输	反映内河航运支出。
		30	远洋运输	反映远洋运输支出。
		31	海事管理	反映海事管理方面的支出。
		33	航标事业发展支出	反映用于海上航标建设、维护和管理方面的支出。
		36	水路运输管理支出	反映水路运输管理方面的支出。
		38	口岸建设	反映用于口岸建设方面的支出。
		99	其他公路水路运输支出	反映除上述项目以外其他用于公路水路运输方面的支出。
	02		铁路运输	反映与铁路运输相关的支出。
		01	行政运行	反映行政单位（包括实行公务员管理的事业单位）的基本支出。
		02	一般行政管理事务	反映行政单位（包括实行公务员管理的事业单位）未单独设置项级科目的其他项目支出。
		03	机关服务	反映为行政单位（包括实行公务员管理的事业单位）提供后勤服务的各类后勤服务中心、医务室等附属事业单位的支出。其他事业单位的支出，凡单独设置了项级科目的，在单独设置的项级科目中反映。未单设项级科目的，在"其他"项级科目中反映。
		04	铁路路网建设	反映铁路路网建设支出。
		05	铁路还贷专项	反映归还铁路建设贷款本息支出。
		06	铁路安全	反映涉及铁路安全方面的支出。
		07	铁路专项运输	反映铁路专项运输支出。
		08	行业监管	反映铁路运输业监管方面的支出。
		99	其他铁路运输支出	反映除上述项目以外其他用于铁路运输方面的支出。
	03		民用航空运输	反映与民用航空运输相关的支出。
		01	行政运行	反映行政单位（包括实行公务员管理的事业单位）的基本支出。
		02	一般行政管理事务	反映行政单位（包括实行公务员管理的事业单位）未单独设置项级科目的其他项目支出。

科目编码			科目名称	说明
类	款	项		
214	03	03	机关服务	反映为行政单位（包括实行公务员管理的事业单位）提供后勤服务的各类后勤服务中心、医务室等附属事业单位的支出。其他事业单位的支出，凡单独设置了项级科目的，在单独设置的项级科目中反映。未单设项级科目的，在"其他"项级科目中反映。
		04	机场建设	反映机场建设支出。
		05	空管系统建设	反映空中管制系统建设支出。
		06	民航还贷专项支出	反映归还民航建设贷款专项支出。
		07	民用航空安全	反映民用航空安全方面的支出。
		08	民航专项运输	反映民航专项运输支出。
		99	其他民用航空运输支出	反映除上述项目以外其他用于民用航空运输方面的支出。
	05		邮政业支出	反映与邮政业相关的支出。
		01	行政运行	反映行政单位（包括实行公务员管理的事业单位）的基本支出。
		02	一般行政管理事务	反映行政单位（包括实行公务员管理的事业单位）未单独设置项级科目的其他项目支出。
		03	机关服务	反映为行政单位（包括实行公务员管理的事业单位）提供后勤服务的各类后勤服务中心、医务室等附属事业单位的支出。其他事业单位的支出，凡单独设置了项级科目的，在单独设置的项级科目中反映。未单设项级科目的，在"其他"项级科目中反映。
		04	行业监管	反映邮政业监管方面的支出。
		05	邮政普遍服务与特殊服务	反映邮政普遍服务与政策性业务等方面的支出。
		99	其他邮政业支出	反映除上述项目以外其他用于邮政业方面的支出。
	99		其他交通运输支出	反映除上述项目以外其他用于交通运输方面的支出。
		01	公共交通运营补助	反映对公共交通运输企业的补助支出。
		99	其他交通运输支出	反映其他交通运输支出中除对公共交通运营补助以外的其他支出。
215			资源勘探工业信息等支出	反映用于资源勘探、制造业、建筑业、工业信息等方面支出。
	01		资源勘探开发	反映煤炭、石油和天然气、黑色金属、有色金属、非金属矿等资源勘探开发和服务支出。
		01	行政运行	反映行政单位（包括实行公务员管理的事业单位）的基本支出。
		02	一般行政管理事务	反映行政单位（包括实行公务员管理的事业单位）未单独设置项级科目的其他项目支出。

科目编码			科 目 名 称	说　明
类	款	项		
215	01	03	机关服务	反映为行政单位（包括实行公务员管理的事业单位）提供后勤服务的各类后勤服务中心、医务室等附属事业单位的支出。其他事业单位的支出，凡单独设置了项级科目的，在单独设置的项级科目中反映。未单设项级科目的，在"其他"项级科目中反映。
		04	煤炭勘探开采和洗选	反映用于煤炭勘探开采和洗选方面的支出。
		05	石油和天然气勘探开采	反映用于石油和天然气勘探开采方面的支出。
		06	黑色金属矿勘探和采选	反映用于黑色金属矿勘探和采选方面的支出。
		07	有色金属矿勘探和采选	反映用于有色金属矿勘探和采选方面的支出。
		08	非金属矿勘探和采选	反映用于非金属矿勘探和采选方面的支出。
		99	其他资源勘探业支出	反映除上述项目以外其他用于资源勘探业方面的支出。
	02		制造业	反映纺织、轻工、化工、医药、机械、冶炼、建材、交通运输设备、烟草、兵器、核工、航空、航天、船舶、电子及通讯设备等制造业支出。
		01	行政运行	反映行政单位（包括实行公务员管理的事业单位）的基本支出。
		02	一般行政管理事务	反映行政单位（包括实行公务员管理的事业单位）未单独设置项级科目的其他项目支出。
		03	机关服务	反映为行政单位（包括实行公务员管理的事业单位）提供后勤服务的各类后勤服务中心、医务室等附属事业单位的支出。其他事业单位的支出，凡单独设置了项级科目的，在单独设置的项级科目中反映。未单设项级科目的，在"其他"项级科目中反映。
		04	纺织业	反映用于纺织业方面的支出。
		05	医药制造业	反映用于医药制造业方面的支出。
		06	非金属矿物制品业	反映用于非金属矿物制品业方面的支出。
		07	通信设备、计算机及其他电子设备制造业	反映用于通信设备、计算机及其他电子设备制造业方面的支出。
		08	交通运输设备制造业	反映用于交通运输设备制造业方面的支出。
		09	电气机械及器材制造业	反映用于电气机械及器材制造业方面的支出。
		10	工艺品及其他制造业	反映用于工艺品及其他制造业方面的支出。
		12	石油加工、炼焦及核燃料加工业	反映用于石油加工、炼焦及核燃料加工业方面的支出。
		13	化学原料及化学制品制造业	反映用于化学原料及化学制品制造业方面的支出。
		14	黑色金属冶炼及压延加工业	反映用于黑色金属冶炼及压延加工业方面的支出。
		15	有色金属冶炼及压延加工业	反映用于有色金属冶炼及压延加工业方面的支出。
		99	其他制造业支出	反映除上述项目以外其他用于制造业方面的支出。
	03		建筑业	反映土木工程建筑业以及线路、管道和设备安装业等方面的支出。

科目编码			科　目　名　称	说　　明
类	款	项		
215	03	01	行政运行	反映行政单位（包括实行公务员管理的事业单位）的基本支出。
		02	一般行政管理事务	反映行政单位（包括实行公务员管理的事业单位）未单独设置项级科目的其他项目支出。
		03	机关服务	反映为行政单位（包括实行公务员管理的事业单位）提供后勤服务的各类后勤服务中心、医务室等附属事业单位的支出。其他事业单位的支出，凡单独设置了项级科目的，在单独设置的项级科目中反映。未单设项级科目的，在"其他"项级科目中反映。
		99	其他建筑业支出	反映除上述项目以外其他用于建筑业方面的支出。
	05		工业和信息产业★	反映工业和信息产业方面的支出。
		01	行政运行	反映行政单位（包括实行公务员管理的事业单位）的基本支出。
		02	一般行政管理事务	反映行政单位（包括实行公务员管理的事业单位）未单独设置项级科目的其他项目支出。
		03	机关服务	反映为行政单位（包括实行公务员管理的事业单位）提供后勤服务的各类后勤服务中心、医务室等附属事业单位的支出。其他事业单位的支出，凡单独设置了项级科目的，在单独设置的项级科目中反映。未单设项级科目的，在"其他"项级科目中反映。
		05	战备应急	反映电信战备应急方面的支出。
		07	专用通信	反映专用通信方面的支出。
		08	无线电及信息通信监管	反映无线电及信息通信行业监管方面的支出。
		16	工程建设及运行维护	反映工业和信息化领域工程建设、更新改造及运行维护等方面的支出。
		17	产业发展	反映工业和信息化产业发展的支出。
		50	事业运行	反映事业单位的基本支出，不包括行政单位（包括实行公务员管理的事业单位）后勤服务中心、医务室等附属事业单位。
		99	其他工业和信息产业支出★	反映除上述项目以外其他用于工业和信息产业方面的支出。
	07		国有资产监管	反映国有资产监督管理委员会的支出。
		01	行政运行	反映行政单位（包括实行公务员管理的事业单位）的基本支出。
		02	一般行政管理事务	反映行政单位（包括实行公务员管理的事业单位）未单独设置项级科目的其他项目支出。
		03	机关服务	反映为行政单位（包括实行公务员管理的事业单位）提供后勤服务的各类后勤服务中心、医务室等附属事业单位的支出。其他事业单位的支出，凡单独设置了项级科目的，在单独设置的项级科目中反映。未单设项级科目的，在"其他"项级科目中反映。

科目编码			科目名称	说明
类	款	项		
215	07	04	国有企业监事会专项	反映国有企业监事会完成国务院交办任务所发生的支出。
		05	中央企业专项管理	反映用于中央企业监督管理方面的支出。
		99	其他国有资产监管支出	反映除上述项目以外其他用于国有资产监管方面的支出。
	08		支持中小企业发展和管理支出	反映用于中小企业管理及支持中小企业发展方面的支出。
		01	行政运行	反映行政单位（包括实行公务员管理的事业单位）的基本支出。
		02	一般行政管理事务	反映行政单位（包括实行公务员管理的事业单位）未单独设置项级科目的其他项目支出。
		03	机关服务	反映为行政单位（包括实行公务员管理的事业单位）提供后勤服务的各类后勤服务中心、医务室等附属事业单位的支出。其他事业单位的支出，凡单独设置了项级科目的，在单独设置的项级科目中反映。未单设项级科目的，在"其他"项级科目中反映。
		04	科技型中小企业技术创新基金	反映促进中小企业技术创新的支出。
		05	中小企业发展专项	反映用于支持中小企业培育、公共服务体系和融资服务体系建设等方面的支出。
		06	减免房租补贴	反映对在新冠肺炎疫情防控期间为承租中小微企业和个体工商户减免房租的房东给予的补贴。
		99	其他支持中小企业发展和管理支出	反映除上述项目以外其他用于支持中小企业发展和管理方面的支出。
	99		其他资源勘探工业信息等支出	反映除上述项目以外其他用于资源勘探工业信息等方面的支出。
		01	黄金事务	反映黄金事务方面的支出。
		04	技术改造支出	反映政府预算安排的技术改造支出。
		05	中药材扶持资金支出	反映国家扶持中药材生产、技术研究与开发方面的支出。
		06	重点产业振兴和技术改造项目贷款贴息	反映重点产业振兴规划项目和技术改造项目贷款的财政贴息支出。
		99	其他资源勘探工业信息等支出	反映除上述项目以外其他用于资源勘探工业信息等方面的支出。
216			商业服务业等支出	反映商业服务业等方面的支出。
	02		商业流通事务	反映各级供销社的行政事业支出及商业物资和供销社专项补贴支出。
		01	行政运行	反映行政单位（包括实行公务员管理的事业单位）的基本支出。
		02	一般行政管理事务	反映行政单位（包括实行公务员管理的事业单位）未单独设置项级科目的其他项目支出。

科目编码 类	科目编码 款	科目编码 项	科目名称	说明
216	02	03	机关服务	反映为行政单位(包括实行公务员管理的事业单位)提供后勤服务的各类后勤服务中心、医务室等附属事业单位的支出。其他事业单位的支出，凡单独设置了项级科目的，在单独设置的项级科目中反映。未单设项级科目的，在"其他"项级科目中反映。
		16	食品流通安全补贴	反映保障加工、流通环节食品质量卫生安全的补贴支出。
		17	市场监测及信息管理	反映商业流通领域重要商品市场监测及信息管理支出。
		18	民贸企业补贴	反映民族贸易网点建设和民族特需商品定点生产企业技术改造贷款贴息及补助支出。
		19	民贸民品贷款贴息	反映民族贸易和民族特需商品定点生产企业贷款优惠利率贴息支出。
		50	事业运行	反映事业单位的基本支出，不包括行政单位（包括实行公务员管理的事业单位）后勤服务中心、医务室等附属事业单位。
		99	其他商业流通事务支出	反映除上述项目以外其他用于商业流通事务方面的支出。
	06		涉外发展服务支出	反映对从事外贸业务单位、外商投资单位、从事对外经济合作单位和境外单位的资助。
		01	行政运行	反映行政单位（包括实行公务员管理的事业单位）的基本支出。
		02	一般行政管理事务	反映行政单位（包括实行公务员管理的事业单位）未单独设置项级科目的其他项目支出。
		03	机关服务	反映为行政单位(包括实行公务员管理的事业单位)提供后勤服务的各类后勤服务中心、医务室等附属事业单位的支出。其他事业单位的支出，凡单独设置了项级科目的，在单独设置的项级科目中反映。未单设项级科目的，在"其他"项级科目中反映。
		07	外商投资环境建设补助资金	反映用外商投资企业场地使用费安排的支出。
		99	其他涉外发展服务支出	反映除上述项目以外其他用于涉外发展服务方面的支出。
	99		其他商业服务业等支出	反映除上述项目以外其他用于商业服务业等方面的支出。
		01	服务业基础设施建设	反映用于支持服务业方面的建设支出。
		99	其他商业服务业等支出	反映其他商业服务业等支出中除上述项目以外的其他支出。
217			**金融支出**	反映金融方面的支出。
	01		金融部门行政支出	反映金融部门行政支出。
		01	行政运行	反映行政单位（包括实行公务员管理的事业单位）的基本支出。

科目编码			科目名称	说明
类	款	项		
217	01	02	一般行政管理事务	反映行政单位（包括实行公务员管理的事业单位）未单独设置项级科目的其他项目支出。
		03	机关服务	反映为行政单位（包括实行公务员管理的事业单位）提供后勤服务的各类后勤服务中心、医务室等附属事业单位的支出。其他事业单位的支出，凡单独设置了项级科目的，在单独设置的项级科目中反映。未单设项级科目的，在"其他"项级科目中反映。
		04	安全防卫	反映人民银行基层营业网点购置安全保卫器械支出及其他安全防卫支出。
		50	事业运行	反映事业单位的基本支出，不包括行政单位（包括实行公务员管理的事业单位）后勤服务中心、医务室等附属事业单位。
		99	金融部门其他行政支出	反映金融部门除上述项目以外其他用于行政方面的支出。
	02		金融部门监管支出	反映金融部门监管支出。
		01	货币发行	反映人民银行在货币发行方面的支出。
		02	金融服务	反映人民银行承担金融服务方面的支出。
		03	反假币	反映人民银行用于反假币的宣传、奖励、协助办案等方面的支出。
		04	重点金融机构监管	反映对重点金融机构监管方面的支出。
		05	金融稽查与案件处理	反映金融监管部门进行金融稽查及案件处理等方面的支出。
		06	金融行业电子化建设	反映金融行业电子化建设方面的支出。
		07	从业人员资格考试	反映证券、期货、保险等行业从业人员资格考试费用支出。
		08	反洗钱	反映人民银行用于反洗钱的宣传、奖励、协助办案等方面的支出。
		99	金融部门其他监管支出	反映金融部门除上述项目以外其他用于监管方面的支出。
	03		金融发展支出	反映金融发展支出。
		01	政策性银行亏损补贴	反映对政策性银行的政策性业务亏损补贴支出。
		02	利息费用补贴支出	反映按照国家规定安排的利息补贴和费用补贴等支出。
		03	补充资本金	反映对金融机构的补充资本金支出。
		04	风险基金补助	反映财政补充出口信用保险风险基金的支出。
		99	其他金融发展支出	反映除上述项目以外其他用于金融发展方面的支出。
	04		金融调控支出	反映金融调控支出。
		01	中央银行亏损补贴	反映对中央银行亏损补贴支出。
		99	其他金融调控支出	反映除上述项目以外其他用于金融调控方面的支出。

科目编码			科目名称	说明
类	款	项		
217	99		其他金融支出	反映除上述项目以外其他用于金融方面的支出。
		02	重点企业贷款贴息	反映为在新冠肺炎疫情防控期间卫生防疫、医药产品、医用器材等疫情防控重点保障企业以及疫情防控工作突出的其他企业有关贷款提供的贴息资金。
		99	其他金融支出	反映除上述项目以外其他用于金融方面的支出。
219			**援助其他地区支出**	反映援助方政府安排并管理的对其他地区各类援助、捐赠等资金支出。
	01		一般公共服务	反映援助其他地区资金中用于一般公共服务的支出。
	02		教育	反映援助其他地区资金中用于教育的支出。
	03		文化旅游体育与传媒	反映援助其他地区资金中用于文化旅游体育与传媒的支出。
	04		卫生健康	反映援助其他地区资金中用于卫生健康的支出。
	05		节能环保	反映援助其他地区资金中用于节能环保的支出。
	06		农业农村	反映援助其他地区资金中用于农业农村的支出。
	07		交通运输	反映援助其他地区资金中用于交通运输的支出。
	08		住房保障	反映援助其他地区资金中用于住房保障的支出。
	99		其他支出	反映援助其他地区资金中除上述项目以外的其他支出。
220			**自然资源海洋气象等支出**	反映政府用于自然资源、海洋、测绘、气象等公益服务事业方面的支出。
	01		自然资源事务	反映自然资源管理等方面的支出。
		01	行政运行	反映行政单位（包括实行公务员管理的事业单位）的基本支出。
		02	一般行政管理事务	反映行政单位（包括实行公务员管理的事业单位）未单独设置项级科目的其他项目支出。
		03	机关服务	反映为行政单位（包括实行公务员管理的事业单位）提供后勤服务的各类后勤服务中心、医务室等附属事业单位的支出。其他事业单位的支出，凡单独设置了项级科目的，在单独设置的项级科目中反映。未单设项级科目的，在"其他"项级科目中反映。
		04	自然资源规划及管理	反映用于国土空间规划、国土空间开发适宜性评价等方面的支出。
		06	自然资源利用与保护	反映用于自然资源有偿使用与合理开发利用、国土空间生态修复，国土整治，耕地保护等方面的支出。
		07	自然资源社会公益服务	反映自然资源部门土地、地质、矿产实物资料和信息资源采集、处理并提供社会公益展览和服务，自然资源知识普及，自然资源领域科技创新发展等方面的支出。
		08	自然资源行业业务管理	反映自然资源行业业务管理经费支出，包括行业标准和规程、政策法规、审计监督、队伍建设等方面的支出。

科目编码			科目名称	说明
类	款	项		
220	01	09	自然资源调查与确权登记	反映自然资源部门用于自然资源调查监测评价，自然资源统一确权登记等方面的支出。
		12	土地资源储备支出	反映用于土地资源储备方面的支出。
		13	地质矿产资源与环境调查	反映用于中国地质调查局开展陆域海域公益性基础地质调查、重要能源资源矿产调查；服务国民经济和生态文明建设，开展重要经济区和城市群综合地质调查、地质灾害隐患和水文地质环境调查；服务"一带一路"、军民融合等国家重大战略，开展相关地质调查工作，以及加强地质资源环境信息化建设，提高地质调查能力和科技水平等相关支出。
		14	地质勘查与矿产资源管理	反映用于地质勘查行业和地质工作管理，矿业权管理，矿产资源合理利用和保护等方面的支出。
		15	地质转产项目财政贴息	反映对地质勘查单位转产项目银行贷款财政贴息的支出。
		16	国外风险勘查	反映地质勘查单位和企业进行国外矿产资源风险勘查方面的支出。
		19	地质勘查基金（周转金）支出	反映根据《国务院关于加强地质工作的决定》（国发〔2006〕4号）安排的地质勘查基金（周转金）支出。
		20	海域与海岛管理	反映用于海域与海岛管理方面的支出。
		21	自然资源国际合作与海洋权益维护	反映用于自然资源国际合作与能力提升、海洋权益维护等方面的支出。
		22	自然资源卫星	反映用于自然资源遥感卫星业务运行，遥感数据保障等方面的支出。
		23	极地考察	反映用于极地考察等方面的支出。
		24	深海调查与资源开发	反映用于深海调查，国际海域的资源勘探开发、环境监测与保护，国际海域事务管理等方面的支出。
		25	海港航标维护	反映用于海港航标维护方面的支出。
		26	海水淡化	反映用于海水淡化方面的支出。
		27	无居民海岛使用金支出	反映用无居民海岛使用金收入安排的支出。
		28	海洋战略规划与预警监测	反映用于海洋战略规划、发展海洋经济，海洋调查评价与管理、海洋观测预报、预警监测与减灾等方面的支出。
		29	基础测绘与地理信息监管	反映基础测绘、航空摄影、地理信息应用与安全监管等方面的支出。
		50	事业运行	反映事业单位的基本支出，不包括行政单位（包括实行公务员管理的事业单位）后勤服务中心、医务室等附属事业单位。
		99	其他自然资源事务支出	反映除上述项目以外其他用于自然资源事务方面的支出。
	05		气象事务	反映用于气象事务方面的支出。
		01	行政运行	反映行政单位（包括实行公务员管理的事业单位）的基本支出。

科目编码			科目名称	说明
类	款	项		
220	05	02	一般行政管理事务	反映行政单位（包括实行公务员管理的事业单位）未单独设置项级科目的其他项目支出。
		03	机关服务	反映为行政单位（包括实行公务员管理的事业单位）提供后勤服务的各类后勤服务中心、医务室等附属事业单位的支出。其他事业单位的支出，凡单独设置了项级科目的，在单独设置的项级科目中反映。未单设项级科目的，在"其他"项级科目中反映。
		04	气象事业机构	反映气象事业单位（不包括实行公务员管理的事业单位）的基本支出。
		06	气象探测	反映利用各种探测手段对大气的运动、变化及空间天气状况进行观测探测等方面的支出。
		07	气象信息传输及管理	反映利用卫星、国际国内电路、公共数据网、计算机网络、电台、电报、电话等传递气象信息，处理、存储气象信息及其管理系统，气象信息共享等方面的支出。
		08	气象预报预测	反映加工制作天气预报警报、气候和气候变化预测评估、农业与生态气象、大气成分预测评价、雷电以及空间天气预警、城市环境气象、海洋气象、交通气象、地质灾害、火险等级预报等气象情报方面的支出。
		09	气象服务	反映为社会公众和政府等部门提供气象预报预测服务产品以及为国家安全、防汛抗旱、防雷、人工影响局部天气、农村建设、农牧业生产等提供气象服务方面的支出。
		10	气象装备保障维护	反映气象技术装备保障系统的建设、改造、更新和维护等方面的支出。
		11	气象基础设施建设与维修	反映气象部门用于供电、供水、供暖和观测场、道路、房屋、护坡、围墙等基础设施的建设、改造、更新、维修等方面的支出。
		12	气象卫星	反映经国务院批准的气象卫星专项支出。
		13	气象法规与标准	反映用于气象法规与标准制定以及气象执法监督检查等方面的支出。
		14	气象资金审计稽查	反映气象部门用于资金检查、内部审计、项目评审等方面的支出。
		99	其他气象事务支出	反映除上述项目以外其他用于气象事务方面的支出。
	99		其他自然资源海洋气象等支出	反映除上述项目以外其他用于自然资源海洋气象等方面的支出。
		99	其他自然资源海洋气象等支出	反映除上述项目以外其他用于自然资源海洋气象等方面的支出。
221			**住房保障支出**	集中反映政府用于住房方面的支出。
	01		保障性安居工程支出	反映用于保障性住房方面的支出。
		02	沉陷区治理	反映用于沉陷区治理方面的支出。
		03	棚户区改造	反映用于棚户区改造方面的支出。

科目编码			科目名称	说明
类	款	项		
221	01	04	少数民族地区游牧民定居工程	反映用于少数民族地区游牧民定居工程方面的支出。
		05	农村危房改造	反映用于农村危房改造方面的支出。
		08	老旧小区改造	反映用于老旧小区改造方面的支出。
		11	配租型住房保障★	反映用于配租型住房保障方面的支出。包括筹集、维护和管理公共租赁住房支出，发展保障性租赁住房支出，向住房保障对象发放住房租赁补贴支出等。
		12	配售型保障性住房★	反映用于配售型保障性住房方面的支出。
		13	城中村改造★	反映用于城中村改造方面的支出。
		99	其他保障性安居工程支出	反映除上述项目以外其他用于保障性住房方面的支出。
	02		住房改革支出	反映行政事业单位用财政拨款资金和其他资金等安排的住房改革支出。
		01	住房公积金	反映行政事业单位按人力资源和社会保障部、财政部规定的基本工资和津贴补贴以及规定比例为职工缴纳的住房公积金。
		02	提租补贴	反映按房改政策规定的标准，行政事业单位向职工（含离退休人员）发放的租金补贴。
		03	购房补贴	反映按房改政策规定，行政事业单位向符合条件职工（含离退休人员）、军队（含武警）向转役复员离退休人员发放的用于购买住房的补贴。
	03		城乡社区住宅	反映城乡社区廉租房规划建设维护、住房制度改革、产权产籍管理、房地产市场监督等方面的支出。
		01	公有住房建设和维修改造支出	反映用于公有住房建设及尚未出售或不可售公有住房维修改造的支出。
		02	住房公积金管理	反映经财政部门批准用于住房公积金管理机构的管理费用支出。
		99	其他城乡社区住宅支出	反映除上述项目以外其他用于城乡社区住宅方面的支出。
222			**粮油物资储备支出**	反映政府用于粮油物资储备方面的支出。
	01		粮油物资事务	反映粮油和物资事务方面的支出。
		01	行政运行	反映行政单位（包括实行公务员管理的事业单位）的基本支出。
		02	一般行政管理事务	反映行政单位（包括实行公务员管理的事业单位）未单独设置项级科目的其他项目支出。
		03	机关服务	反映为行政单位（包括实行公务员管理的事业单位）提供后勤服务的各类后勤服务中心、医务室等附属事业单位的支出。其他事业单位的支出，凡单独设置了项级科目的，在单独设置的项级科目中反映。未单设项级科目的，在"其他"项级科目中反映。
		04	财务和审计支出	反映粮食和储备部门为管理粮食和储备而进行的财务和审计支出。

科目编码			科 目 名 称	说　　明
类	款	项		
222	01	05	信息统计	反映国家为宏观调控需要而用于粮食和储备信息统计、社会调查等方面的支出。
		06	专项业务活动	反映粮食和储备体制改革、制度研究、军粮供应等专项业务活动的支出。
		07	国家粮油差价补贴	反映财政部门按规定支出的军供粮油差价补贴。
		12	粮食财务挂账利息补贴	反映粮食财务挂账利息补贴支出。
		13	粮食财务挂账消化款	反映消化粮食财务挂账本金支出。
		14	处理陈化粮补贴	反映处理陈化粮的补贴支出。
		15	粮食风险基金	反映用粮食风险基金安排的支出。
		18	粮油市场调控专项资金	反映国家用于粮油市场调控的专项支出。
		19	设施建设	反映粮食和储备部门各类仓库基础设施建设和设备购置等支出。
		20	设施安全	反映粮食和储备部门仓库库房、铁路专用线、安防等设施设备维修维护和武警民兵支出。
		21	物资保管保养	反映粮食和储备部门物资保管保养、轮换转移，仓库资质许可，作业人员培训等支出。
		50	事业运行	反映事业单位的基本支出，不包括行政单位（包括实行公务员管理的事业单位）后勤服务中心、医务室等附属事业单位。
		99	其他粮油物资事务支出	反映除上述项目以外其他用于粮油和物资事务方面的支出。
	03		能源储备	反映国家能源储备的有关支出。
		01	石油储备	反映用于国家石油储备方面的支出。
		03	天然铀储备	反映国家天然铀储备方面的支出。
		04	煤炭储备	反映国家煤炭储备方面的支出。
		05	成品油储备	反映用于国家成品油储备方面的支出。
		06	天然气储备	反映用于天然气储备方面的支出。
		99	其他能源储备支出	反映除上述项目外的其他国家能源储备支出。
	04		粮油储备	反映国家粮油储备的有关支出。
		01	储备粮油补贴	反映用于储备粮油和临时储存粮油的补贴支出。
		02	储备粮油差价补贴	反映储备粮油差价补贴支出。
		03	储备粮（油）库建设	反映储备粮油仓储设施建设方面的支出。
		04	最低收购价政策支出	反映因执行最低收购价政策而安排的利息、费用等各项补贴支出。
		99	其他粮油储备支出	反映除上述项目外的其他国家粮油储备支出。
	05		重要商品储备	反映除能源、粮油项目以外的其他重要商品物资储备支出。
		01	棉花储备	反映棉花专项储备的有关支出。

科目编码			科目名称	说明
类	款	项		
222	05	02	食糖储备	反映食糖专项储备的有关支出。
		03	肉类储备	反映猪、牛、羊等肉类专项储备的有关支出。
		04	化肥储备	反映化肥专项储备（包括化肥淡季商业储备、救灾化肥储备等）的有关支出。
		05	农药储备	反映农药专项储备支出。
		06	边销茶储备	反映边销茶专项储备支出。
		07	羊毛储备	反映羊毛专项储备支出。
		08	医药储备	反映医药专项储备支出。
		09	食盐储备	反映食盐专项储备补贴，包括利息、费用和差价等支出。
		10	战略物资储备	反映用于战略物资储备的支出。
		11	应急物资储备	反映用于救灾物资、防汛抗旱物资等应急物资储备的支出。
		99	其他重要商品储备支出	反映除上述项目外的其他重要商品储备支出。
224			**灾害防治及应急管理支出**	反映政府用于自然灾害防治、安全生产监管及应急管理等方面的支出。
	01		应急管理事务	反映应急管理事务的支出。
		01	行政运行	反映行政单位（包括实行公务员管理的事业单位）的基本支出。
		02	一般行政管理事务	反映行政单位（包括实行公务员管理的事业单位）未单独设置项级科目的其他项目支出。
		03	机关服务	反映为行政单位(包括实行公务员管理的事业单位)提供后勤服务的各类后勤服务中心、医务室等附属事业单位的支出。其他事业单位的支出，凡单独设置了项级科目的，在单独设置的项级科目中反映。未单设项级科目的，在"其他"项级科目中反映。
		04	灾害风险防治	反映组织、指导、协调各类风险灾害防范治理方面的支出。
		05	国务院安委会专项	反映应急管理部承担国务院安委会日常工作的支出。
		06	安全监管	反映安全生产综合监督管理和工贸行业安全生产监督管理等方面的支出。
		08	应急救援	反映安全生产、自然灾害应急救援方面的支出。
		09	应急管理	反映用于应急管理的法律法规制定修订，应急预案演练、协调保障等方面的支出。
		50	事业运行	反映事业单位的基本支出，不包括行政单位（包括实行公务员管理的事业单位）后勤服务中心、医务室等附属事业单位。
		99	其他应急管理支出	反映除上述项目外的其他应急管理方面的支出。
	02		消防救援事务	反映用于消防救援事务的支出。

科目编码			科目名称	说明
类	款	项		
224	02	01	行政运行	反映行政单位（包括实行公务员管理的事业单位）的基本支出。
		02	一般行政管理事务	反映行政单位（包括实行公务员管理的事业单位）未单独设置项级科目的其他项目支出。
		03	机关服务	反映为行政单位（包括实行公务员管理的事业单位）提供后勤服务的各类后勤服务中心、医务室等附属事业单位的支出。其他事业单位的支出，凡单独设置了项级科目的，在单独设置的项级科目中反映。未单设项级科目的，在"其他"项级科目中反映。
		04	消防应急救援	反映用于国家综合性消防救援队伍装备购置、基础设施及运行维护等方面的支出。
		50	事业运行	反映事业单位的基本支出，不包括行政单位（包括实行公务员管理的事业单位）后勤服务中心、医务室等附属事业单位。
		99	其他消防救援事务支出	反映除上述项目以外其他用于消防救援方面的支出。
	04		矿山安全	反映矿山安全监察部门的支出。
		01	行政运行	反映行政单位（包括实行公务员管理的事业单位）的基本支出。
		02	一般行政管理事务	反映行政单位（包括实行公务员管理的事业单位）未单独设置项级科目的其他项目支出。
		03	机关服务	反映为行政单位（包括实行公务员管理的事业单位）提供后勤服务的各类后勤服务中心、医务室等附属事业单位的支出。其他事业单位的支出，凡单独设置了项级科目的，在单独设置的项级科目中反映。未单设项级科目的，在"其他"项级科目中反映。
		04	矿山安全监察事务	反映矿山安全监察管理方面的项目支出。
		05	矿山应急救援事务	反映矿山安全生产事故救援方面的支出。
		50	事业运行	反映事业单位的基本支出，不包括行政单位（包括实行公务员管理的事业单位）后勤服务中心、医务室等附属事业单位。
		99	其他矿山安全支出	反映除上述项目以外其他用于矿山安全监督管理方面的支出。
	05		地震事务	反映地震事务的支出。
		01	行政运行	反映行政单位（包括实行公务员管理的事业单位）的基本支出。
		02	一般行政管理事务	反映行政单位（包括实行公务员管理的事业单位）未单独设置项级科目的其他项目支出。
		03	机关服务	反映为行政单位（包括实行公务员管理的事业单位）提供后勤服务的各类后勤服务中心、医务室等附属事业单位的支出。其他事业单位的支出，凡单独设置了项级科目的，在单独设置的项级科目中反映。未单设项级科目的，在"其他"项级科目中反映。

科目编码			科目名称	说明
类	款	项		
224	05	04	地震监测	反映地震和火山监测台站、台网等设施建设与运行维护，观测设备的购置、维护和技术升级，地震观测工作等方面的支出。
		05	地震预测预报	反映地震数据的分析处理软件、数据库更新，震情会商、地震预警、地震群测群防等地震预测预报业务支出。
		06	地震灾害预防	反映抗震设防、震害预测、地震区划、防震减灾行政执法、地震活动断层探测、指导地方地震工作等业务支出。
		07	地震应急救援	反映地震应急救援方面的支出，包括地震应急预案编制、应急演练，应急设备购置和维护，地震现场应急工作，国内外地震灾害紧急救援，救援设备购置和维护、国家和地方紧急救援队的运转及国务院抗震救灾指挥系统以及地方各级抗震救灾指挥系统运行等方面的支出。
		08	地震环境探察	反映地球物理场探测、地震活动构造探察、地震野外试验场、技术升级更新等方面的支出。
		09	防震减灾信息管理	反映防震减灾信息的获取、存储、传输、处理、发布和管理等方面的支出。
		10	防震减灾基础管理	反映防震减灾战略政策、法律法规、规划、标准计量、继续教育、基础设施维修改造和设备配备更新等方面的支出。
		50	地震事业机构	反映地震事业单位（不包括实行公务员管理的事业单位）的基本支出。
		99	其他地震事务支出	反映除上述项目以外其他用于地震事务方面的支出。
	06		自然灾害防治	反映政府用于自然灾害防治方面的支出。
		01	地质灾害防治	反映防治地质灾害方面的支出。
		02	森林草原防灾减灾	反映防治森林草原火灾、自然水旱灾害等发生的支出。
		99	其他自然灾害防治支出	反映除上述项目以外其他用于自然灾害防治的支出。
	07		自然灾害救灾及恢复重建支出	反映用于自然灾害生活救助、救灾及灾后恢复重建方面的支出。
		03	自然灾害救灾补助	反映用于应对重大自然灾害应急救援和受灾群众救助的支出。
		04	自然灾害灾后重建补助	反映政府预算安排用于自然灾害恢复重建的补助支出。
		99	其他自然灾害救灾及恢复重建支出	反映除上述项目以外其他用于自然灾害救灾、灾后恢复重建等方面的支出。
	99		其他灾害防治及应急管理支出	反映除上述项目以外其他用于灾害防治及应急管理的支出。

科目编码 类	科目编码 款	科目编码 项	科目名称	说明
224	99	99	其他灾害防治及应急管理支出	反映除上述项目以外其他用于灾害防治及应急管理的支出。
227			预备费	反映预算中安排的预备费。
229			其他支出	反映不能划分到上述功能科目的其他政府支出。
	02		年初预留	反映有预算分配权的部门年初预留的支出。
		01	年初预留	反映有预算分配权的部门年初预留的支出。
	99		其他支出	反映除上述项目以外其他不能划分到具体功能科目中的支出项目。
		99	其他支出	反映除上述项目以外其他不能划分到具体功能科目中的支出项目。
230			转移性支出	反映政府的转移支付以及不同性质资金之间的调拨支出。
	01		返还性支出	反映上级政府对下级政府的税收返还和其他返还性支出。
		02	所得税基数返还支出	反映上级政府对下级政府的所得税基数返还。
		03	成品油税费改革税收返还支出	反映上级政府对下级政府的成品油税费改革税收返还支出。
		04	增值税税收返还支出	反映上级政府对下级政府的增值税税收返还。
		05	消费税税收返还支出	反映上级政府对下级政府的消费税税收返还。
		06	增值税"五五分享"税收返还支出	反映实行增值税收入划分过渡方案后，上级政府对下级政府返还的增值税"五五分享"税收返还。
		99	其他返还性支出	反映上级政府对下级政府的其他返还性支出。
	02		一般性转移支付	反映政府间一般性转移支付。
		01	体制补助支出	反映上级政府对下级政府的体制补助。
		02	均衡性转移支付支出	反映上级政府对下级政府的均衡性转移支付补助。
		07	县级基本财力保障机制奖补资金支出	反映上级政府对下级政府的县级基本财力保障机制奖补资金支出。
		08	结算补助支出	反映上级政府对下级政府的结算补助。
		12	资源枯竭型城市转移支付补助支出	反映上级政府对下级政府的资源枯竭型城市转移支付补助支出。
		14	企业事业单位划转补助支出	反映上级政府对下级政府的企业事业单位划转补助支出。
		25	产粮（油）大县奖励资金支出	反映上级政府对下级政府的产粮（油）大县奖励资金支出。
		26	重点生态功能区转移支付支出	反映上级政府对下级政府的重点生态功能区转移支付支出。
		27	固定数额补助支出	反映上级政府对下级政府的固定数额补助支出。
		28	革命老区转移支付支出	反映上级政府对下级政府的革命老区转移支付支出。

科目编码			科 目 名 称	说　　明
类	款	项		
230	02	29	民族地区转移支付支出	反映上级政府对下级政府的民族地区转移支付支出。
		30	边境地区转移支付支出	反映上级政府对下级政府的边境地区转移支付支出。
		31	巩固脱贫攻坚成果衔接乡村振兴转移支付支出	反映上级政府对下级政府的巩固拓展脱贫攻坚成果同乡村振兴有效衔接等方面支出。
		41	一般公共服务共同财政事权转移支付支出	反映上级政府对下级政府的一般公共服务共同财政事权转移支付支出。
		42	外交共同财政事权转移支付支出	反映上级政府对下级政府的外交共同财政事权转移支付支出。
		43	国防共同财政事权转移支付支出	反映上级政府对下级政府的国防共同财政事权转移支付支出。
		44	公共安全共同财政事权转移支付支出	反映上级政府对下级政府的公共安全共同财政事权转移支付支出。
		45	教育共同财政事权转移支付支出	反映上级政府对下级政府的教育共同财政事权转移支付支出。
		46	科学技术共同财政事权转移支付支出	反映上级政府对下级政府的科学技术共同财政事权转移支付支出。
		47	文化旅游体育与传媒共同财政事权转移支付支出	反映上级政府对下级政府的文化旅游体育与传媒共同财政事权转移支付支出。
		48	社会保障和就业共同财政事权转移支付支出	反映上级政府对下级政府的社会保障和就业共同财政事权转移支付支出。
		49	医疗卫生共同财政事权转移支付支出	反映上级政府对下级政府的医疗卫生共同财政事权转移支付支出。
		50	节能环保共同财政事权转移支付支出	反映上级政府对下级政府的节能环保共同财政事权转移支付支出。
		51	城乡社区共同财政事权转移支付支出	反映上级政府对下级政府的城乡社区共同财政事权转移支付支出。
		52	农林水共同财政事权转移支付支出	反映上级政府对下级政府的农林水共同财政事权转移支付支出。
		53	交通运输共同财政事权转移支付支出	反映上级政府对下级政府的交通运输共同财政事权转移支付支出。
		54	资源勘探工业信息等共同财政事权转移支付支出	反映上级政府对下级政府的资源勘探工业信息等共同财政事权转移支付支出。
		55	商业服务业等共同财政事权转移支付支出	反映上级政府对下级政府的商业服务业等共同财政事权转移支付支出。
		56	金融共同财政事权转移支付支出	反映上级政府对下级政府的金融共同财政事权转移支付支出。
		57	自然资源海洋气象等共同财政事权转移支付支出	反映上级政府对下级政府的自然资源海洋气象等共同财政事权转移支付支出。
		58	住房保障共同财政事权转移支付支出	反映上级政府对下级政府的住房保障共同财政事权转移支付支出。

科目编码			科目名称	说明
类	款	项		
230	02	59	粮油物资储备共同财政事权转移支付支出	反映上级政府对下级政府的粮油物资储备共同财政事权转移支付支出。
		60	灾害防治及应急管理共同财政事权转移支付支出	反映上级政府对下级政府的灾害防治及应急管理共同财政事权转移支付支出。
		69	其他共同财政事权转移支付支出	反映上级政府对下级政府的其他共同财政事权转移支付支出。
		99	其他一般性转移支付支出	反映除上述项目以外的其他一般性转移支付支出。
	03		专项转移支付	反映政府间专项转移支付。
		01	一般公共服务	反映上级政府对下级政府的一般公共服务专项补助支出。
		02	外交	反映上级政府对下级政府的外交专项补助支出。
		03	国防	反映上级政府对下级政府的国防专项补助支出。
		04	公共安全	反映上级政府对下级政府的公共安全专项补助支出。
		05	教育	反映上级政府对下级政府的教育专项补助支出。
		06	科学技术	反映上级政府对下级政府的科学技术专项补助支出。
		07	文化旅游体育与传媒	反映上级政府对下级政府的文化旅游体育与传媒专项补助支出。
		08	社会保障和就业	反映上级政府对下级政府的社会保障和就业专项补助支出。
		10	卫生健康	反映上级政府对下级政府的卫生健康专项补助支出。
		11	节能环保	反映上级政府对下级政府的节能环保专项补助支出。
		12	城乡社区	反映上级政府对下级政府的城乡社区专项补助支出。
		13	农林水	反映上级政府对下级政府的农林水专项补助支出。
		14	交通运输	反映上级政府对下级政府的交通运输专项补助支出。
		15	资源勘探工业信息等	反映上级政府对下级政府的资源勘探、制造业、建筑业、工业信息等专项补助支出。
		16	商业服务业等	反映上级政府对下级政府的商业服务业等专项补助支出。
		17	金融	反映上级政府对下级政府的金融监管等专项补助支出。
		20	自然资源海洋气象等	反映上级政府对下级政府的自然资源海洋气象等专项补助支出。
		21	住房保障	反映上级政府对下级政府的住房保障专项补助支出。
		22	粮油物资储备	反映上级政府对下级政府的粮油物资储备专项补助支出。

科目编码			科目名称	说明
类	款	项		
230	03	24	灾害防治及应急管理	反映上级政府对下级政府的灾害防治及应急管理专项补助支出。
		99	其他支出	反映上级政府对下级政府的其他专项补助支出。
	06		上解支出	反映下级政府对上级政府的上解收入。
		01	体制上解支出	反映下级政府对上级政府的体制上解支出。
		02	专项上解支出	反映下级政府对上级政府的专项上解支出。
	08		调出资金	反映不同预算资金之间的调出支出。
	09		年终结余	反映政府收支总预算年终结余。
		01	一般公共预算年终结余	反映一般公共预算收支形成的结余，年终应全部转入预算稳定调节基金。
	11		债务转贷支出	反映向下级政府转贷的债务支出。
		01	地方政府一般债券转贷支出	反映向下级政府转贷的一般债券支出。
		02	地方政府向外国政府借款转贷支出	反映向下级政府转贷的向外国政府借款支出。
		03	地方政府向国际组织借款转贷支出	反映向下级政府转贷的向国际金融组织和联合国各基金组织借款支出。
		04	地方政府其他一般债务转贷支出	反映向下级政府转贷的其他一般债务支出。
	15		安排预算稳定调节基金	线下支出科目。反映设置和补充预算稳定调节基金的支出。
	16		补充预算周转金	线下支出科目。反映设置和补充预算周转金的支出。
	21		区域间转移性支出	反映省及省以下无隶属关系的政府间转移性支出。
		01	援助其他地区支出	反映援助方政府安排的由受援方政府统筹使用的各类援助、捐赠等资金支出。该科目反映的是以受援方政府名义接收的、援助方政府安排且没有限定用途的援助资金安排的支出。该科目使用主体为各级财政部门，其他部门不得使用；反映的内容为一般公共预算资金，其他性质的资金不在本科目反映。援助方政府按照国家统一要求安排的对口援助西藏、新疆、青海藏区的支出，统一列219类"援助其他地区支出"，不在本科目反映。
		02	生态保护补偿转移性支出	反映省及省以下无隶属关系的政府间生态保护补偿转移性支出。
		03	土地指标调剂转移性支出	反映省及省以下无隶属关系的政府间土地指标调剂转移性支出。
		99	其他转移性支出	反映省及省以下无隶属关系的政府间其他转移性支出。
231			**债务还本支出**	反映归还债务本金所发生的支出。
	01		中央政府国内债务还本支出	反映中央政府用于归还国内债务本金所发生的支出。
		01	中央政府国内债务还本支出	反映中央政府用于归还国内债务本金所发生的支出。

一般公共预算收支科目 / 107

科目编码 类	科目编码 款	科目编码 项	科目名称	说明
231	02		中央政府国外债务还本支出	反映中央政府用于归还国外债务本金所发生的支出。
		01	中央政府境外发行主权债券还本支出	反映中央政府用于归还境外发行主权债券本金所发生的支出。
		02	中央政府向外国政府借款还本支出	反映中央政府用于归还向外国政府借款本金所发生的支出。
		03	中央政府向国际金融组织借款还本支出	反映中央政府用于归还向国际金融组织借款本金所发生的支出。
		99	中央政府其他国外借款还本支出	反映中央政府用于归还其他国外借款本金所发生的支出。
	03		地方政府一般债务还本支出	反映地方政府用于归还一般债务本金所发生的支出。
		01	地方政府一般债券还本支出	反映地方政府用于归还一般债券本金所发生的支出。
		02	地方政府向外国政府借款还本支出	反映地方政府用于归还通过中央政府直接转贷或委托银行转贷向外国政府借款本金所发生的支出。
		03	地方政府向国际组织借款还本支出	反映地方政府用于归还通过中央政府直接转贷或委托银行转贷向国际金融组织和联合国各基金组织借款本金所发生的支出。
		99	地方政府其他一般债务还本支出	反映地方政府用于归还其他一般债务本金所发生的支出。
232			**债务付息支出**	反映用于归还债务利息所发生的支出。
	01		中央政府国内债务付息支出	反映中央政府用于归还国内债务利息所发生的支出。
		01	中央政府国内债务付息支出	反映中央政府用于归还国内债务利息所发生的支出。
	02		中央政府国外债务付息支出	反映中央政府用于归还国外债务利息（含管理费）所发生的支出。
		01	中央政府境外发行主权债券付息支出	反映中央政府用于归还境外发行的主权债券利息（含管理费）所发生的支出。
		02	中央政府向外国政府借款付息支出	反映中央政府用于归还向外国政府借款利息（含管理费）所发生的支出。
		03	中央政府向国际金融组织借款付息支出	反映中央政府用于归还向国际金融组织借款利息（含管理费）所发生的支出。
		99	中央政府其他国外借款付息支出	反映中央政府用于归还其他国外借款利息（含管理费）所发生的支出。
	03		地方政府一般债务付息支出	反映地方政府用于归还一般债务利息所发生的支出。
		01	地方政府一般债券付息支出	反映地方政府用于归还一般债券利息所发生的支出。

科目编码			科 目 名 称	说 明
类	款	项		
232	03	02	地方政府向外国政府借款付息支出	反映地方政府用于归还通过中央政府直接转贷或委托银行转贷向外国政府借款利息（含管理费）所发生的支出。
		03	地方政府向国际组织借款付息支出	反映地方政府用于归还通过中央政府直接转贷或委托银行转贷向国际金融组织和联合国各基金组织借款利息（含管理费）所发生的支出。
		99	地方政府其他一般债务付息支出	反映地方政府用于归还其他一般债务利息所发生的支出。
233			**债务发行费用支出**	反映用于债务发行兑付费用的支出。
	01		中央政府国内债务发行费用支出	反映中央政府用于国内债务发行兑付费用的支出。
		01	中央政府国内债务发行费用支出	反映中央政府用于国内债务发行兑付费用的支出。
	02		中央政府国外债务发行费用支出	反映中央政府用于国外债务发行兑付费用的支出。
		01	中央政府国外债务发行费用支出	反映中央政府用于国外债务发行兑付费用的支出。
	03		地方政府一般债务发行费用支出	反映地方政府用于一般债务发行兑付费用的支出。
		01	地方政府一般债务发行费用支出	反映地方政府用于一般债务发行兑付费用的支出。

政府性基金预算收支科目

政府性基金预算收入科目

科目编码			科目名称	说明
类	款	项		
103			非税收入	反映各级政府及其所属部门和单位依法利用行政权力、政府信誉、国家资源、国有资产或提供特定公共服务征收、收取、提取、募集的除税收和政府债务收入以外的财政收入。
	01		政府性基金收入	反映各级政府及其所属部门根据法律、行政法规规定并经国务院或财政部批准，向公民、法人和其他组织征收的政府性基金，以及参照政府性基金管理或纳入基金预算、具有特定用途的财政资金。
		02	农网还贷资金收入	反映按《农网还贷资金征收使用管理办法》征收的农网还贷资金收入。
			01 中央农网还贷资金收入	中央收入科目。反映缴入中央国库的农网还贷资金收入。
			02 地方农网还贷资金收入	地方收入科目。反映缴入地方国库的农网还贷资金收入。
		06	铁路建设基金收入	中央收入科目。反映铁路运输部门按《铁路建设基金管理办法》征收的铁路建设基金。
		10	民航发展基金收入	中央收入科目。反映按《民航发展基金征收使用管理暂行办法》征收的民航发展基金收入。
		12	海南省高等级公路车辆通行附加费收入	地方收入科目。反映海南省征收的高等级公路车辆通行附加费收入。
		21	旅游发展基金收入	中央收入科目。反映按《旅游发展基金管理暂行办法》征收的旅游发展基金收入。
		29	国家电影事业发展专项资金收入	中央与地方共用收入科目。反映广电部门按《国家电影事业发展专项资金征收使用管理办法》从电影票房收入中收取的国家电影事业发展专项资金。
		46	国有土地收益基金收入	中央和地方共用收入科目。反映新疆生产建设兵团和地方从招标、拍卖、挂牌和协议方式出让国有土地使用权所确定的总成交价款中按照规定比例计提的国有土地收益基金收入。

科目编码			科目名称	说明
类	款	项目		
103	01	47	农业土地开发资金收入	中央和地方共用收入科目。反映新疆生产建设兵团和地方从招标、拍卖、挂牌和协议方式出让国有土地使用权所确定的总成交价款中按照规定比例计提的农业土地开发资金收入。
		48	国有土地使用权出让收入	反映不含计提和划转部分的国有土地使用权出让收入。
		01	土地出让价款收入	中央和地方共用收入科目。反映新疆生产建设兵团和地方以招标、拍卖、挂牌和协议方式出让国有土地使用权所确定的成交价款，扣除财政部门已经划转的国有土地收益基金和农业土地开发资金后的余额。按规定计提教育资金、农田水利建设资金后，该科目发生额需相应调减。
		02	补缴的土地价款	中央和地方共用收入科目。反映新疆生产建设兵团和地方划拨国有土地使用权转让或依法利用原划拨土地进行经营性建设应当补缴的土地价款、变现处置抵押划拨国有土地使用权应当补缴的土地价款、转让房改房和经济适用住房等按照规定应当补缴的土地价款以及出让国有土地使用权改变土地用途和容积率等土地使用条件应当补缴的土地价款。
		03	划拨土地收入	中央和地方共用收入科目。反映土地使用者以划拨方式取得国有土地使用权，依法向市、县人民政府缴纳的土地补偿费、安置补助费、地上附着物和青苗补偿费、拆迁补偿费等费用。
		98	缴纳新增建设用地土地有偿使用费	中央和地方共用收入科目。反映市县政府当年按规定用土地出让收入向中央和省级政府缴纳的新增建设用地土地有偿使用费，以负收入记。
		99	其他土地出让收入	中央和地方共用收入科目。反映土地使用者依法承租国有土地应缴纳的土地租金收入、出租划拨土地上的房屋应当上缴的土地收益等其他土地出让收入。
		49	大中型水库移民后期扶持基金收入	中央收入科目。反映按《大中型水库移民后期扶持基金征收使用管理暂行办法》（财综〔2006〕29号）规定征收的大中型水库移民后期扶持基金收入。
		50	大中型水库库区基金收入	反映按《大中型水库库区基金征收使用管理暂行办法》征收的库区基金收入。
		01	中央大中型水库库区基金收入	中央收入科目。反映缴入中央国库的大中型水库库区基金收入。
		02	地方大中型水库库区基金收入	地方收入科目。反映缴入地方国库的大中型水库库区基金收入。
		52	三峡水库库区基金收入	中央收入科目。反映按《财政部关于三峡水库库区基金有关问题的通知》征收的三峡水库库区基金收入。

科目编码			科目名称	说明
类 款	项	目		
103 01	53		中央特别国债经营基金收入	中央收入科目。反映用特别国债购买的外汇。
	54		中央特别国债经营基金财务收入	中央收入科目。反映使用特别国债所购外汇资金取得的收入。
	55		彩票公益金收入	反映按《彩票公益金管理办法》征收的彩票公益金得的收入。
		01	福利彩票公益金收入	中央与地方共用收入科目。反映福利彩票公益金收入。
		02	体育彩票公益金收入	中央与地方共用收入科目。反映体育彩票公益金收入。
	56		城市基础设施配套费收入	中央和地方共用收入科目。反映新疆生产建设兵团和地方政府按《财政部关于城市基础设施配套费性质的批复》规定，经财政部批准征收的城市基础设施配套费。
	57		小型水库移民扶助基金收入	地方收入科目。反映地方按《国务院关于完善大中型水库移民后期扶持政策的意见》征收的小型水库移民扶助基金。
	58		国家重大水利工程建设基金收入	反映国家为支持南水北调工程建设、解决三峡库区遗留问题以及加强中西部地区重大水利工程建设利用三峡工程建设基金停征后的电价空间设立的政府性基金。
		01	中央重大水利工程建设资金	中央收入科目。反映用于南水北调工程建设和三峡后续工作的资金收入。
		03	地方重大水利工程建设资金	地方收入科目。反映用于加强地方重大水利工程建设的资金收入。
	59		车辆通行费	地方收入科目。反映交通部门收到的用于偿还公路等建设债务的车辆通行费。
	66		核电站乏燃料处理处置基金收入	中央收入科目。反映按照《核电站乏燃料处理处置基金征收使用管理暂行办法》征收的核电站乏燃料处理处置基金收入。
	68		可再生能源电价附加收入	中央收入科目。反映按《可再生能源发展基金征收使用管理暂行办法》征收的可再生能源发展基金。
	71		船舶油污损害赔偿基金收入	中央收入科目。反映按《船舶油污损害赔偿基金征收使用管理办法》征收的船舶油污损坏赔偿基金。
	75		废弃电器电子产品处理基金收入	反映按《废弃电器电子产品处理基金征收使用管理办法》征收的废弃电器电子产品处理基金。
		01	税务部门征收的废弃电器电子产品处理基金收入	中央收入科目。反映税务部门征收的废弃电器电子产品处理基金。
		02	海关征收的废弃电器电子产品处理基金收入	中央收入科目。反映海关征收的废弃电器电子产品处理基金。

科目编码 类	科目编码 款	科目编码 项	目	科 目 名 称	说 明
103	01	78		污水处理费收入	中央和地方共用收入科目。反映住房城乡建设部门收取的污水处理费。
		80		彩票发行机构和彩票销售机构的业务费用	反映彩票发行机构和彩票销售机构上缴财政的业务费用。
			01	福利彩票发行机构的业务费用	中央收入科目。反映福利彩票发行机构上缴财政的业务费用。
			02	体育彩票发行机构的业务费用	中央收入科目。反映体育彩票发行机构上缴财政的业务费用。
			03	福利彩票销售机构的业务费用	地方收入科目。反映福利彩票销售机构上缴财政的业务费用。
			04	体育彩票销售机构的业务费用	地方收入科目。反映体育彩票销售机构上缴财政的业务费用。
			05	彩票兑奖周转金	中央与地方共用收入科目。反映从彩票机构业务费中计提的彩票兑奖周转金收入。
			06	彩票发行销售风险基金	中央与地方共用收入科目,反映从彩票机构业务费中计提的彩票发行销售风险基金收入。
			07	彩票市场调控资金收入	地方收入科目。反映下级政府收到上级政府的彩票市场调控资金收入。
		81		抗疫特别国债财务基金收入	中央收入科目。反映抗疫特别国债财务基金收入。
		82		耕地保护考核奖惩基金收入▲	中央与地方共用收入科目。反映按照有关规定收取的耕地保护考核奖惩基金收入。
		83		超长期特别国债财务基金收入▲	中央与地方共用收入科目。反映超长期特别国债财务基金收入。
		99		其他政府性基金收入	中央与地方共用收入科目。反映除上述项目以外的其他政府性基金。
	10			专项债务对应项目专项收入	反映地方政府专项债务对应项目形成、可用于偿付专项债务本息的经营收入。
		03		海南省高等级公路车辆通行附加费专项债务对应项目专项收入	反映地方政府以海南省高等级公路车辆通行附加费为偿还资金来源举借的专项债务对应项目形成的,除海南省高等级公路车辆通行附加费以外的可用于偿还专项债务的收入。
		05		国家电影事业发展专项资金专项债务对应项目专项收入	反映地方政府以国家电影事业发展专项资金为偿还资金来源举借的专项债务对应项目形成的,除国家电影事业发展专项资金以外的可用于偿还专项债务的收入。
		06		国有土地使用权出让金专项债务对应项目专项收入	反映地方政府以国有土地使用权出让金为偿还资金来源举借的专项债务对应项目形成的,除国有土地使用权出让金以外的可用于偿还专项债务的收入。

科目编码			科目名称	说　　明
类	款	项		
103	10	06	01　土地储备专项债券对应项目专项收入	反映地方政府举借的土地储备专项债券对应土地储备项目形成的，除国有土地使用权出让收入和国有土地收益基金收入以外的可用于偿还土地储备专项债券本息的收入。土地储备专项债券对应项目专项收入按规定专门用于偿还土地储备专项债券本息。
			02　棚户区改造专项债券对应项目专项收入	反映地方政府举借的棚户区改造专项债券对应棚户区改造项目形成的，除国有土地使用权出让收入以外的可用于偿还棚户区改造专项债券本息的收入。棚户区改造专项债券对应项目专项收入按规定专门用于偿还棚户区改造专项债券本息。
			99　其他国有土地使用权出让金专项债务对应项目专项收入	反映地方政府以国有土地使用权出让金为偿还资金来源举借的其他专项债务对应项目形成的，除国有土地使用权出让金以外的可用于偿还专项债务的收入。
		08	农业土地开发资金专项债务对应项目专项收入	反映地方政府以农业土地开发资金为偿还资金来源举借的专项债务对应项目形成的，除农业土地开发资金以外的可用于偿还专项债务的收入。
		09	大中型水库库区基金专项债务对应项目专项收入	反映地方政府以大中型水库库区基金为偿还资金来源举借的专项债务对应项目形成的，除大中型水库库区基金以外的可用于偿还专项债务的收入。
		10	城市基础设施配套费专项债务对应项目专项收入	反映地方政府以城市基础设施配套费为偿还资金来源举借的专项债务对应项目形成的，除城市基础设施配套费以外的可用于偿还专项债务的收入。
		11	小型水库移民扶助基金专项债务对应项目专项收入	反映地方政府以小型水库移民扶助基金为偿还资金来源举借的专项债务对应项目形成的，除小型水库移民扶助基金以外的可用于偿还专项债务的收入。
		12	国家重大水利工程建设基金专项债务对应项目专项收入	反映地方政府以国家重大水利工程建设基金为偿还金来源举借的专项债务对应项目形成的，除国家重大利工程建设基金以外的可用于偿还专项债务的收入。
		13	车辆通行费专项债务对应项目专项收入	反映地方政府以车辆通行费为偿还资金来源举借的专项债务对应项目形成的，除车辆通行费以外的可用于偿还专项债务的收入。
			01　政府收费公路专项债券对应项目专项收入	反映地方政府举借的政府收费公路专项债券对应政府收费公路项目形成的，除车辆通行费以外可用于偿还政府收费公路专项债券本息的广告收入、服务设施收入、收费公路权益转让收入等收入。政府收费公路专项债券对应项目专项收入按规定专门用于偿还政府收费公路专项债券本息。

科目编码			科目名称	说明
类	款	项目		
103	10	13 99	其他车辆通行费专项债务对应项目专项收入	反映地方政府以车辆通行费为偿还资金来源举借的其他专项债务对应项目形成的，除车辆通行费以外的可用于偿还专项债务的收入。
		14	污水处理费专项债务对应项目专项收入	反映地方政府以污水处理费为偿还资金来源举借的专项债务对应项目形成的，除污水处理费以外的可用于偿还专项债务的收入。
		99	其他政府性基金专项债务对应项目专项收入	反映地方政府以其他政府性基金为偿还资金来源举借的专项债务对应项目形成的，除其他政府性基金以外的可用于偿还专项债务的收入。
		98	其他地方自行试点项目收益专项债券对应项目专项收入	反映地方政府按照政策规定自行试点发展项目收益自求平衡的专项债券，其举借专项债务对应项目形成的，除相关政府性基金科目已反映收入之外可用于偿还专项债券本息的收入。其他地方自行试点项目收益专项债券对应项目专项收入，专门用于偿还地方自行试点项目收益专项债券本息。
		99	其他政府性基金专项债务对应项目专项收入	反映地方政府以其他政府性基金为偿还资金来源举借的其他专项债务对应项目形成的，除其他政府性基金以外的可用于偿还专项债务的收入。
105			**债务收入**	反映政府的各类债务收入。
	03		中央政府债务收入▲	反映中央政府取得的债务收入。
		04	超长期特别国债收入▲	中央收入科目。反映中央政府取得的超长期特别国债收入。
	04		地方政府债务收入	反映地方政府取得的债务收入。
		02	专项债务收入	反映地方政府取得的专项债务收入。
		01	海南省高等级公路车辆通行附加费债务收入	反映地方政府以海南省高等级公路车辆通行附加费为偿债来源举借的专项债务收入。政府收费公路专项债券收入不在此科目反映。
		05	国家电影事业发展专项资金债务收入	反映地方政府以国家电影事业发展专项资金为偿债来源举借的专项债务收入。
		11	国有土地使用权出让金债务收入	反映地方政府以国有土地使用权出让金为偿债来源举借的专项债务收入。土地储备专项债券、棚户区改造专项债券收入不在此科目反映。
		13	农业土地开发资金债务收入	反映地方政府以农业土地开发资金为偿债来源举借的专项债务收入。
		14	大中型水库库区基金债务收入	反映地方政府以大中型水库库区基金为偿债来源举借的专项债务收入。
		16	城市基础设施配套费债务收入	反映地方政府以城市基础设施配套费为偿债来源举借的专项债务收入。
		17	小型水库移民扶助基金债务收入	反映地方政府以小型水库移民扶助基金为偿债来源举借的专项债务收入。
		18	国家重大水利工程建设基金债务收入	反映地方政府以国家重大水利工程建设基金为偿债来源举借的专项债务收入。

科目编码 类	款	项	科目名称	说明
105	04	02	19 车辆通行费债务收入	反映地方政府以车辆通行费为偿债来源举借的专项债务收入。政府收费公路专项债券收入不在此科目反映。
			20 污水处理费债务收入	反映地方政府以污水处理费为偿债来源举借的专项债务收入。
			31 土地储备专项债券收入	反映地方政府为土地储备发行，以项目对应政府性基金收入或专项收入偿还的土地储备专项债券收入。
			32 政府收费公路专项债券收入	地方政府为发展政府收费公路举借，以项目对应政府性基金收入或专项收入偿还的政府收费公路专项债券收入。
			33 棚户区改造专项债券收入	反映地方政府为推进棚户区改造发行，以项目对应政府性基金收入或专项收入偿还的棚户区改造专项债券收入。
			98 其他地方自行试点项目收益专项债券收入	地方政府为其他自行试点项目收益专项债券项目举借，以项目对应政府性基金收入或专项收入偿还的试点项目收益专项债券收入。
			99 其他政府性基金债务收入	反映地方政府以其他政府性基金为偿债来源举借的专项债务收入。
110			**转移性收入**	反映政府间的转移支付以及不同性质资金之间的调拨收入。
	04		政府性基金转移支付收入	反映政府间政府性基金转移支付收入。
		03	抗疫特别国债转移支付收入	反映下级政府收到的上级政府抗疫特别国债转移支付收入。
		04	科学技术	反映下级政府收到的上级政府科学技术转移支付收入。
		05	文化旅游体育与传媒	反映下级政府收到的上级政府文化旅游体育与传媒转移支付收入。
		06	社会保障和就业	反映下级政府收到的上级政府社会保障和就业转移支付收入。
		07	节能环保	反映下级政府收到的上级政府节能环保转移支付收入。
		08	城乡社区	反映下级政府收到的上级政府城乡社区转移支付收入。
		09	农林水	反映下级政府收到的上级政府农林水转移支付收入。
		10	交通运输	反映下级政府收到的上级政府交通运输转移支付收入。
		11	资源勘探工业信息等	反映下级政府收到的上级政府资源勘探工业信息等转移支付收入。
		12	自然资源海洋气象等▲	反映下级政府收到的上级政府自然资源海洋气象等转移支付收入。

科目编码			科目名称	说　明
类	款	项目		
110	04	13	超长期特别国债转移支付收入▲	反映下级政府收到的上级政府超长期特别国债转移支付收入。
		99	其他收入	反映下级政府收到的上级政府其他政府性基金转移支付收入。
	06		上解收入	反映上级政府收到下级政府的上解收入。
		03	政府性基金上解收入	反映上级政府收到的下级政府政府性基金上解收入。
		01	抗疫特别国债还本上解收入▲	反映上级政府收到的下级政府抗疫特别国债还本上解收入。
		02	超长期特别国债还本上解收入▲	反映上级政府收到的下级政府超长期特别国债还本上解收入。
		99	其他政府性基金上解收入▲	反映除上述项目外上级政府收到的下级政府政府性基金上解收入。
	08		上年结余收入	反映各类资金的上年结余。
		02	政府性基金预算上年结余收入	反映政府性基金的上年结余。
	09		调入资金	反映不同性质资金之间的调入收入。
		02	调入政府性基金预算资金	线下收入科目。反映调入政府性基金预算的资金。
		01	中央单位特殊上缴利润专项收入	反映中央特定国有金融机构和专营机构上缴利润收入。
		02	从一般公共预算调入用于补充超长期特别国债偿债备付金的资金▲	反映从一般公共预算调入用于补充超长期特别国债偿债备付金的资金。
		03	从国有资本经营预算调入用于补充超长期特别国债偿债备付金的资金▲	反映从国有资本经营预算调入用于补充超长期特别国债偿债备付金的资金。
		04	从一般公共预算调入用于偿还超长期特别国债本金的资金▲	反映从一般公共预算调入用于偿还超长期特别国债本金的资金。
		05	从国有资本经营预算调入用于偿还超长期特别国债本金的资金▲	反映从国有资本经营预算调入用于偿还超长期特别国债本金的资金。
		06	从一般公共预算调入用于偿还抗疫特别国债本金的资金★	反映从一般公共预算调入用于偿还抗疫特别国债本金的资金。
		07	从国有资本经营预算调入用于偿还抗疫特别国债本金的资金★	反映从国有资本经营预算调入用于偿还抗疫特别国债本金的资金。
		99	其他调入政府性基金预算资金	反映调入政府性基金预算的其他资金。
	11		债务转贷收入	反映下级政府收到的上级政府转贷的债务收入。

科目编码 类 款 项	科目名称	说　明
110 11 02	地方政府专项债务转贷收入	反映下级政府收到的上级政府转贷的专项债务收入。
01	海南省高等级公路车辆通行附加费债务转贷收入	反映下级政府收到的上级政府转贷的海南省高等级公路车辆通行附加费专项债务收入。政府收费公路专项债券转贷收入不在此科目反映。
05	国家电影事业发展专项资金债务转贷收入	反映下级政府收到的上级政府转贷的国家电影事业发展专项资金专项债务收入。
11	国有土地使用权出让金债务转贷收入	反映下级政府收到的上级政府转贷的国有土地使用权出让金专项债务收入。土地储备专项债券转贷收入不在此科目反映。
13	农业土地开发资金债务转贷收入	反映下级政府收到的上级政府转贷的农业土地开发资金专项债务收入。
14	大中型水库库区基金债务转贷收入	反映下级政府收到的上级政府转贷的大中型水库库区基金专项债务收入。
16	城市基础设施配套费债务转贷收入	反映下级政府收到的上级政府转贷的城市基础设施配套费专项债务收入。
17	小型水库移民扶助基金债务转贷收入	反映下级政府收到的上级政府转贷的小型水库移民扶助基金专项债务收入。
18	国家重大水利工程建设基金债务转贷收入	反映下级政府收到的上级政府转贷的国家重大水利工程建设基金专项债务收入。
19	车辆通行费债务转贷收入	反映下级政府收到的上级政府转贷的车辆通行费专项债务收入。政府收费公路专项债券转贷收入不在此科目反映。
20	污水处理费债务转贷收入	反映下级政府收到的上级政府转贷的污水处理费专项债务收入。
31	土地储备专项债券转贷收入	反映下级政府收到的上级政府转贷的土地储备专项债券收入。
32	政府收费公路专项债券转贷收入	反映下级政府收到的上级政府转贷的政府收费公路专项债券收入。
33	棚户区改造专项债券转贷收入	反映下级政府收到的上级政府转贷的棚户区改造专项债券收入。
98	其他地方自行试点项目收益专项债券转贷收入	反映下级政府收到的上级政府转贷的其他地方自行试点项目收益专项债券收入。
99	其他政府性基金债务转贷收入	反映下级政府收到的上级政府转贷的其他政府性基金专项债务收入。
22	动用偿债备付金▲	反映用于归还债务本金和利息的偿债备付金。
01	动用超长期特别国债偿债备付金▲	反映用于归还超长期特别国债本金和利息的偿债备付金。

政府性基金预算支出功能分类科目

科目编码 类	科目编码 款	科目编码 项	科 目 名 称	说 明
205			教育支出▲	反映政府教育事务支出。
	98		超长期特别国债安排的支出▲	反映使用超长期特别国债收入安排的教育支出。
		01	基础教育▲	反映使用超长期特别国债收入安排的各部门举办的学前教育、小学教育、初中教育和普通高中教育支出。
		02	高等教育▲	反映使用超长期特别国债收入安排的普通本科（包括研究生）教育支出。
		03	职业教育▲	反映使用超长期特别国债收入安排的各类职业教育支出。
		04	特殊教育▲	反映使用超长期特别国债收入安排的各部门举办的盲童学校、聋哑学校、智力落后儿童学校、其他生理缺陷儿童学校和专门学校支出。
		99	其他教育支出▲	反映除上述项目以外的其他使用超长期特别国债收入安排的教育支出。
206			科学技术支出	反映科学技术方面的支出。
	10		核电站乏燃料处理处置基金支出	反映核电站乏燃料处理处置基金安排的支出。
		01	乏燃料运输	反映核电站乏燃料处理处置基金安排用于乏燃料运输方面的支出。
		02	乏燃料离堆贮存	反映核电站乏燃料处理处置基金安排用于乏燃料离堆贮存方面的支出。
		03	乏燃料后处理	反映核电站乏燃料处理处置基金安排用于乏燃料后处理方面的支出。
		04	高放废物的处理处置	反映核电站乏燃料处理处置基金安排用于高放废物的处理处置方面的支出。
		05	乏燃料后处理厂的建设、运行、改造和退役	反映核电站乏燃料处理处置基金安排用于乏燃料后处理厂建设等方面的支出。
		99	其他乏燃料处理处置基金支出	反映核电站乏燃料处理处置基金安排用于其他方面的支出。
	98		超长期特别国债安排的支出▲	反映使用超长期特别国债收入安排的科学技术支出。
		01	基础研究▲	反映使用超长期特别国债收入安排的基础研究支出。
		02	应用研究▲	反映使用超长期特别国债收入安排的应用研究支出。
		03	技术研究与开发▲	反映使用超长期特别国债收入安排的技术研究与开发支出。

科目编码 类	科目编码 款	科目编码 项	科目名称	说明
206	98	04	科技条件与服务▲	反映使用超长期特别国债收入安排的科技条件与服务支出。
		05	科技重大项目▲	反映使用超长期特别国债收入安排的科技重大项目支出。
		99	其他科技支出▲	反映除上述项目以外的其他使用超长期特别国债收入安排的科技支出。
207			文化旅游体育与传媒支出	反映政府在文化、旅游、文物、体育、广播电视、电影、新闻出版等方面的支出。
	07		国家电影事业发展专项资金安排的支出	反映国家电影事业发展专项资金安排的支出。
		01	资助国产影片放映	反映国家电影事业发展专项资金安排的资助影院放映国产影片支出。
		02	资助影院建设	反映国家电影事业发展专项资金安排的资助影院新建、更新改造和影院计算机售票系统支出。
		03	资助少数民族语电影译制	反映国家电影事业发展专项资金安排的资助少数民族语电影译制支出。
		04	购买农村电影公益性放映版权服务	反映国家电影事业发展专项资金安排的资助农村公益电影版权支出。
		99	其他国家电影事业发展专项资金支出	反映上述项目以外的国家电影事业发展专项资金支出。
	09		旅游发展基金支出	反映旅游发展基金安排的支出。
		01	宣传促销	反映旅游发展基金安排用于旅游宣传促销的经费支出。
		02	行业规划	反映旅游发展基金安排用于旅游行业规划发展研究的经费支出。
		03	旅游事业补助	反映旅游发展基金安排用于补助旅游事业的经费支出。
		04	地方旅游开发项目补助	反映旅游发展基金安排用于补助地方旅游开发项目的经费支出（通过财政专项转移支付直接拨付）。
		99	其他旅游发展基金支出	反映除上述项目以外的旅游发展基金支出。
	10		国家电影事业发展专项资金对应专项债务收入安排的支出	反映国家电影事业发展专项资金对应专项债务收入安排的支出。
		01	资助城市影院	反映国家电影事业发展专项资金对应专项债务收入安排的资助城市影院新建、更新改造和影院计算机售票系统支出。
		99	其他国家电影事业发展专项资金对应专项债务收入支出	反映上述项目以外的国家电影事业发展专项资金对应专项债务收入安排的公益性资本支出。
	98		超长期特别国债安排的支出★	反映使用超长期特别国债收入安排的文化旅游体育与传媒支出
		01	文化和旅游★	反映使用超长期特别国债收入安排的文化和旅游支出。
		02	文物★	反映使用超长期特别国债收入安排的文物支出。
		03	体育★	反映使用超长期特别国债收入安排的体育支出。

科目编码 类	科目编码 款	科目编码 项	科 目 名 称	说　　明
207	98	04	新闻出版电影★	反映使用超长期特别国债收入安排的新闻出版电影支出。
		05	广播电视★	反映使用超长期特别国债收入安排的广播电视支出。
		99	其他文化旅游体育与传媒支出★	反映除上述项目以外的其他使用超长期特别国债收入安排的文化旅游体育与传媒支出。
208			社会保障和就业支出▲	反映政府在社会保障与就业方面的支出。
	98		超长期特别国债安排的支出▲	反映使用超长期特别国债收入安排的社会保障与就业支出。
		01	养老机构及服务设施▲	反映使用超长期特别国债收入安排的养老机构及服务设施方面的支出。
		02	公共就业服务设施▲	反映使用超长期特别国债收入安排的公共就业服务设施方面的支出。
		99	其他社会保障和就业支出▲	反映除上述项目以外的其他使用超长期特别国债收入安排的社会保障和就业支出。
210			卫生健康支出▲	反映政府卫生健康方面的支出。
	98		超长期特别国债安排的支出▲	反映使用超长期特别国债收入安排的卫生健康支出。
		01	公立医院▲	反映使用超长期特别国债收入安排的公立医院方面的支出。
		02	基层医疗卫生机构▲	反映使用超长期特别国债收入安排的基层医疗卫生机构方面的支出。
		03	公共卫生机构▲	反映使用超长期特别国债收入安排的公共卫生机构方面的支出。
		04	托育机构▲	反映使用超长期特别国债收入安排的托育机构方面的支出。
		99	其他卫生健康支出▲	反映除上述项目以外的其他使用超长期特别国债收入安排的卫生健康支出。
211			节能环保支出	反映政府节能环保支出。
	60		可再生能源电价附加收入安排的支出	反映用可再生能源电价附加收入安排的支出。
		01	风力发电补助	反映用可再生能源电价附加收入安排的用于风力发电及其接网费用等相关方面的补助。
		02	太阳能发电补助	反映用可再生能源电价附加收入安排的用于太阳能光伏发电及其接网费用、公共独立电力系统运行和管理费用等相关方面的补助。
		03	生物质能发电补助	反映用可再生能源电价附加收入安排的用于生物质能发电及其接网费用等相关方面的补助。
		99	其他可再生能源电价附加收入安排的支出	反映用可再生能源电价附加收入安排的用于上述项目以外的其他相关支出。
	61		废弃电器电子产品处理基金支出	反映用废弃电器电子产品处理基金收入安排的支出。
		01	回收处理费用补贴	反映废弃电器电子产品处理基金安排的废弃电器电子产品回收处理费用补贴支出。

科目编码 类	科目编码 款	科目编码 项	科目名称	说明
211	61	02	信息系统建设	反映废弃电器电子产品处理基金安排的废弃电器电子产品回收处理和电器电子产品生产销售信息管理系统建设支出。
		03	基金征管经费	反映废弃电器电子产品处理基金安排的基金征收管理经费支出。
		04	其他废弃电器电子产品处理基金支出	反映上述项目以外的废弃电器电子产品处理基金支出。
	98		超长期特别国债安排的支出▲	反映使用超长期特别国债收入安排的节能环保支出。
		01	水污染综合治理▲	反映使用超长期特别国债收入安排的水污染综合治理支出。
		02	应对气候变化▲	反映使用超长期特别国债收入安排的应对气候变化相关支出。
		03	"三北"工程建设▲	反映使用超长期特别国债收入安排的用于"三北"工程建设方面的支出。
		99	其他节能环保支出▲	反映除上述项目以外的其他使用超长期特别国债收入安排的节能环保支出。
212			城乡社区支出	反映政府城乡社区事务支出。
	08		国有土地使用权出让收入安排的支出	反映用不含计提和划转部分的国有土地使用权出让收入安排的支出。不包括市县级政府当年按规定用土地出让收入向中央和省级政府缴纳新增建设用地土地有偿使用费支出。
		01	征地和拆迁补偿支出	反映新疆生产建设兵团和地方政府在征地和收购土地过程中支付的土地补偿费、安置补助费、地上附着和青苗补偿费、拆迁补偿费支出。
		02	土地开发支出	反映新疆生产建设兵团和地方政府用于前期土地开发性支出以及与前期土地开发相关的费用等支出。
		03	城市建设支出	反映土地出让收入用于完善国有土地使用功能的配套设施建设和城市基础设施建设支出。
		04	农村基础设施建设支出	反映土地出让收入用于农村供水保障、村庄公共设施建设和管护以及与农业农村直接相关的以工代赈等方面的支出。
		05	补助被征地农民支出	反映土地出让收入用于补助被征地农民社会保障支出以及保持被征地农民原有生活水平支出。
		06	土地出让业务支出	反映土地出让收入用于土地出让业务费用的开支。
		07	廉租住房支出	反映从土地出让收入中安排用于城镇廉租住房建设和保障方面的支出。
		09	支付破产或改制企业职工安置费	反映土地出让收入用于支付破产、改制的国有或集体企业职工安置费用的支出。
		10	棚户区改造支出	反映土地出让收入按规定用于城市和国有工矿棚户区改造的支出。
		11	公共租赁住房支出	反映从土地出让净收益中安排用于发展公共租赁住房方面的支出。

科目编码 类	科目编码 款	科目编码 项	科目名称	说明
212	08	13	保障性住房租金补贴	反映用土地出让收益向低收入住房保障家庭发放的租赁补贴支出。
		14	农业生产发展支出	反映土地出让收入用于高标准农田建设、农田水利建设、农村土地综合整治、耕地及永久基本农田保护支出、现代种业提升等方面的支出。
		15	农村社会事业支出	反映土地出让收入用于农村教育、农村文化和精神文明建设等方面的支出。
		16	农业农村生态环境支出	反映土地出让收入用于农村人居环境整治、与农业农村直接相关的山水林田湖草生态保护修复等方面的支出。
		99	其他国有土地使用权出让收入安排的支出	反映土地出让收入用于其他方面的支出。不包括市县级政府当年按规定用土地出让收入向中央和省级政府缴纳的新增建设用地土地有偿使用费的支出。
	10		国有土地收益基金安排的支出	反映从国有土地收益基金中安排用于土地收购储备等支出。
		01	征地和拆迁补偿支出	反映从国有土地收益基金中安排用于收购储备土地需要支付的土地补偿费、安置补助费、地上附着物和青苗补偿费、拆迁补偿费支出。
		02	土地开发支出	反映从国有土地收益基金中安排用于收购储备土地需要支付前期土地开发性支出以及与前期土地开发相关的费用等支出。
		99	其他国有土地收益基金支出	反映从国有土地收益基金安排用于其他支出。
	11		农业土地开发资金安排的支出	反映从计提的农业土地开发资金中安排用于农业土地开发的支出。
	13		城市基础设施配套费安排的支出	反映城市基础设施配套费安排的支出。
		01	城市公共设施	反映城市基础设施配套费安排用于城市道路、桥涵、公共交通、道路照明、供排水、燃气、供热等公共设施维护、建设和管理方面的支出。
		02	城市环境卫生	反映城市基础设施配套费安排用于道路清扫、垃圾清运与处理、污水处理、园林绿化等方面的支出。
		03	公有房屋	反映城市基础设施配套费安排用于城市公有房屋维修改造的支出。
		04	城市防洪	反映城市基础设施配套费安排用于城市防洪设施建设和维护的支出。
		99	其他城市基础设施配套费安排的支出	反映上述项目以外的城市基础设施配套费支出。
	14		污水处理费安排的支出	反映污水处理费安排的支出。
		01	污水处理设施建设和运营	反映用污水处理费安排的用于污水处理设施建设和运营方面的支出。
		02	代征手续费	反映用污水处理费安排的代征手续费支出。
		99	其他污水处理费安排的支出	反映用污水处理费安排的其他支出。
	15		土地储备专项债券收入安排的支出	反映从土地储备专项债券收入中安排用于土地储备的支出。

科目编码 类 款 项			科 目 名 称	说 明
212	15	01	征地和拆迁补偿支出	反映土地储备专项债券用于新疆生产建设兵团和地方政府在征地和收购土地过程中支付的土地补偿费、安置补助费、地上附着和青苗补偿费、拆迁补偿费支出。
		02	土地开发支出	反映土地储备专项债券用于新疆生产建设兵团和地方政府在前期土地开发性支出以及与前期土地开发相关的费用等支出。
		99	其他土地储备专项债券收入安排的支出	反映上述项目以外的土地储备专项债券用于相关土地储备项目的公益性资本支出。
	16		棚户区改造专项债券收入安排的支出	反映棚户区改造专项债券收入安排用于棚户区改造项目建设的支出。
		01	征地和拆迁补偿支出	反映棚户区改造专项债券用于新疆生产建设兵团和地方政府为实施棚户区改造，在征地和收购土地过程中支付的土地补偿费、安置补助费、地上附着和青苗补偿费、拆迁补偿费支出。
		02	土地开发支出	反映棚户区改造专项债券用于新疆生产建设兵团和地方政府为实施棚户区改造，在前期土地开发性支出以及与前期土地开发相关的费用等支出。
		99	其他棚户区改造专项债券收入安排的支出	反映上述项目以外的棚户区改造专项债券收入安排用于棚户区改造相关项目的公益性资本支出。
	17		城市基础设施配套费对应专项债务收入安排的支出	反映城市基础设施配套费对应专项债务收入安排的公益性资本支出。
		01	城市公共设施	反映城市基础设施配套费对应专项债务收入安排用于城市道路、桥涵、公共交通、道路照明、供排水、燃气、供热等公共设施建设方面的公益性资本支出。
		02	城市环境卫生	反映城市基础设施配套费对应专项债务收入安排用于道路清扫、垃圾清运与处理、污水处理、园林绿化等方面的公益性资本支出。
		03	公有房屋	反映城市基础设施配套费对应专项债务收入安排用于城市公有房屋维修改造的公益性资本支出。
		04	城市防洪	反映城市基础设施配套费对应专项债务收入安排用于城市防洪设施建设的公益性资本支出。
		99	其他城市基础设施配套费对应专项债务收入安排的支出	反映上述项目以外，城市基础设施配套费对应专项债务收入安排的公益性资本支出。
	18		污水处理费对应专项债务收入安排的支出	反映污水处理费对应专项债务收入安排的公益性资本支出。
		01	污水处理设施建设和运营	反映污水处理费对应专项债务收入安排的用于污水处理设施建设方面的公益性资本支出。
		99	其他污水处理费对应专项债务收入安排的支出	反映上述项目以外，污水处理费对应专项债务收入安排的公益性资本支出。
	19		国有土地使用权出让收入对应专项债务收入安排的支出	反映除土地储备专项债券、棚户区改造专项债券外，国有土地使用权出让收入对应其他专项债务收入安排的公益性资本支出。

科目编码 类	科目编码 款	科目编码 项	科目名称	说明
212	19	01	征地和拆迁补偿支出	除土地储备专项债券、棚户区改造专项债券外，国有土地使用权出让收入对应其他专项债务收入安排的新疆生产建设兵团和地方政府在征地和收购土地过程中支付的土地补偿费、安置补助费、地上附着和青苗补偿费、拆迁补偿费支出。
		02	土地开发支出	反映除土地储备专项债券、棚户区改造专项债券外，国有土地使用权出让收入对应其他专项债务收入安排的新疆生产建设兵团和地方政府在前期土地开发性支出以及与前期土地开发相关的费用等支出。
		03	城市建设支出	反映除土地储备专项债券、棚户区改造专项债券外，国有土地使用权出让收入对应其他专项债务收入安排的用于完善国有土地使用功能的配套设施建设和城市基础设施建设支出。
		04	农村基础设施建设支出	反映除土地储备专项债券、棚户区改造专项债券外，国有土地使用权出让收入对应其他专项债务收入安排的用于农村饮水、环境、卫生、教育以及文化等基础设施建设支出。
		05	廉租住房支出	反映除土地储备专项债券、棚户区改造专项债券外，国有土地使用权出让收入对应其他专项债务收入安排的用于城镇廉租住房建设和保障方面的支出。
		06	棚户区改造支出	反映除土地储备专项债券、棚户区改造专项债券外，国有土地使用权出让收入对应其他专项债务收入安排的用于城市和国有工矿棚户区改造的支出。
		07	公共租赁住房支出	反映除土地储备专项债券、棚户区改造专项债券外，国有土地使用权出让收入对应其他专项债务收入安排的用于发展公共租赁住房方面的支出。
		99	其他国有土地使用权出让收入对应专项债务收入安排的支出	反映除土地储备专项债券、棚户区改造专项债券外，国有土地使用权出让收入对应其他专项债务收入安排的除上述项目以外的，用于其他方面的公益性资本支出。
	98		超长期特别国债安排的支出▲	反映使用超长期特别国债收入安排的城乡社区事务支出。
		01	城乡社区公共设施▲	反映使用超长期特别国债收入安排的城乡社区道路、桥涵、燃气、供暖、公共交通等公共设施建设维护与管理方面的支出。
		99	其他城乡社区支出▲	反映除上述项目以外的其他使用超长期特别国债收入安排的城乡社区支出。
213			**农林水支出**	反映政府农林水事务支出。
	66		大中型水库库区基金安排的支出	反映大中型水库库区基金安排的支出。
		01	基础设施建设和经济发展	反映大中型水库库区基金安排用于改善库区及移民安置区生产生活条件的基础设施建设、经济建设、产业发展项目支出。
		02	解决移民遗留问题	反映大中型水库库区基金安排用于解决大中型水库库区移民遗留问题的支出。

科目编码 类	科目编码 款	科目编码 项	科目名称	说明
213	66	03	库区防护工程维护	反映大中型水库库区基金安排用于大中型水库库区防护工程维护的支出。
		99	其他大中型水库库区基金支出	反映除上述项目以外的大中型水库库区基金支出。
	67		三峡水库库区基金支出	反映三峡水库库区基金安排的支出。
		01	基础设施建设和经济发展	反映三峡水库库区基金安排用于改善三峡库区及移民安置区生产生活条件的基础设施建设、经济建设、产业发展项目支出。
		02	解决移民遗留问题	反映三峡水库库区基金安排用于解决三峡库区移民遗留问题的支出。
		03	库区维护和管理	反映三峡水库库区基金安排用于三峡库区维护和管理的支出。
		99	其他三峡水库库区基金支出	反映除上述项目以外的三峡水库库区基金支出。
	69		国家重大水利工程建设基金安排的支出	反映国家重大水利工程建设基金安排的支出。
		01	南水北调工程建设	反映重大水利工程建设基金安排用于南水北调主体工程建设及偿还南水北调主体工程建设贷款本息的支出。
		02	三峡后续工作	反映重大水利工程建设基金安排用于三峡库区移民安稳致富和促进库区经济社会发展、生态环境建设与保护、地质灾害防治、三峡工程运行对长江中下游重点影响处理、三峡工程综合管理能力建设和三峡工程综合效益拓展等。
		03	地方重大水利工程建设	反映重大水利工程建设基金安排用于南水北调和三峡工程非直接受益省份重大水利工程建设的支出。
		99	其他重大水利工程建设基金支出	反映除上述项目以外的重大水利工程建设基金支出。
	70		大中型水库库区基金对应专项债务收入安排的支出	反映大中型水库库区基金对应专项债务收入安排的公益性资本支出。
		01	基础设施建设和经济发展	反映大中型水库库区基金对应专项债务收入安排用于改善库区及移民安置区生产生活条件的基础设施建设、经济建设、产业发展项目公益性资本支出。
		99	其他大中型水库库区基金对应专项债务收入支出	反映除上述项目以外，大中型水库库区基金对应专项债务收入按规定安排的公益性资本支出。
	71		国家重大水利工程建设基金对应专项债务收入安排的支出	反映国家重大水利工程建设基金对应专项债务收入安排的公益性资本支出。
		01	南水北调工程建设	反映国家重大水利工程建设基金对应专项债务收入安排用于南水北调主体工程建设的公益性资本支出。
		02	三峡工程后续工作	反映国家重大水利工程建设基金对应专项债务收入安排用于三峡库区地质灾害防治和生态环境保护、改善库区移民生产条件、支持库区基础设施建设和产业发展等方面公益性资本支出。
		03	地方重大水利工程建设	反映国家重大水利工程建设基金对应专项债务收入安排用于南水北调和三峡工程非直接受益省份重大水利工程建设的公益性资本支出。

科目编码 类	科目编码 款	科目编码 项	科 目 名 称	说　　明
213	71	99	其他重大水利工程建设基金对应专项债务收入支出	反映除上述项目以外，国家重大水利工程建设基金对应专项债务收入按规定安排的公益性资本支出。
	72		大中型水库移民后期扶持基金支出	反映大中型水库移民后期扶持基金安排的支出。
		01	移民补助	反映大中型水库移民后期扶持基金安排的直接发放给大中型水库农村移民的补助支出。
		02	基础设施建设和经济发展	反映大中型水库移民后期扶持基金安排用于扶持大中型水库移民生产生活的基础设施建设、经济建设、产业发展项目支出等。
		99	其他大中型水库移民后期扶持基金支出	反映除上述项目以外的大中型水库移民后期扶持基金支出。
	73		小型水库移民扶助基金安排的支出	反映小型水库移民扶助基金安排的支出。
		01	移民补助	反映小型水库移民扶助基金安排的直接发放给小型水库移民的补助支出。
		02	基础设施建设和经济发展	反映小型水库移民扶助基金安排用于扶持小型水库移民生产生活的基础设施建设、经济建设、产业发展项目支出。
		99	其他小型水库移民扶助基金支出	反映除上述项目以外的小型水库移民扶助基金支出。
	74		小型水库移民扶助基金对应专项债务收入安排的支出	反映小型水库移民扶助基金对应专项债务收入安排的支出。
		01	基础设施建设和经济发展	反映小型水库移民扶助基金对应专项债务收入安排用于扶持小型水库移民生产生活的基础设施建设、经济建设、产业发展项目支出。
		99	其他小型水库移民扶助基金对应专项债务收入安排的支出	反映上述项目以外的小型水库移民扶助基金对应专项债务收入安排的公益性资本支出。
	98		超长期特别国债安排的支出▲	反映使用超长期特别国债收入安排的农林水事务支出。
		01	农业农村支出▲	反映使用超长期特别国债收入安排的高标准农田建设、黑土地保护、盐碱地综合利用、玉米大豆单产提升工程等方面的支出。
		02	水利支出▲	反映使用超长期特别国债收入安排的水利工程项目规划设计、征地拆迁、工程建设、安全监测等方面的支出。
		99	其他农林水支出▲	反映除上述项目以外的其他使用超长期特别国债收入安排的农林水支出。
214			交通运输支出	反映交通运输和邮政业方面的支出。
	60		海南省高等级公路车辆通行附加费安排的支出	反映海南省高等级公路车辆通行附加费安排的支出。
		01	公路建设	反映海南省高等级公路车辆通行附加费安排用于公路建设的支出。
		02	公路养护	反映海南省高等级公路车辆通行附加费安排用于公路养护的支出。

科目编码			科目名称	说明
类	款	项		
214	60	03	公路还贷	反映海南省高等级公路车辆通行附加费安排用于偿还公路建设贷款的支出。
		99	其他海南省高等级公路车辆通行附加费安排的支出	反映除上述项目以外的海南省高等级公路车辆通行附加费支出。
	62		车辆通行费安排的支出	反映车辆通行费安排的支出。
		01	公路还贷	反映车辆通行费安排用于偿还政府还贷公路建设贷款、有偿集资款本息的支出。
		02	政府还贷公路养护	反映车辆通行费安排用于政府还贷公路养护的支出。
		03	政府还贷公路管理	反映车辆通行费安排用于政府还贷公路运行和管理工作的支出。
		99	其他车辆通行费安排的支出	反映除上述项目以外的车辆通行费支出。
	64		铁路建设基金支出	反映铁路建设基金安排的支出。
		01	铁路建设投资	反映铁路建设基金安排用于铁路路网建设项目投资的支出。
		02	购置铁路机车车辆	反映铁路建设基金安排用于购置铁路机车车辆的支出。
		03	铁路还贷	反映铁路建设基金安排用于归还铁路建设贷款本息的支出。
		04	建设项目铺底资金	反映铁路建设基金安排用于铁路建设项目铺底资金的支出。
		05	勘测设计	反映铁路建设基金安排用于铁路勘测设计前期工作费用的支出。
		06	注册资本金	反映铁路建设基金安排用于合资铁路注册资本金的支出。
		07	周转资金	反映铁路建设基金安排用于铁路建设项目的周转资金支出。
		99	其他铁路建设基金支出	反映除上述项目以外的铁路建设基金支出。
	68		船舶油污损害赔偿基金支出	反映用船舶油污损害赔偿基金收入安排的支出。
		01	应急处置费用	反映用船舶油污损害赔偿基金收入安排的用于减少油污损害发生的应急处置支出。
		02	控制清除污染	反映用船舶油污损害赔偿基金收入安排的用于控制和清除支出。
		03	损失补偿	反映用船舶油污损害赔偿基金收入安排的用于补偿渔业、旅游业等直接经济损失的支出。
		04	生态恢复	反映用船舶油污损害赔偿基金收入安排的用于恢复海洋生态和天然渔业资源的支出。
		05	监视监测	反映用船舶油污损害赔偿基金收入安排的用于实施监视监测的支出。
		99	其他船舶油污损害赔偿基金支出	反映用船舶油污损害赔偿基金收入安排的除上述项目以外的支出。
	69		民航发展基金支出	反映用民航发展基金收入安排的支出。
		01	民航机场建设	反映民航发展基金收入安排用于机场新建、改扩建及配套保障设施项目的支出。

科目编码 类	科目编码 款	科目编码 项	科目名称	说明
214	69	02	空管系统建设	反映民航发展基金收入安排用于民航空管系统基础设施、配套保障设施、空管信息化建设以及购置、更新空管设备的支出。
		03	民航安全	反映民航发展基金收入安排用于安全设施、设备购置和更新、安全能力提升等支出。
		04	航线和机场补贴	反映民航发展基金收入安排用于货运航空、支线航空、国际航线、中小型民用运输机场（含军民合用机场）的补贴支出。
		06	民航节能减排	反映民航发展基金收入安排用于支持民航部门及机场、航空企业节能减排新技术研发和推广应用，节能设施或设备更新改造，行业节能减排管理体系建设等支出。
		07	通用航空发展	反映民航发展基金收入安排用于包括支持通用航空企业开展应急救援、农林飞行等作业项目，通航飞行员教育培训，通航基础设施建设投入和设备更新、改造等支出。
		08	征管经费	反映民航发展基金收入安排用于征管经费和代征手续费的支出。
		09	民航科教和信息建设	反映民航发展基金收入安排用于民航科教、信息、适航审定等基础设施建设支出。
		99	其他民航发展基金支出	反映用民航发展基金安排的除上述项目以外的相关支出。
	70		海南省高等级公路车辆通行附加费对应专项债务收入安排的支出	反映海南省高等级公路车辆通行附加费对应专项债务收入安排的公益性资本支出。
		01	公路建设	反映海南省高等级公路车辆通行附加费对应专项债务收入安排用于公路建设的公益性资本支出。
		99	其他海南省高等级公路车辆通行附加费对应专项债务收入安排的支出	反映除上述项目外，海南省高等级公路车辆通行附加费对应专项债务收入按规定安排的公益性资本支出。
	71		政府收费公路专项债券收入安排的支出	反映政府收费公路专项债券收入安排的公益性资本支出。
		01	公路建设	反映政府收费公路专项债券收入安排用于公路建设的公益性资本支出。
		99	其他政府收费公路专项债券收入安排的支出	反映除上述项目外，政府收费公路专项债券收入按规定安排的公益性资本支出。
	72		车辆通行费对应专项债务收入安排的支出	反映除政府收费公路专项债券外其他车辆通行费对应专项债务收入安排的公益性资本支出。
	98		超长期特别国债安排的支出▲	反映使用超长期特别国债收入安排的交通运输支出。
		01	公路水路运输▲	反映使用超长期特别国债收入安排的公路、水路运输方面的支出。
		02	铁路运输▲	反映使用超长期特别国债收入安排的铁路运输方面的支出。
		03	民用航空运输▲	反映使用超长期特别国债收入安排的民用航空运输方面的支出。
		04	邮政业支出▲	反映使用超长期特别国债收入安排的邮政业方面支出。

科目编码 类 款 项	科目名称	说　明
214　98　99	其他交通运输支出▲	反映除上述项目以外的其他使用超长期特别国债收入安排的交通运输支出。
215	资源勘探工业信息等支出	反映用于资源勘探、制造业、建筑业、工业信息等方面支出。
62	农网还贷资金支出	反映按《农网还贷资金征收使用管理办法》（财企〔2001〕820号）安排用于农村电网改造贷款还本付息的支出。
01	中央农网还贷资金支出	反映中央农网还贷资金安排用于农村电网改造贷款还本付息的支出。
02	地方农网还贷资金支出	反映地方农网还贷资金安排农村电网改造贷款还本付息的支出。
99	其他农网还贷资金支出	反映除上述项目以外的农网还贷资金支出。
98	超长期特别国债安排的支出▲	反映使用超长期特别国债收入安排的制造业、工业信息等方面的支出。
01	资源勘探开发▲	反映使用超长期特别国债收入安排的煤炭、石油和天然气、黑色金属、有色金属、非金属矿等资源勘探开发和服务支出
02	制造业▲	反映使用超长期特别国债收入安排的纺织、轻工、化工、医药、机械、冶炼、建材、交通运输设备、烟草、兵器、核工、航空、航天、船舶、电子及通讯设备等制造业支出。
03	工业和信息产业▲	反映使用超长期特别国债收入安排的工业和信息产业方面的支出。
99	其他资源勘探工业信息等支出▲	反映除上述项目以外的其他使用超长期特别国债收入安排的资源勘探工业信息支出。
217	金融支出	反映金融方面的支出。
04	金融调控支出	反映金融调控支出。
02	中央特别国债经营基金支出	反映使用中央特别国债经营基金所形成的支出。
03	中央特别国债经营基金财务支出	反映特别国债利息及有关费用支出。
220	自然资源海洋气象等支出▲	反映政府用于自然资源、海洋、测绘、气象等公益服务事业方面的支出。
06	耕地保护考核奖惩基金支出▲	反映耕地保护考核奖惩基金安排的支出。
01	耕地保护▲	反映用于耕地资源的调查、评价、监测、监管、执法等耕地保护的支出。
02	补充耕地▲	反映用于增加、恢复耕地等补充耕地的支出。
221	住房保障支出▲	集中反映政府用于住房方面的支出。
98	超长期特别国债安排的支出▲	反映使用超长期特别国债收入安排的住房保障支出。
01	保障性租赁住房▲	反映使用超长期特别国债收入安排的用于加大农业转移人口中小户型保障性租赁住房供给方面的支出。
99	其他住房保障支出▲	反映除上述项目以外的其他使用超长期特别国债收入安排的住房保障支出。

科目编码			科目名称	说　　明
类	款	项		
222			粮油物资储备支出▲	反映政府用于粮油物资储备方面的支出。
	98		超长期特别国债安排的支出▲	反映使用超长期特别国债收入安排的粮油物资储备支出。
		01	设施建设▲	反映使用超长期特别国债收入安排的粮油储备仓库基础设施建设和设备购置等支出。
		99	其他粮油物资储备支出▲	反映除上述项目以外的其他使用超长期特别国债收入安排的粮油物资储备支出。
224			灾害防治及应急管理支出▲	反映政府用于自然灾害防治、安全生产监管及应急管理等方面的支出。
	98		超长期特别国债安排的支出★	反映用超长期特别国债收入安排的自然灾害防治、安全生产监管及应急管理等支出。
		01	自然灾害防治▲	反映使用超长期特别国债安排的自然灾害防治方面的支出。
		02	自然灾害恢复重建支出▲	反映使用超长期特别国债安排的自然灾害恢复重建方面的支出。
		99	其他灾害防治及应急管理支出★	反映除上述项目以外的其他使用超长期特别国债收入安排的灾害防治及应急管理支出。
229			其他支出	反映不能划分到上述功能科目的其他政府支出。
	04		其他政府性基金及对应专项债务收入安排的支出	反映其他政府性基金及对应专项债务收入安排的支出（包括用以前年度欠款收入安排的支出）。
		01	其他政府性基金安排的支出	反映其他政府性基金安排的支出（包括用以前年度欠款收入安排的支出）。
		02	其他地方自行试点项目收益专项债券收入安排的支出	其他地方自行试点项目收益专项债券收入安排的支出。
		03	其他政府性基金债务收入安排的支出	反映其他政府性基金对应专项债务收入安排的支出。
	08		彩票发行销售机构业务费安排的支出	反映彩票发行机构和销售机构的业务费用安排的支出。
		02	福利彩票发行机构的业务费支出	反映福利彩票发行机构的业务费用支出。
		03	体育彩票发行机构的业务费支出	反映体育彩票发行机构的业务费用支出。
		04	福利彩票销售机构的业务费支出	反映福利彩票销售机构的业务费用支出。
		05	体育彩票销售机构的业务费支出	反映体育彩票销售机构的业务费用支出。
		06	彩票兑奖周转金支出	反映彩票兑奖周转金安排的支出。
		07	彩票发行销售风险基金支出	反映彩票发行销售风险基金安排的支出。
		08	彩票市场调控资金支出	反映彩票市场调控资金安排的支出。
		99	其他彩票发行销售机构业务费安排的支出	反映彩票发行机构和销售机构的业务费用安排的其他支出。
	09		抗疫特别国债财务基金支出	反映抗疫特别国债财务基金收入安排的抗疫特别国债付息支出。

科目编码 类	科目编码 款	科目编码 项	科目名称	说明
229	09	01	抗疫特别国债财务基金支出★	反映抗疫特别国债财务基金收入安排的抗疫特别国债付息支出。
	10		超长期特别国债财务基金支出▲	反映超长期特别国债财务基金收入安排的超长期特别国债付息支出。
		01	超长期特别国债财务基金支出▲	反映超长期特别国债财务基金收入安排的超长期特别国债付息支出。
	60		彩票公益金安排的支出	反映彩票公益金安排的支出。
		01	用于补充全国社会保障基金的彩票公益金支出	反映用于补充全国社会保障基金的彩票公益金支出。
		02	用于社会福利的彩票公益金支出	反映用于社会福利和社会救助的彩票公益金支出。
		03	用于体育事业的彩票公益金支出	反映用于体育事业的彩票公益金支出。
		04	用于教育事业的彩票公益金支出	反映用于教育事业的彩票公益金支出。
		05	用于红十字事业的彩票公益金支出	反映用于红十字事业的彩票公益金支出。
		06	用于残疾人事业的彩票公益金支出	反映用于残疾人事业的彩票公益金支出。
		10	用于文化事业的彩票公益金支出	反映用于文化事业的彩票公益金支出。
		11	用于巩固脱贫攻坚成果衔接乡村振兴的彩票公益金支出	反映用于支持巩固拓展脱贫攻坚成果同乡村振兴有效衔接的彩票公益金支出。
		12	用于法律援助的彩票公益金支出	反映用于法律援助的彩票公益金支出。
		13	用于城乡医疗救助的彩票公益金支出	反映用于城乡医疗救助的彩票公益金支出。
		99	用于其他社会公益事业的彩票公益金支出	反映用于其他社会公益事业的彩票公益金支出。
	98		超长期特别国债安排的其他支出▲	反映其他不能划分到具体功能科目中使用超长期特别国债安排的支出项目。
	99		其他支出▲	反映除上述项目以外其他不能划分到具体功能科目中使用超长期特别国债安排的支出项目。
230			转移性支出	反映政府的转移支付以及不同性质资金之间的调拨支出。
	04		政府性基金转移支付	反映政府间政府性基金转移支付。
		03	抗疫特别国债转移支付支出	反映上级政府对下级政府的抗疫特别国债转移支付支出。
		04	科学技术	反映上级政府对下级政府的科学技术转移支付支出。
		05	文化旅游体育与传媒	反映上级政府对下级政府的文化旅游体育与传媒转移支付支出。

科目编码 类	科目编码 款	科目编码 项	科目名称	说明
230	04	06	社会保障和就业	反映上级政府对下级政府的社会保障和就业转移支付支出。
		07	节能环保	反映上级政府对下级政府的节能环保转移支付支出。
		08	城乡社区	反映上级政府对下级政府的城乡社区转移支付支出。
		09	农林水	反映上级政府对下级政府的农林水转移支付支出。
		10	交通运输	反映上级政府对下级政府的交通运输转移支付支出。
		11	资源勘探工业信息等	反映上级政府对下级政府的资源勘探工业信息等转移支付支出。
		12	自然资源海洋气象等▲	反映上级政府对下级政府的自然资源海洋气象等转移支付支出。
		13	超长期特别国债转移支付支出▲	反映上级政府对下级政府的超长期特别国债转移支付支出。
		99	其他支出	反映上级政府对下级政府的其他政府性基金转移支付支出。
	06		上解支出	反映下级政府对上级政府的上解支出。
		03	政府性基金上解支出▲	反映下级政府对上级政府除超长期特别国债和抗疫特别国债还本上解外的政府性基金上解支出。
		05	抗疫特别国债还本上解支出▲	反映下级政府对上级政府抗疫特别国债还本的政府性基金上解支出。
		06	超长期特别国债还本上解支出▲	反映下级政府对上级政府超长期特别国债还本的政府性基金上解支出。
	08		调出资金	反映不同预算资金之间的调出支出。
		02	政府性基金预算调出资金	线下支出科目。反映从政府性基金预算调出的资金。
	09		年终结余	反映政府收支总预算年终结余。
		02	政府性基金年终结余	反映政府性基金预算收支年终形成的结余。
	11		债务转贷支出	反映向下级政府转贷的债务支出。
		05	海南省高等级公路车辆通行附加费债务转贷支出	反映向下级政府转贷的海南省高等级公路车辆通行附加费专项债务支出。政府收费公路专项债券转贷支出不在此科目反映。
		09	国家电影事业发展专项资金债务转贷支出	反映向下级政府转贷的国家电影事业发展专项资金专项债务转贷支出。
		15	国有土地使用权出让金债务转贷支出	反映向下级政府转贷的国有土地使用权出让金专项债务支出。土地储备专项债券转贷支出不在此科目反映。
		17	农业土地开发资金债务转贷支出	反映向下级政府转贷的农业土地开发资金专项债务支出。
		18	大中型水库库区基金债务转贷支出	反映向下级政府转贷的大中型水库库区基金专项债务支出。
		20	城市基础设施配套费债务转贷支出	反映向下级政府转贷的城市基础设施配套费专项债务支出。
		21	小型水库移民扶助基金债务转贷支出	反映向下级政府转贷的小型水库移民扶助基金专项债务支出。

科目编码 类 款 项			科目名称	说明
230	11	22	国家重大水利工程建设基金债务转贷支出	反映向下级政府转贷的国家重大水利工程建设基金专项债务支出。
		23	车辆通行费债务转贷支出	反映向下级政府转贷的车辆通行费专项债务支出。政府收费公路专项债券转贷支出不在此科目反映。
		24	污水处理费债务转贷支出	反映向下级政府转贷的污水处理费专项债务支出。
		31	土地储备专项债券转贷支出	反映向下级政府转贷的土地储备专项债券支出。
		32	政府收费公路专项债券转贷支出	反映向下级政府转贷的政府收费公路专项债券支出。
		33	棚户区改造专项债券转贷支出	反映向下级政府转贷的棚户区改造专项债券支出。
		98	其他地方自行试点项目收益专项债券转贷支出	反映向下级政府转贷的其他地方自行试点项目收益专项债券支出。
		99	其他地方政府债务转贷支出	反映向下级政府转贷的其他政府性基金专项债务支出。
	22		偿债备付金▲	反映设置和补充债务偿债备付金的支出。
		01	安排超长期特别国债偿债备付金▲	反映设置和补充超长期特别国债偿债备付金的支出。
231			债务还本支出	反映归还债务本金所发生的支出。
	04		地方政府专项债务还本支出	反映地方政府用于归还专项债务本金所发生的支出。
		01	海南省高等级公路车辆通行附加费债务还本支出	反映地方政府用于归还海南省高等级公路车辆通行附加费债务本金所发生的支出。政府收费公路专项债券还本支出不在此科目反映。
		05	国家电影事业发展专项资金债务还本支出	反映地方政府用于归还国家电影事业发展专项资金债务本金所发生的支出。
		11	国有土地使用权出让金债务还本支出	反映地方政府用于归还国有土地使用权出让金债务本金所发生的支出。土地储备专项债券还本支出不在此科目反映。
		13	农业土地开发资金债务还本支出	反映地方政府用于归还农业土地开发资金债务本金所发生的支出。
		14	大中型水库库区基金债务还本支出	反映地方政府用于归还大中型水库库区基金债务本金所发生的支出。
		16	城市基础设施配套费债务还本支出	反映地方政府用于归还城市基础设施配套费债务本金所发生的支出。
		17	小型水库移民扶助基金债务还本支出	反映地方政府用于归还小型水库移民扶助基金债务本金所发生的支出。
		18	国家重大水利工程建设基金债务还本支出	反映地方政府用于归还国家重大水利工程建设基金债务本金所发生的支出。
		19	车辆通行费债务还本支出	反映地方政府用于归还车辆通行费债务本金所发生的支出。政府收费公路专项债券还本支出不在此科目反映。
		20	污水处理费债务还本支出	反映地方政府用于归还污水处理费债务本金所发生的支出。
		31	土地储备专项债券还本支出	反映地方政府用于归还土地储备专项债券本金所发生的支出。

科目编码 类	科目编码 款	科目编码 项	科目名称	说明
231	04	32	政府收费公路专项债券还本支出	反映地方政府用于归还政府收费公路专项债券本金所发生的支出。
		33	棚户区改造专项债券还本支出	反映地方政府用于归还棚户区改造专项债券本金所发生的支出。
		98	其他地方自行试点项目收益专项债券还本支出	反映地方政府用于归还其他地方自行试点项目收益专项债券本金所发生的支出。
		99	其他政府性基金债务还本支出	反映地方政府用于归还其他政府性基金债务本金所发生的支出。
	05		抗疫特别国债还本支出	反映中央政府用于归还抗疫特别国债本金所发生的支出。
		01	抗疫特别国债还本支出	反映中央政府用于归还抗疫特别国债本金所发生的支出。
	06		超长期特别国债还本支出▲	反映中央政府用于归还超长期特别国债本金所发生的支出。
		01	超长期特别国债还本支出▲	反映中央政府用于归还超长期特别国债本金所发生的支出。
232			债务付息支出	反映用于归还债务利息所发生的支出。
	04		地方政府专项债务付息支出	反映地方政府用于归还专项债务利息所发生的支出。
		01	海南省高等级公路车辆通行附加费债务付息支出	反映地方政府以海南省高等级公路车辆通行附加费安排的专项债务付息支出。政府收费公路专项债券付息支出不在此科目反映。
		05	国家电影事业发展专项资金债务付息支出	反映地方政府以国家电影事业发展专项资金安排的专项债务付息支出。
		11	国有土地使用权出让金债务付息支出	反映地方政府以国有土地使用权出让金安排的专项债务付息支出。土地储备专项债券付息支出不在此科目反映。
		13	农业土地开发资金债务付息支出	反映地方政府以农业土地开发资金安排的专项债务付息支出。
		14	大中型水库库区基金债务付息支出	反映地方政府以大中型水库库区基金安排的专项债务付息支出。
		16	城市基础设施配套费债务付息支出	反映地方政府以城市基础设施配套费安排的专项债务付息支出。
		17	小型水库移民扶助基金债务付息支出	反映地方政府以小型水库移民扶助基金安排的专项债务付息支出。
		18	国家重大水利工程建设基金债务付息支出	反映地方政府以国家重大水利工程建设基金安排的专项债务付息支出。
		19	车辆通行费债务付息支出	反映地方政府以车辆通行费安排的专项债务付息支出。政府收费公路专项债券付息支出不在此科目反映。
		20	污水处理费债务付息支出	反映地方政府以污水处理费安排的专项债务付息支出。
		31	土地储备专项债券付息支出	反映地方政府以土地储备项目对应并纳入政府性基金预算管理的国有土地使用权出让收入、国有土地收益基金收入及专项收入安排的土地储备专项债券付息支出。

科目编码 类 款 项	科目名称	说明
232 04 32	政府收费公路专项债券付息支出	反映地方政府以政府收费公路项目对应并纳入政府性基金预算管理的车辆通行费收入、专项收入安排的政府收费公路专项债券付息支出。
33	棚户区改造专项债券付息支出	反映地方政府以棚户区改造项目对应并纳入政府性基金预算管理的国有土地使用权出让收入、专项收入安排的土地储备专项债券付息支出。
98	其他地方自行试点项目收益专项债券付息支出	反映地方政府以自行试点项目收益专项债券项目对应政府性基金收入、专项收入安排的专项债券付息支出。
99	其他政府性基金债务付息支出	反映地方政府以其他政府性基金安排的专项债务付息支出。
233	**债务发行费用支出**	反映用于债务发行兑付费用的支出。
04	地方政府专项债务发行费用支出	反映用于地方政府专项债务发行兑付费用的支出。
01	海南省高等级公路车辆通行附加费债务发行费用支出	反映用于海南省高等级公路车辆通行附加费债务发行兑付费用的支出。政府收费公路专项债券发行费用支出不在此科目反映。
05	国家电影事业发展专项资金债务发行费用支出	反映用于国家电影事业发展专项资金债务发行兑付费用的支出。
11	国有土地使用权出让金债务发行费用支出	反映用于国有土地使用权出让金债务发行兑付费用的支出。土地储备专项债券发行费用支出不在此科目反映。
13	农业土地开发资金债务发行费用支出	反映用于农业土地开发资金债务发行兑付费用的支出。
14	大中型水库库区基金债务发行费用支出	反映用于大中型水库库区基金债务发行兑付费用的支出。
16	城市基础设施配套费债务发行费用支出	反映用于城市基础设施配套费债务发行兑付费用的支出。
17	小型水库移民扶助基金债务发行费用支出	反映用于小型水库移民扶助基金债务发行兑付费用的支出。
18	国家重大水利工程建设基金债务发行费用支出	反映用于国家重大水利工程建设基金债务发行兑付费用的支出。
19	车辆通行费债务发行费用支出	反映用于车辆通行费债务发行兑付费用的支出。政府收费公路专项债券发行费用支出不在此科目反映。
20	污水处理费债务发行费用支出	反映用于污水处理费债务发行兑付费用的支出。
31	土地储备专项债券发行费用支出	反映用于土地储备专项债券发行兑付费用的支出。
32	政府收费公路专项债券发行费用支出	反映用于政府收费公路专项债券发行兑付费用的支出。
33	棚户区改造专项债券发行费用支出	反映用于棚户区改造专项债券发行兑付费用的支出。
98	其他地方自行试点项目收益专项债券发行费用支出	反映用于其他地方自行试点项目收益专项债券发行兑付费用的支出。

科目编码 类	款	项	科 目 名 称	说　　明
233	04	99	其他政府性基金债务发行费用支出	反映用于其他政府性基金债务发行兑付费用的支出。
234			**抗疫特别国债安排的支出**	反映抗疫特别国债资金安排的支出。
	01		基础设施建设	反映抗疫特别国债资金安排的基础设施建设支出。
		01	公共卫生体系建设	反映抗疫特别国债资金安排的公共卫生体系建设支出。
		02	重大疫情防控救治体系建设	反映抗疫特别国债资金安排的重大疫情防控救治体系建设支出。
		03	粮食安全	反映抗疫特别国债资金安排的粮食安全支出。
		04	能源安全	反映抗疫特别国债资金安排的能源安全支出。
		05	应急物资保障	反映抗疫特别国债资金安排的应急物资保障体系建设支出。
		06	产业链改造升级	反映抗疫特别国债资金安排的产业链改造升级支出。
		07	城镇老旧小区改造	反映抗疫特别国债资金安排的城镇老旧小区改造支出。
		08	生态环境治理	反映抗疫特别国债资金安排的污水垃圾处理等生态环境治理支出。
		09	交通基础设施建设	反映抗疫特别国债资金安排的交通基础设施建设支出。
		10	市政设施建设	反映抗疫特别国债资金安排的供水供电供气等市政设施建设支出。
		11	重大区域规划基础设施建设	反映抗疫特别国债资金安排的重大区域规划相关基础设施建设支出。
		99	其他基础设施建设	反映抗疫特别国债资金安排的其他基础设施建设支出。
	02		抗疫相关支出	反映抗疫特别国债资金安排的保居民就业、保基本民生、保市场主体等抗疫相关支出。
		01	减免房租补贴	反映抗疫特别国债资金安排的为承租中小微企业和个体工商户减免房租的房东给予的补贴。
		02	重点企业贷款贴息	反映抗疫特别国债资金安排的疫情防控重点保障企业以及疫情防控工作突出的其他企业贷款贴息相关支出。
		03	创业担保贷款贴息	反映抗疫特别国债资金安排的创业担保贷款贴息相关支出。
		04	援企稳岗补贴	反映抗疫特别国债资金安排的落实援企稳岗政策相关支出。
		05	困难群众基本生活补助	反映抗疫特别国债资金安排的保障困难群众基本生活相关支出。
		99	其他抗疫相关支出	反映抗疫特别国债资金安排的其他抗疫相关支出。

国有资本经营预算收支科目

国有资本经营预算收入科目

科目编码 类	科目编码 款	科目编码 项	科目名称	说　明
103			非税收入	反映各级政府及其所属部门和单位依法利用行政权力、政府信誉、国家资源、国有资产或提供特定公共服务征收、收取、提取、募集的除税收和政府债务收入以外的财政收入。
	06		国有资本经营收入	反映各级人民政府及其部门、机构履行出资人职责的企业（即一级企业）上缴的国有资本收益。
		01	利润收入	反映中国人民银行、国有独资企业等按规定上缴国家的利润。
		03	烟草企业利润收入	中央收入科目。反映烟草企业按规定上缴国家的利润。
		04	石油石化企业利润收入	中央与地方共用收入科目。反映石油化工企业按规定上缴国家的利润。
		05	电力企业利润收入	中央与地方共用收入科目。反映电力企业按规定上缴国家的利润。
		06	电信企业利润收入	中央与地方共用收入科目。反映电信企业按规定上缴国家的利润。
		07	煤炭企业利润收入	中央与地方共用收入科目。反映煤炭企业按规定上缴国家的利润。
		08	有色冶金采掘企业利润收入	中央与地方共用收入科目。反映有色冶金采掘企业按规定上缴国家的利润。
		09	黑色冶金采掘企业利润收入★	中央与地方共用收入科目。反映黑色冶金采掘企业按规定上缴国家的利润。
		12	化工企业利润收入	中央与地方共用收入科目。反映化工企业按规定上缴国家的利润。
		13	运输企业利润收入	中央与地方共用收入科目。反映运输企业按规定上缴国家的利润。
		14	电子企业利润收入	中央与地方共用收入科目。反映电子企业按规定上缴国家的利润。
		15	机械企业利润收入	中央与地方共用收入科目。反映机械企业按规定上缴国家的利润。
		16	投资服务企业利润收入	中央与地方共用收入科目。反映投资服务企业按规定上缴国家的利润。

科目编码				科目名称	说　　明
类	款	项	目		
103	06	01	17	纺织轻工企业利润收入	中央与地方共用收入科目。反映纺织轻工企业按规定上缴国家的利润。
			18	贸易企业利润收入	中央与地方共用收入科目。反映贸易企业按规定上缴国家的利润。
			19	建筑施工企业利润收入	中央与地方共用收入科目。反映建筑施工企业按规定上缴国家的利润。
			20	房地产企业利润收入	中央与地方共用收入科目。反映房地产企业按规定上缴国家的利润。
			21	建材企业利润收入	中央与地方共用收入科目。反映建材企业按规定上缴国家的利润。
			22	境外企业利润收入	中央与地方共用收入科目。反映境外企业按规定上缴国家的利润。
			23	对外合作企业利润收入	中央与地方共用收入科目。反映对外合作企业按规定上缴国家的利润。
			24	医药企业利润收入	中央与地方共用收入科目。反映医药企业按规定上缴国家的利润。
			25	农林牧渔企业利润收入	中央与地方共用收入科目。反映农林牧渔企业按规定上缴国家的利润。
			26	邮政企业利润收入	中央与地方共用收入科目。反映邮政企业按规定上缴国家的利润。
			27	军工企业利润收入	中央与地方共用收入科目。反映军工企业按规定上缴国家的利润。
			28	转制科研院所利润收入	中央与地方共用收入科目。反映转制科研院所按规定上缴国家的利润。
			29	地质勘查企业利润收入	中央与地方共用收入科目。反映地质勘查企业按规定上缴国家的利润。
			30	卫生体育福利企业利润收入	中央与地方共用收入科目。反映卫生体育福利企业按规定上缴国家的利润。
			31	教育文化广播企业利润收入	中央与地方共用收入科目。反映教育文化广播企业按规定上缴国家的利润。
			32	科学研究企业利润收入	中央与地方共用收入科目。反映科学研究企业按规定上缴国家的利润。
			33	机关社团所属企业利润收入	中央与地方共用收入科目。反映机关社团企业按规定上缴国家的利润。
			34	金融企业利润收入（国资预算）	中央与地方共用收入科目。反映纳入国有资本经营预算的金融企业利润收入。
			98	其他国有资本经营预算企业利润收入	中央与地方共用收入科目。反映其他国有资本经营预算企业利润收入。
		02		股息红利收入★	反映国有控股、参股企业国有股权（股份）上缴的股息红利收入。
			02	国有控股公司股息红利收入★	中央与地方共用收入科目。反映国有控股公司上缴的股息红利收入。

科目编码 类 款 项 目	科目名称	说　明
103　06　02　03	国有参股公司股息红利收入★	中央与地方共用收入科目。反映国有参股公司上缴的股息红利收入。
04	金融企业股息红利收入（国资预算）★	中央与地方共用收入科目。反映纳入国有资本经营预算的金融企业股息红利收入。
98	其他国有资本经营预算企业股息红利收入★	中央与地方共用收入科目。反映其他国有资本经营预算企业股息红利收入。
03	产权转让收入	反映各级人民政府及其部门、机构出售或转让其持有的国有资产（股权）所取得的收入。
01	国有股减持收入	中央收入科目。反映国有股减持收入。
04	国有股权、股份转让收入	中央与地方共用收入科目。反映国有股权、股份转让收入。
05	国有独资企业产权转让收入	中央与地方共用收入科目。反映国有独资企业产权转让收入。
07	金融企业产权转让收入	中央与地方共用收入科目。反映金融企业股权（股份）或其他资产的转让收入。
98	其他国有资本经营预算企业产权转让收入	中央与地方共用收入科目。反映其他国有资本经营预算企业产权转让收入。
04	清算收入	反映国有独资企业清算收入（扣除清算费用）以及国有控股、参股企业国有股权（股份）分享的公司清算收入（扣除清算费用）。
01	国有股权、股份清算收入	中央与地方共用收入科目。反映国有股权、股份清算收入。
02	国有独资企业清算收入	中央与地方共用收入科目。反映国有独资企业清算收入。
98	其他国有资本经营预算企业清算收入	中央与地方共用收入科目。反映其他国有资本经营预算企业清算收入。
98	其他国有资本经营预算收入	中央与地方共用收入科目。反映其他国有资本经营预算收入。
110	**转移性收入**	反映政府间的转移支付以及不同性质资金之间的调拨收入。
05	国有资本经营预算转移支付收入	反映国有资本经营预算转移支付收入。
01	国有资本经营预算转移支付收入	反映下级政府收到上级政府的国有资本经营预算转移支付收入。
06	上解收入	反映上级政府收到下级政府的上解收入。
04	国有资本经营预算上解收入	反映上级政府收到的下级政府国有资本经营预算上解收入。
08	上年结余收入	反映各类资金的上年结余。
04	国有资本经营预算上年结余收入	反映国有资本经营预算的上年结余。

国有资本经营预算支出功能分类科目

科目编码			科目名称	说明
类	款	项		
208			**社会保障和就业支出**	反映政府在社会保障与就业方面的支出。
	04		补充全国社会保障基金	反映用于补充全国社会保障基金的支出。
		51	国有资本经营预算补充社保基金支出	反映国有股减持收入等国有资本经营预算补充全国社会保障基金的支出。
223			**国有资本经营预算支出**	反映用国有资本经营预算收入安排的支出。
	01		解决历史遗留问题及改革成本支出	反映用国有资本经营预算收入安排的解决历史遗留问题及改革成本支出。
		01	厂办大集体改革支出	反映用国有资本经营预算收入安排的支持厂办大集体与主办国有企业分离，安置厂办大集体职工等方面的支出。
		02	"三供一业"移交补助支出	反映用国有资本经营预算收入安排的支持国有企业职工家属区供水、供电、供热和物业管理分离移交方面的支出。
		03	国有企业办职教幼教补助支出	反映用国有资本经营预算收入安排的支持解决中央和地方国有企业所办职业学校、成人初等中等教育学校、技工学校和幼儿园等退休教师待遇差问题的支出。
		04	国有企业办公共服务机构移交补助支出	反映用国有资本经营预算收入安排的支持国有企业剥离移交所办医疗、市政消防、社区管理等公共服务机构的支出。
		05	国有企业退休人员社会化管理补助支出	反映用国有资本经营预算收入安排的支持国有企业退休人员移交社区实现社会化管理的支出。
		06	国有企业棚户区改造支出	反映用国有资本经营预算收入安排的支持国有企业特别是独立工矿区、三线地区和资源枯竭型城市企业棚户区改造方面的支出。
		07	国有企业改革成本支出	反映用国有资本经营预算收入安排的用于国有企业改革中职工安置等方面的支出。
		08	离休干部医药费补助支出	反映用国有资本经营预算收入安排的用于困难中央企业离休干部医药费补助方面的支出。
		09	金融企业改革性支出	反映用国有资本经营预算收入安排的用于偿付共管基金等方面的改革性支出。
		99	其他解决历史遗留问题及改革成本支出	反映用国有资本经营预算收入安排的除上述项目以外的其他解决历史遗留问题及改革成本支出。

国有资本经营预算收支科目 / 141

科目编码			科目名称	说明
类	款	项		
223	02		国有企业资本金注入	反映用国有资本经营预算收入安排的国有企业资本金注入支出。
		01	国有经济结构调整支出	反映用国有资本经营预算收入安排的支持国有企业战略性重组、产业结构调整、推动国有资本投向重点行业和关键领域等方面的支出。
		02	公益性设施投资支出	反映用国有资本经营预算收入安排的公益性企业公共服务设施的投资支出,包括油气管道支出、交通运输设施支出、通信设施支出、市政服务设施支出等。
		03	前瞻性战略性产业发展支出	反映用国有资本经营预算收入安排的支持前瞻性战略性产业发展的支出。
		04	生态环境保护支出	反映用国有资本经营预算收入安排的用于生态环境保护等方面的支出。
		05	支持科技进步支出	反映用国有资本经营预算收入安排的用于科学技术方面的支出,包括科技创新及科技成果转化等方面支出。
		06	重点领域安全生产能力建设支出★	反映国有资本经营预算收入安排的用于重点领域安全生产能力建设方面的支出。
		08	金融企业资本性支出	反映用国有资本经营预算收入安排的用于新设金融企业注入国有资本、补充金融企业国有资本、认购金融企业股权(股份)等方面的资本性支出。
		99	其他国有企业资本金注入	反映用国有资本经营预算收入安排的除上述项目以外的其他解决国有企业资本金注入支出。
	03		国有企业公益性补贴★	反映用国有资本经营预算收入安排的用于国有企业公益性补贴方面的支出。
		01	国有企业公益性补贴★	反映用国有资本经营预算收入安排的用于国有企业公益性补贴方面的支出。
	99		其他国有资本经营预算支出	反映用国有资本经营预算收入安排的其他国有资本经营预算支出。
		99	其他国有资本经营预算支出	反映用国有资本经营预算收入安排的其他国有资本经营预算支出。
230			**转移性支出**	反映政府的转移支付以及不同性质资金之间的调拨支出。
	05		国有资本经营预算转移支付	反映国有资本经营预算转移支付支出。
		01	国有资本经营预算转移支付支出	反映上级政府对下级政府的国有资本经营预算转移支付支出。
	06		上解支出	反映下级政府对上级政府的上解支出。
		04	国有资本经营预算上解支出	反映下级政府对上级政府的国有资本经营预算上解支出。
	08		调出资金	反映不同预算资金之间的调出支出。
		03	国有资本经营预算调出资金	线下支出科目。反映从国有资本经营预算调出的资金。
	09		年终结余	反映政府收支总预算年终结余。
		18	国有资本经营预算年终结余	反映国有资本经营预算收支年终形成的结余。

社会保险基金预算收支科目

社会保险基金预算收入科目

科目编码 类	款	项	科目名称	说明
102			社会保险基金收入	反映政府社会保险基金的各项收入。
	01		企业职工基本养老保险基金收入	反映企业职工基本养老保险基金收入。
		01	企业职工基本养老保险费收入	中央与地方共用收入科目。反映参加企业职工基本养老保险的单位和个人缴纳的基本养老保险费。
		02	企业职工基本养老保险基金财政补贴收入	中央与地方共用收入科目。反映企业职工基本养老保险基金的财政补贴收入。
		03	企业职工基本养老保险基金利息收入	中央与地方共用收入科目。反映企业职工基本养老保险基金的利息收入。
		04	企业职工基本养老保险基金委托投资收益	中央与地方共用收入科目。反映企业职工基本养老保险基金的委托投资收益。
		99	其他企业职工基本养老保险基金收入	中央与地方共用收入科目。反映企业职工基本养老保险基金的滞纳金、罚款、违约金、跨年度退回或追回的社会保险待遇和其他收入。
	02		失业保险基金收入	反映失业保险基金收入。
		01	失业保险费收入	中央与地方共用收入科目。反映参加失业保险的单位和个人缴纳的失业保险费。
		02	失业保险基金财政补贴收入	中央与地方共用收入科目。反映失业保险基金的财政补贴收入。
		03	失业保险基金利息收入	中央与地方共用收入科目。反映失业保险基金的利息收入。
		99	其他失业保险基金收入	中央与地方共用收入科目。反映失业保险基金的滞纳金、罚款、违约金、跨年度退回或追回的社会保险待遇和其他收入。
	03		职工基本医疗保险基金收入	反映职工基本医疗保险(含生育保险)基金收入。
		01	职工基本医疗保险费收入	中央与地方共用收入科目。反映参加职工基本医疗保险的单位和个人缴纳的基本医疗保险费。
		02	职工基本医疗保险基金财政补贴收入	中央与地方共用收入科目。反映职工基本医疗保险基金的财政补贴收入。
		03	职工基本医疗保险基金利息收入	中央与地方共用收入科目。反映职工基本医疗保险基金的利息收入。

科目编码			科目名称	说明
类	款	项		
102	03	99	其他职工基本医疗保险基金收入	中央与地方共用收入科目。反映职工基本医疗保险基金的滞纳金、罚款、违约金、跨年度退回或追回的社会保险待遇和其他收入。
	04		工伤保险基金收入	反映工伤保险基金收入。
		01	工伤保险费收入	中央与地方共用收入科目。反映参加工伤保险的单位缴纳的工伤保险费。
		02	工伤保险基金财政补贴收入	中央与地方共用收入科目。反映工伤保险基金的财政补贴收入。
		03	工伤保险基金利息收入	中央与地方共用收入科目。反映工伤保险基金和职业伤害保障费利息收入。
		04	职业伤害保障费收入	中央与地方共用收入科目。反映开展职业伤害保障试点的企业所缴纳的职业伤害保障费收入。
		99	其他工伤保险基金收入	中央与地方共用收入科目。反映工伤保险基金的滞纳金、罚款、违约金、跨年度退回或追回的社会保险待遇和其他收入。
	10		城乡居民基本养老保险基金收入	反映城乡居民基本养老保险基金的政府补贴、集体补助和个人缴费等收入。
		01	城乡居民基本养老保险基金缴费收入	中央与地方共用收入科目。反映城乡居民基本养老保险居民个人缴费、财政为困难人员代缴收入。
		02	城乡居民基本养老保险基金财政补贴收入	中央与地方共用收入科目。反映城乡居民基本养老保险基金的财政补贴收入。
		03	城乡居民基本养老保险基金利息收入	中央与地方共用收入科目。反映城乡居民基本养老保险基金的利息收入。
		04	城乡居民基本养老保险基金委托投资收益	中央与地方共用收入科目。反映城乡居民基本养老保险基金的委托投资收益。
		05	城乡居民基本养老保险基金集体补助收入	中央与地方共用收入科目。反映集体经济组织对参保居民个人缴费给予的补助收入，以及其他经济组织、社会公益组织、个人为参保人缴费提供资助的收入。
		99	其他城乡居民基本养老保险基金收入	中央与地方共用收入科目。反映城乡居民基本养老保险基金的滞纳金、罚款、违约金、跨年度退回或追回的社会保险待遇和其他收入。
	11		机关事业单位基本养老保险基金收入	反映机关事业单位基本养老保险基金的各项收入。
		01	机关事业单位基本养老保险费收入	中央与地方共用收入科目。反映机关事业单位和工作人员缴纳的基本养老保险费。
		02	机关事业单位基本养老保险基金财政补贴收入	中央与地方共用收入科目。反映机关事业单位基本养老保险基金的财政补贴收入。
		03	机关事业单位基本养老保险基金利息收入	中央与地方共用收入科目。反映机关事业单位基本养老保险基金的利息收入。
		04	机关事业单位基本养老保险基金委托投资收益	中央与地方共用收入科目。反映机关事业单位基本养老保险基金的委托投资收益。

科目编码 类	款	项	目	科 目 名 称	说 明
102	11	99		其他机关事业单位基本养老保险基金收入	中央与地方共用收入科目。反映机关事业单位基本养老保险基金的滞纳金、罚款、违约金、跨年度退回或追回的社会保险待遇和其他收入。
	12			城乡居民基本医疗保险基金收入	反映城乡居民基本医疗保险基金的政府补贴、集体扶持、个人缴费、城乡医疗救助资助、利息收入和其他收入。
		01		城乡居民基本医疗保险费收入	中央与地方共用收入科目。反映城乡居民基本医疗保险居民个人缴费、集体扶持、城乡医疗救助资助参保收入。
		02		城乡居民基本医疗保险基金财政补贴收入	中央与地方共用收入科目。反映城乡居民基本医疗保险基金的财政补贴收入。
		03		城乡居民基本医疗保险基金利息收入	中央与地方共用收入科目。反映城乡居民基本医疗保险基金的利息收入。
		99		其他城乡居民基本医疗保险基金收入	中央与地方共用收入科目。反映城乡居民基本医疗保险基金的滞纳金、罚款、违约金、跨年度退回或追回的社会保险待遇和其他收入。
	98			国库待划转社会保险费利息收入	中央与地方共用收入科目。反映缴入中国人民银行国库待划转财政专户的社会保险费计息产生的利息收入。
	99			其他社会保险基金收入	反映除上述项目以外的其他社会保险基金收入。
		01		保险费收入	中央与地方共用收入科目。反映其他社会保险基金的保险费收入。
		02		其他社会保险基金财政补贴收入	中央与地方共用收入科目。反映其他社会保险基金财政补贴收入。
		99		其他收入	中央与地方共用收入科目。反映其他社会保险基金的利息收入、滞纳金、罚款、违约金、跨年度退回或追回的社会保险待遇和其他收入。
110				**转移性收入**	反映政府间的转移支付以及不同性质资金之间的调拨收入。
	08			上年结余收入	反映各类资金的上年结余。
		03		社会保险基金预算上年结余收入	反映社会保险基金的上年结余。
			01	企业职工基本养老保险基金上年结余收入	反映企业职工基本养老保险基金的上年结余。
			02	失业保险基金上年结余收入	反映失业保险基金的上年结余。
			03	职工基本医疗保险基金上年结余收入	反映职工基本医疗保险基金（含生育保险）的上年结余。
			04	工伤保险基金上年结余收入	反映工伤保险基金的上年结余。
			05	城乡居民基本养老保险基金上年结余收入	反映城乡居民基本养老保险基金的上年结余。
			06	机关事业单位基本养老保险基金上年结余收入	反映机关事业单位基本养老保险基金的上年结余。

科目编码 类	款	项	科目名称	说明
110	08	03	07 城乡居民基本医疗保险基金上年结余收入	反映城乡居民基本医疗保险基金的上年结余。
	09		调入资金	反映不同预算资金之间的调入收入。
		03	调入社会保险基金预算资金	线下收入科目。反映从其他资金调入社会保险基金预算的资金。
	16		社会保险基金转移收入	反映社会保险参保对象跨统筹地区或跨制度流动而划入的社会保险基金。
		01	企业职工基本养老保险基金转移收入	反映企业职工基本养老保险参保对象跨统筹地区或跨制度流动而划入的基本养老保险基金。
		02	失业保险基金转移收入	反映失业保险参保单位成建制跨统筹地区转移或个人跨统筹地区流动而划入的失业保险基金。
		03	职工基本医疗保险基金转移收入	反映职工基本医疗保险参保对象跨统筹地区流动而划入的医疗保险个人账户基金。
		04	城乡居民基本养老保险基金转移收入	反映城乡居民基本养老保险参保对象跨统筹地区或跨制度流动而划入的基金。
		05	机关事业单位基本养老保险基金转移收入	反映机关事业单位基本养老保险参保对象跨统筹地区或跨制度流动而划入的基本养老保险基金。
	17		社会保险基金上级补助收入	反映下级政府收到上级政府拨付的社会保险基金收入。
		01	企业职工基本养老保险基金补助收入★	反映下级政府收到上级政府拨付的企业职工基本养老保险补助收入和统筹调剂的基金收入。
		02	失业保险基金补助收入	反映下级政府收到上级政府拨付的失业保险补助收入。
		03	职工基本医疗保险基金补助收入	反映下级政府收到上级政府拨付的职工基本医疗保险（含生育保险）补助收入。
		04	工伤保险基金补助收入	反映下级政府收到上级政府拨付的工伤保险补助收入。
		05	城乡居民基本养老保险基金补助收入	反映下级政府收到上级政府拨付的城乡居民基本养老保险补助收入。
		06	机关事业单位基本养老保险基金补助收入	反映下级政府收到上级政府拨付的机关事业单位基本养老保险补助收入。
		07	城乡居民基本医疗保险基金补助收入	反映下级政府收到上级政府拨付的城乡居民基本医疗保险补助收入。
	18		社会保险基金下级上解收入	反映上级政府收到下级政府上解的社会保险基金收入。
		01	企业职工基本养老保险基金上解收入	反映上级政府收到下级政府上解的企业职工基本养老保险基金收入。
		02	失业保险基金上解收入	反映上级政府收到下级政府上解的失业保险基金收入。
		03	职工基本医疗保险基金上解收入	反映上级政府收到下级政府上解的职工基本医疗保险（含生育保险）基金收入。
		04	工伤保险基金上解收入	反映上级政府收到下级政府上解的工伤保险基金收入。

科目编码			科目名称	说明
类	款	项		
110	18	05	城乡居民基本养老保险基金上解收入	反映上级政府收到下级政府上解的城乡居民基本医疗保险基金收入。
		06	机关事业单位基本养老保险基金上解收入	反映上级政府收到下级政府上解的机关事业单位基本养老保险基金收入。
		07	城乡居民基本医疗保险基金上解收入	反映上级政府收到下级政府上解的城乡居民基本医疗保险基金收入。

社会保险基金预算支出功能分类科目

科目编码			科目名称	说　明
类	款	项		
209			社会保险基金支出	反映政府社会保险基金的各项支出。特别说明：在将社会保险基金包括在内统计政府支出时，应将财政对社会保险基金的补助以及由财政承担的社会保险缴款予以扣除，以免重复计算。
	01		企业职工基本养老保险基金支出	反映企业职工基本养老保险基金支出。
		01	基本养老金支出	反映基础性养老金、个人账户养老金、过渡性养老金支出以及支付给《国务院关于建立统一的企业职工基本养老保险制度的决定》（国发〔1997〕26号）实施前已经离退休人员的离退休金、退职金、补贴等。
		02	医疗补助金支出	反映按规定支付给已纳入企业职工基本养老保险基金开支范围的离退休、退职人员的医疗费。
		03	丧葬补助金和抚恤金支出★	反映按规定支付给已纳入企业职工基本养老保险基金开支范围的参保人员因病或非因工死亡后的遗属待遇。
		04	病残津贴支出	反映按规定支付给未达到法定退休年龄时因病或非因工致残完全丧失劳动能力的参保人员的基本生活费。
		99	其他企业职工基本养老保险基金支出	反映用企业职工基本养老保险基金安排的其他支出。
	02		失业保险基金支出	反映失业保险基金支出。
		01	失业保险金支出	反映按规定支付给失业人员的失业保险金。
		02	基本医疗保险费支出	反映按规定为领取失业保险金人员参加职工基本医疗保险缴纳的基本医疗保险费支出。
		03	丧葬补助金和抚恤金支出	反映按规定支付的失业人员在领取失业保险金期间死亡的丧葬补助费及由其供养的配偶、直系亲属的抚恤金。
		04	职业培训和职业介绍补贴支出	反映按规定支付给失业人员在领取失业保险金期间接受职业培训、职业介绍的补贴支出。
		05	技能提升补贴支出	反映按规定对符合条件的企业职工提升技能给予的补助。
		06	稳定岗位补贴支出	反映按规定支付给符合条件企业的稳定岗位补贴。

科目编码			科 目 名 称	说　　明
类	款	项		
209	02	10	其他费用支出	反映发放给农民合同制工人一次性生活补助、失业人员价格临时补贴及其他促进就业支出等国家规定的费用。
		99	其他失业保险基金支出	反映用失业保险基金安排的其他支出。
	03		职工基本医疗保险基金支出	反映职工基本医疗保险（含生育保险）基金支出。
		01	职工基本医疗保险统筹基金支出	反映用基本医疗保险统筹基金安排的支出。
		02	职工基本医疗保险个人账户基金支出	反映用医疗保险基金个人账户安排的支出。
		99	其他职工基本医疗保险基金支出	反映用基本医疗保险基金安排的其他支出。
	04		工伤保险基金支出	反映工伤保险基金支出。
		01	工伤保险待遇支出	反映按规定支付的经工伤认定后职工应享受由工伤保险基金负担的工伤医疗待遇支出、伤残待遇支出和工亡待遇支出。
		02	劳动能力鉴定支出	反映按规定支付给参加劳动能力鉴定的医疗卫生专家的费用以及支付给有关医疗机构协助进行劳动能力鉴定的诊断费。
		03	工伤预防费用支出	反映工伤预防宣传费用和工伤预防培训费用。
		04	职业伤害保障支出	反映参加职业伤害保障试点的就业人员因职业伤害发生的职业伤害保障待遇（包括医疗待遇、伤残待遇和死亡待遇）、劳动能力鉴定费和委托商业保险机构承办服务费等支出。
		99	其他工伤保险基金支出	反映用工伤保险基金安排的其他支出。
	10		城乡居民基本养老保险基金支出	反映城乡居民基本养老保险基金支出。
		01	基础养老金支出	反映按规定支付给参保居民的基础养老金支出。
		02	个人账户养老金支出	反映按规定支付给参保居民的个人账户养老金支出。
		03	丧葬补助金支出	反映按规定支付的参保居民死亡后，其遗属用于丧葬的补助费用。
		99	其他城乡居民基本养老保险基金支出	反映城乡居民基本养老保险基金安排的其他支出。
	11		机关事业单位基本养老保险基金支出	反映机关事业单位基本养老保险基金支出。
		01	基本养老金支出	反映按规定支付给参保机关事业单位退休（退职、病休）人员的基本养老金。
		02	丧葬补助金和抚恤金支出	反映按规定支付给已纳入机关事业基本养老保险基金开支范围的参保人员因病或非因工死亡后的丧葬补助费用及其遗属的抚恤费用。

科目编码			科目名称	说明
类	款	项		
209	11	99	其他机关事业单位基本养老保险基金支出	反映机关事业单位基本养老保险基金安排的其他支出。
	12		城乡居民基本医疗保险基金支出	反映城乡居民基本医疗保险基金的支出。
		01	城乡居民基本医疗保险基金医疗待遇支出	反映城乡居民基本医疗保险基金按规定支付的参保人员医疗费。
		02	城乡居民大病保险支出	反映城乡居民基本医疗保险基金用于城乡居民大病保险筹资的支出。
		99	其他城乡居民基本医疗保险基金支出	反映用城乡居民基本医疗保险基金安排的其他支出。
	99		其他社会保险基金支出	反映除上述项目以外用其他社会保险基金安排的支出。
230			**转移性支出**	反映政府的转移支付以及不同性质资金之间的调拨关系。
	09		年终结余	反映政府收支总预算年终结余。
		11	企业职工基本养老保险基金年终结余	反映企业职工基本养老保险基金预算年终形成的结余。
		12	失业保险基金年终结余	反映失业保险基金预算年终形成的结余。
		13	职工基本医疗保险基金年终结余	反映职工基本医疗保险基金（含生育保险）预算年终形成的结余。
		14	工伤保险基金年终结余	反映工伤保险基金预算年终形成的结余。
		15	城乡居民基本养老保险基金年终结余	反映城乡居民基本养老保险基金预算年终形成的结余。
		16	机关事业单位基本养老保险基金年终结余	反映机关事业单位基本养老保险基金预算年终形成的结余。
		17	城乡居民基本医疗保险基金年终结余	反映城乡居民基本医疗保险基金预算年终形成的结余。
	17		社会保险基金转移支出	反映社会保险参保对象跨统筹地区或跨制度流动而划出的社会保险基金。
		01	企业职工基本养老保险基金转移支出	反映企业职工基本养老保险参保对象跨统筹地区或跨制度流动而划出的基本养老保险基金。
		02	失业保险基金转移支出	反映参保单位成建制跨统筹地区转移或个人跨统筹地区流动而划出的失业保险基金。
		03	职工基本医疗保险基金转移支出	反映职工基本医疗保险（含生育保险）参保对象跨统筹地区流动而划出的医疗保险个人账户基金。
		04	城乡居民基本养老保险基金转移支出	反映城乡居民基本养老保险参保对象跨统筹地区或跨制度流动而划出的基本养老保险基金。

科目编码			科目名称	说明
类	款	项		
230	17	05	机关事业单位基本养老保险基金转移支出	反映机关事业单位基本养老保险参保对象跨统筹地区或跨制度流动而划出的基本养老保险基金。
	18		社会保险基金补助下级支出	反映上级政府拨付下级政府的社会保险基金支出。
		01	企业职工基本养老保险基金补助支出	反映上级政府拨付给下级政府的企业职工基本养老保险基金支出。
		02	失业保险基金补助支出	反映上级政府拨付给下级政府的失业保险基金支出。
		03	职工基本医疗保险基金补助支出	反映上级政府拨付给下级政府的职工基本医疗保险基金（含生育保险）支出。
		04	工伤保险基金补助支出	反映上级政府拨付给下级政府的工伤保险基金支出。
		05	城乡居民基本养老保险基金补助支出	反映上级政府拨付给下级政府的城乡居民基本养老保险基金支出。
		06	机关事业单位基本养老保险基金补助支出	反映上级政府拨付给下级政府的机关事业单位基本养老保险基金支出。
		07	城乡居民基本医疗保险基金补助支出	反映上级政府拨付给下级政府的城乡居民基本医疗保险基金支出。
	19		社会保险基金上解上级支出	反映下级政府对上级政府的社会保险基金上解支出。
		01	企业职工基本养老保险基金上解支出	反映下级政府对上级政府的企业职工基本养老保险基金上解支出。
		02	失业保险基金上解支出	反映下级政府对上级政府的失业保险基金上解支出。
		03	职工基本医疗保险基金上解支出	反映下级政府对上级政府的职工基本医疗保险基金（含生育保险）上解支出。
		04	工伤保险基金上解支出	反映下级政府对上级政府的工伤保险基金上解支出。
		05	城乡居民基本养老保险基金上解支出	反映下级政府对上级政府的城乡居民基本养老保险基金上解支出。
		06	机关事业单位基本养老保险基金上解支出	反映下级政府对上级政府的机关事业单位基本养老保险基金上解支出。
		07	城乡居民基本医疗保险基金上解支出	反映下级政府对上级政府的城乡居民基本医疗保险基金上解支出。

支出经济分类科目

政府预算支出经济分类科目

科目编码 类	科目编码 款	科目名称	说明
501		机关工资福利支出	反映机关和参照公务员法管理的事业单位（以下简称参公事业单位）在职职工和编制外长期聘用人员的各类劳动报酬，以及为上述人员缴纳的各项社会保险费等。
	01	工资奖金津补贴	反映机关和参公事业单位按规定发放的基本工资、津贴补贴、奖金。基本工资、津贴补贴、奖金的说明见部门预算支出经济分类科目说明。
	02	社会保障缴费	反映机关和参公事业单位为职工缴纳的基本养老保险缴费、职业年金缴费、职工基本医疗保险（含生育保险）缴费、公务员医疗补助缴费，以及失业、工伤和其他社会保障缴费。基本养老保险缴费、职业年金缴费、职工基本医疗保险（含生育保险）缴费、公务员医疗补助缴费和其他社会保障缴费的说明见部门预算支出经济分类科目说明。
	03	住房公积金	反映机关和参公事业单位按规定为职工缴纳的住房公积金。
	99	其他工资福利支出	反映机关和参公事业单位伙食补助费、医疗费和其他工资福利支出。伙食补助费、医疗费和其他工资福利支出的说明见部门预算支出经济分类科目说明。
502		机关商品和服务支出	反映机关和参公事业单位购买商品和服务的各类支出，不包括用于购置固定资产、战略性和应急性物资储备等资本性支出。
	01	办公经费	反映机关和参公事业单位的办公费、印刷费、手续费、水费、电费、邮电费、取暖费、物业管理费、差旅费、租赁费、工会经费、福利费、其他交通费用、税金及附加费用。办公费、印刷费、手续费、水费、电费、邮电费、取暖费、物业管理费、差旅费、租赁费、工会经费、福利费、其他交通费用、税金及附加费用的说明见部门预算支出经济分类科目说明。
	02	会议费	反映机关和参公事业单位会议费支出，包括会议期间按规定开支的住宿费、伙食费、会议场地租金、交通费、文件印刷费、医药费、设备租赁费、线路费、电视电话会议通话费、技术服务费、软件应用费、音视频制作费等。
	03	培训费	反映机关和参公事业单位除因公出国（境）培训费以外的培训费，包括在培训期间发生的师资费、住宿费、伙食费、培训场地费、培训资料费、交通费等各类培训费用。

科目编码		科目名称	说明
类	款		
502	04	专用材料购置费	反映机关和参公事业单位不纳入固定资产核算范围的专用材料费、被装购置费、专用燃料费。专用材料费、被装购置费、专用燃料费的说明见部门预算支出经济分类科目说明。
	05	委托业务费★	反映机关和参公事业单位的劳务费、委托业务费。劳务费、委托业务费的说明见部门预算支出经济分类科目说明。
	06	公务接待费	反映机关和参公事业单位按规定开支的各类公务接待（含外宾接待）费用。
	07	因公出国（境）费用	反映机关和参公事业单位公务出国（境）的国际旅费、国外城市间交通费、住宿费、伙食费、培训费、公杂费等支出。
	08	公务用车运行维护费★	反映机关和参公事业单位按规定保留的公务用车燃料费、新能源汽车充电费、维修费、过桥过路费、保险费、安全奖励费用等支出。
	09	维修（护）费	反映机关和参公事业单位日常开支的固定资产（不包括车船等交通工具）修理和维护费用，网络信息系统运行与维护费用，以及按规定提取的修购基金。
	99	其他商品和服务支出★	反映上述科目未包括的公用支出。如诉讼费、国内组织的会员费、来访费、广告宣传费、离休人员特需费、残疾人就业保障金等。
503		机关资本性支出	反映机关和参公事业单位资本性支出。切块由发展改革部门安排的基本建设支出中机关和参公事业单位资本性支出不在此科目反映。
	01	房屋建筑物购建	反映机关和参公事业单位用于购买、自行建造办公用房、仓库、职工生活用房、教学科研用房、学生宿舍、食堂等建筑物（含附属设施，如电梯、通讯线路、水气管道等）的支出。
	02	基础设施建设	反映机关和参公事业单位用于农田设施、道路、铁路、桥梁、水坝、机场、车站、码头等公共基础设施建设方面的支出。
	03	公务用车购置	反映机关和参公事业单位公务用车购置支出（含车辆购置税、牌照费）。
	05	土地征迁补偿和安置支出	反映机关和参公事业单位用于土地补偿、安置补助、地上附着物和青苗补偿、拆迁补偿方面的支出。土地补偿、安置补助、地上附着物和青苗补偿、拆迁补偿的说明见部门预算支出经济分类科目说明。
	06	设备购置	反映机关和参公事业单位用于办公设备购置、专用设备购置、信息网络及软件购置更新方面的支出。办公设备购置、专用设备购置、信息网络及软件购置更新的说明见部门预算支出经济分类科目说明。
	07	大型修缮	反映机关和参公事业单位用于大型修缮的支出。
	99	其他资本性支出	反映机关和参公事业单位用于物资储备、其他交通工具购置、文物和陈列品购置、无形资产购置和其他资本性支出。物资储备、其他交通工具购置、文物和陈列品购置、无形资产购置和其他资本性支出的说明见部门预算支出经济分类科目说明。

科目编码 类	科目编码 款	科目名称	说明
504		机关资本性支出（基本建设）	反映切块由发展改革部门安排的基本建设支出中机关和参公事业单位资本性支出。
	01	房屋建筑物购建	反映基本建设支出中安排机关和参公事业单位用于购买、自行建造办公用房、仓库、职工生活用房、教学科研用房、学生宿舍、食堂等建筑物（含附属设施，如电梯、通信线路、水气管道等）的支出。
	02	基础设施建设	反映基本建设支出中安排机关和参公事业单位用于农田设施、道路、铁路、桥梁、水坝、机场、车站、码头等公共基础设施建设方面的支出。
	03	公务用车购置	反映基本建设支出中安排机关和参公事业单位用于公务用车购置的支出（含车辆购置税、牌照费）。
	04	设备购置	反映基本建设支出中安排机关和参公事业单位用于办公设备购置、专用设备购置、信息网络及软件购置更新方面的支出。办公设备购置、专用设备购置、信息网络及软件购置更新的说明见部门预算支出经济分类科目说明。
	05	大型修缮	反映基本建设支出中安排机关和参公事业单位用于大型修缮的支出。
	99	其他资本性支出	反映基本建设支出中安排机关和参公事业单位用于物资储备、其他交通工具购置、文物和陈列品购置、无形资产购置和其他基本建设支出。物资储备、其他交通工具购置、文物和陈列品购置、无形资产购置和其他基本建设支出的说明见部门预算支出经济分类科目说明。
505		对事业单位经常性补助	反映对事业单位（不含参公事业单位）的经常性补助支出。
	01	工资福利支出	反映对事业单位的工资福利补助支出。工资福利支出的说明见部门预算支出经济分类科目说明。
	02	商品和服务支出	反映对事业单位的商品和服务补助支出。商品和服务支出的说明见部门预算支出经济分类科目说明。
	99	其他对事业单位补助	反映对事业单位的其他补助支出。
506		对事业单位资本性补助	反映对事业单位（不含参公事业单位）的资本性补助支出。
	01	资本性支出	反映事业单位资本性支出。切块由发展改革部门安排的基本建设支出中的事业单位资本性支出不在此科目反映。
	02	资本性支出（基本建设）	反映切块由发展改革部门安排的基本建设支出中的事业单位资本性支出。
507		对企业补助	反映政府对各类企业的补助支出。对企业资本性支出不在此科目反映。
	01	费用补贴	反映对企业的费用性补贴。
	02	利息补贴	反映对企业的利息补贴。
	99	其他对企业补助	反映对企业的其他补助支出。
508		对企业资本性支出	反映政府对各类企业的资本性支出。
	03	资本金注入	反映对企业注入资本金（实收资本和股本）的支出，不包括政府投资基金股权投资以及切块由发展改革部门安排的基本建设支出中对企业注入资本金的支出。

科目编码		科目名称	说明
类	款		
508	04	资本金注入（基本建设）	反映切块由发展改革部门安排的基本建设支出中对企业注入资本金（实收资本和股本）的支出，不包括政府投资基金股权投资。
	05	政府投资基金股权投资	反映设立或者参与政府投资基金的股权投资支出。
	99	其他对企业资本性支出	反映对企业的其他资本性补助支出。
509		对个人和家庭的补助	反映政府用于对个人和家庭的补助支出。
	01	社会福利和救助	反映按规定开支的抚恤金、生活补助、救济费、医疗费补助、代缴社会保险费、奖励金。抚恤金、生活补助、救济费、医疗费补助、代缴社会保险费、奖励金的说明见部门预算支出经济分类科目说明。
	02	助学金	反映学校学生助学金、奖学金、学生贷款、出国留学（实习）人员生活费，青少年业余体校学员伙食补助费和生活费补贴，按照协议由我方负担或享受我方奖学金的来华留学生、进修生生活费等。
	03	个人农业生产补贴	反映对个人及新型农业经营主体（包括种粮大户、家庭农场、农民专业合作社等）发放的生产补贴支出，如国家对农民发放的农业生产发展资金以及发放给残疾人的各种生产经营补贴等。
	05	离退休费	反映离休费、退休费、退职（役）费。离休费、退休费、退职（役）费的说明见部门预算支出经济分类科目说明。
	99	其他对个人和家庭的补助	反映未包括在上述科目的对个人和家庭的补助支出，如婴幼儿补贴、退职人员及随行家属路费、符合条件的退役回乡义务兵一次性建房补助、符合安置条件的城镇退役士兵自谋职业的一次性经济补助费、保障性住房租金补贴等。
510		对社会保障基金补助	反映政府对社会保险基金的补助以及补充全国社会保障基金的支出。
	02	对社会保险基金补助	反映政府对社会保险基金的补助支出。
	03	补充全国社会保障基金	反映中央政府补充全国社会保障基金的支出。
	04	对机关事业单位职业年金的补助	反映政府对机关事业单位职业年金记账利息的补助支出。
511		债务利息及费用支出	反映政府债务利息及费用支出。
	01	国内债务付息	反映用于偿还国内债务利息的支出。
	02	国外债务付息	反映用于偿还国外债务利息的支出。
	03	国内债务发行费用	反映用于国内债务发行、兑付、登记等费用的支出。
	04	国外债务发行费用	反映用于国外债务发行、兑付、登记等费用的支出。
512		债务还本支出	反映政府债务还本支出。
	01	国内债务还本	反映用于国内债务还本的支出。
	02	国外债务还本	反映用于国外债务还本的支出。
513		转移性支出	反映政府间和不同性质预算间的转移性支出。
	01	上下级政府间转移性支出	反映上下级政府间的转移性支出。
	03	债务转贷	反映上下级政府间的债务转贷支出。

科目编码		科目名称	说明
类	款		
513	04	调出资金	反映不同性质预算间的转移性支出。
	05	安排预算稳定调节基金	反映设置和补充预算稳定调节基金的支出。
	06	补充预算周转金	反映设置和补充预算周转金的支出。
	07	区域间转移性支出	反映省及省以下无隶属关系的政府间转移性支出。
514		预备费及预留	反映预备费及预留。
	01	预备费	反映依法设置的预备费。
	02	预留	政府预算专用。
599		其他支出	反映不能划分到上述经济分类科目的其他支出。
	07	国家赔偿费用支出	反映用于国家赔偿方面的支出。
	08	对民间非营利组织和群众性自治组织补贴	反映对民间非营利组织和群众性自治组织补贴支出。
	09	经常性赠与	反映对外国政府、国内外组织等提供的援助、捐赠以及交纳国际组织会费等方面的支出。
	10	资本性赠与	反映向国际金融组织缴纳的股金或基金支出。
	99	其他支出	反映除上述科目以外的其他支出。

部门预算支出经济分类科目

科目编码		科目名称	说 明
类	款		
301		工资福利支出	反映单位开支的在职职工和编制外长期聘用人员的各类劳动报酬，以及为上述人员缴纳的各项社会保险费等。
	01	基本工资	反映按规定发放的基本工资，包括公务员的职务工资、级别工资；机关工人的岗位工资、技术等级工资；事业单位工作人员的岗位工资、薪级工资；各类学校毕业生试用期（见习期）工资、新参加工作工人学徒期、熟练期工资；军队（含武警）军官、文职干部的职务（专业技术等级）工资、军衔（级别）工资和军龄工资；军队士官的军衔等级工资和军龄工资等。
	02	津贴补贴	反映按规定发放的津贴、补贴，包括机关工作人员工作性津贴、生活性补贴、地区附加津贴、岗位津贴，机关事业单位艰苦边远地区津贴，事业单位工作人员特殊岗位津贴、补贴，机关事业单位提租补贴、购房补贴、采暖补贴、物业服务补贴等。
	03	奖金	反映按规定发放的奖金，包括机关工作人员年终一次性奖金、绩效奖金（基础绩效奖、年度绩效奖）等。
	06	伙食补助费	反映单位发给职工的伙食补助费，因公负伤等住院治疗、住疗养院期间的伙食补助费，军队（含武警）人员的伙食费等。
	07	绩效工资	反映事业单位工作人员的绩效工资。
	08	机关事业单位基本养老保险缴费	反映单位为职工缴纳的基本养老保险费。由单位代扣的工作人员基本养老保险缴费，不在此科目反映。
	09	职业年金缴费	反映单位为职工实际缴纳的职业年金（含职业年金补记支出）。由单位代扣的工作人员职业年金缴费，不在此科目反映。
	10	职工基本医疗保险缴费	反映单位为职工缴纳的基本医疗保险（含生育保险）费。
	11	公务员医疗补助缴费	反映按规定可享受公务员医疗补助单位为职工缴纳的公务员医疗补助费。
	12	其他社会保障缴费★	反映单位为职工缴纳的失业、工伤等社会保险费，军队（含武警）为军人缴纳的退役养老、医疗等社会保险费。
	13	住房公积金	反映单位按规定为职工缴纳的住房公积金。
	14	医疗费	反映未参加医疗保险单位的医疗经费和单位按规定为职工支出的其他医疗费用。

支出经济分类科目 / 157

科目编码		科目名称	说明
类	款		
301	99	其他工资福利支出	反映上述科目未包括的工资福利支出，如各种加班工资、病假两个月以上期间的人员工资，职工探亲旅费，困难职工生活补助，编制外长期聘用人员（不包括劳务派遣人员）劳务报酬及社保缴费，公务员及参照公务员法管理的事业单位工作人员转入企业工作并按规定参加企业职工基本养老保险后给予的一次性补贴等。
302		商品和服务支出	反映单位购买商品和服务的支出，不包括用于购置固定资产、战略性和应急性物资储备等资本性支出。
	01	办公费	反映单位购买日常办公用品、书报杂志等支出。
	02	印刷费	反映单位的印刷费支出。
	04	手续费	反映单位的各类手续费支出。
	05	水费	反映单位的水费、污水处理费等支出。
	06	电费	反映单位的电费支出。
	07	邮电费	反映单位开支的信函、包裹、货物等物品的邮寄费及电话费、电报费、传真费、网络通讯费等。
	08	取暖费	反映单位取暖用燃料费、热力费、炉具购置费、锅炉临时工的工资、节煤奖以及由单位支付的未实行职工住房采暖补贴改革的在职职工和离退休人员宿舍取暖费。
	09	物业管理费	反映单位开支的办公用房以及未实行职工住宅物业服务改革的在职职工和离退休人员宿舍等的物业管理费，包括综合治理、绿化、卫生等方面的支出。
	11	差旅费	反映单位工作人员国（境）内出差发生的城市间交通费、住宿费、伙食补助费和市内交通费。
	12	因公出国（境）费用	反映单位公务出国（境）的国际旅费、国外城市间交通费、住宿费、伙食费、培训费、公杂费等支出。
	13	维修（护）费★	反映单位日常开支的固定资产（不包括车船等交通工具）修理和维护费用，网络信息系统运行与维护费用。
	14	租赁费	反映租赁办公用房、宿舍、专用通讯网以及其他设备等方面的费用。
	15	会议费	反映单位在会议期间按规定开支的住宿费、伙食费、会议场地租金、交通费、文件印刷费、医药费、设备租赁费、线路费、电视电话会议通话费、技术服务费、软件应用费、音视频制作费等。
	16	培训费	反映除因公出国（境）培训费以外的，在培训期间发生的师资费、住宿费、伙食费、培训场地费、培训资料费、交通费等各类培训费用。
	17	公务接待费	反映单位按规定开支的各类公务接待（含外宾接待）费用。
	18	专用材料费	反映单位购买日常专用材料的支出。具体包括药品及医疗耗材，农用材料，兽医用品，实验室用品，专用服装，消耗性体育用品，专用工具和仪器，艺术部门专用材料和用品，广播电视台发射台发射机的电力、材料等方面的支出。

科目编码 类	科目编码 款	科 目 名 称	说 明
302	24	被装购置费	反映法院、检察院、公安、税务、海关等单位的被装购置支出。
	25	专用燃料费	反映用作业务工作设备的车（不含公务用车）、船设施等的油料支出。
	26	劳务费★	反映支付给个人的劳务费用，如临时聘用人员、钟点工工资、稿费、翻译费、咨询费、评审费等。
	27	委托业务费	反映因委托外单位办理业务而支付的委托业务费。
	28	工会经费	反映单位按规定提取或安排的工会经费。
	29	福利费	反映单位按规定提取的职工福利费。
	31	公务用车运行维护费★	反映单位按规定保留的公务用车燃料费、新能源汽车充电费、维修费、过桥过路费、保险费、安全奖励费用等支出。
	39	其他交通费用	反映单位除公务用车运行维护费以外的其他交通费用。如公务交通补贴，租车费用、出租车费用，飞机、船舶等的燃料费、维修费、保险费等。
	40	税金及附加费用★	反映单位书立合同、提供劳务或销售产品应负担的税金及附加费用，包括印花税、消费税、城市维护建设税、资源税和教育费附加等。
	99	其他商品和服务支出★	反映上述科目未包括的公用支出。如诉讼费、国内组织的会费、来访费、广告宣传费、离休人员特需费、残疾人就业保障金等。
303		对个人和家庭的补助	反映政府用于对个人和家庭的补助支出。
	01	离休费	反映机关事业单位和军队移交政府安置的离休人员的离休费、护理费以及提租补贴、购房补贴、采暖补贴、物业服务补贴等补贴。
	02	退休费	反映机关事业单位和军队移交政府安置的退休人员的退休费以及提租补贴、购房补贴、采暖补贴、物业服务补贴等补贴。
	03	退职（役）费	反映机关事业单位退职人员的生活补贴，一次性支付给职工或军官、军队无军籍退职职工、运动员的退职补助，一次性支付给军官、文职干部、士官、义务兵的退役费，按月支付给自主择业的军队转业干部的退役金。
	04	抚恤金	反映按规定开支的烈士遗属、牺牲病故人员遗属的一次性和定期抚恤金，烈士褒扬金，牺牲病故和伤残人员的抚恤金，以及按规定开支的机关事业单位职工和离退休人员丧葬费和抚恤金。
	05	生活补助	反映按规定开支的优抚对象定期定量生活补助费，退役军人生活补助费，退役军人及其他优抚对象慰问金，机关事业单位职工遗属生活补助，长期赡养人员补助费，由于国家实行退耕还林禁牧舍饲政策补偿给农牧民的现金、粮食支出，对农村党员、复员军人以及村干部的补助支出，罪犯、戒毒人员的伙食费、被服费、医疗卫生费等。

支出经济分类科目 / 159

科目编码		科目名称	说明
类	款		
303	06	救济费	反映按规定开支的城乡困难群众、灾民、归侨、外侨及其他人员的生活救济费,包括城乡居民的最低生活保障金,随同资源枯竭矿山破产但未参加养老保险统筹的矿山所属集体企业退休人员按最低生活保障标准发放的生活费,特困救助供养对象、临时救助对象、贫困户、麻风病人的生活救济费,精简退职老弱残职工救济费,福利、救助机构发生的收养费以及救助支出等。实物形式的救济也在此科目反映。
	07	医疗费补助	反映机关事业单位和军队移交政府安置的离退休人员的医疗费,学生医疗费,优抚对象医疗补助,按国家规定资助居民参加城乡居民医疗保险的支出,对城乡贫困家庭的医疗救助支出。
	08	助学金	反映学校学生助学金、奖学金、学生贷款、出国留学(实习)人员生活费,青少年业余体校学员伙食补助费和生活费补贴,按照协议由我方负担或享受我方奖学金的来华留学生、进修生生活费等。
	09	奖励金	反映对个体私营经济的奖励、计划生育目标责任奖励、独生子女父母奖励等。
	10	个人农业生产补贴	反映对个人及新型农业经营主体(包括种粮大户、家庭农场、农民专业合作社等)发放的生产补贴支出,如国家对农民发放的农业生产发展资金以及发放给残疾人的各种生产经营补贴等。
	11	代缴社会保险费	反映财政为城乡生活困难人员缴纳的社会保险费。
	99	其他对个人和家庭的补助	反映未包括在上述科目的对个人和家庭的补助支出,如婴幼儿补贴、退职人员及随行家属路费、符合条件的退役回乡义务兵一次性建房补助、符合安置条件的城镇退役士兵自谋职业的一次性经济补助费、保障性住房租金补贴等。
307		**债务利息及费用支出**	反映单位的债务利息及费用支出。
	01	国内债务付息	反映用于偿还国内债务利息的支出。
	02	国外债务付息	反映用于偿还国外债务利息的支出。
	03	国内债务发行费用	反映用于国内债务发行、兑付、登记等费用的支出。
	04	国外债务发行费用	反映用于国外债务发行、兑付、登记等费用的支出。
309		**资本性支出(基本建设)**	反映切块由发展改革部门安排的基本建设支出,对企业补助支出不在此科目反映。
	01	房屋建筑物购建	反映用于购买、自行建造办公用房、仓库、职工生活用房、教学科研用房、学生宿舍、食堂等建筑物(含附属设施,如电梯、通讯线路、水气管道等)的支出。
	02	办公设备购置★	反映用于购置并按财务会计制度规定纳入固定资产核算范围的办公家具和办公设备的支出。
	03	专用设备购置★	反映用于购置具有专门用途,并按财务会计制度及资产管理规定纳入固定资产核算范围的各类专用设备的支出。如通信设备、发电设备、交通监控设备、卫星转发器、气象设备、进出口监管设备等。
	05	基础设施建设	反映用于农田设施、道路、铁路、桥梁、水坝、机场、车站、码头等公共基础设施建设方面的支出。

科目编码		科 目 名 称	说　　明
类	款		
309	06	大型修缮	反映按财务会计制度规定允许资本化的各类设备、建筑物、公共基础设施等大型修缮的支出。
	07	信息网络及软件购置更新	反映用于信息网络和软件方面的支出。如服务器购置、软件购置、开发、应用支出等，如果购置的相关硬件、软件等不符合财务会计制度规定的固定资产确认标准的，不在此科目反映。
	08	物资储备	反映为应付战争、自然灾害或意料不到的突发事件而提前购置的具有特殊重要性的军事用品、石油、医药、粮食等战略性和应急性物资储备支出。
	13	公务用车购置	反映公务用车购置支出（含车辆购置税、牌照费）。
	19	其他交通工具购置	反映除公务用车外的其他各类交通工具（如船舶、飞机等）购置支出（含车辆购置税、牌照费）。
	21	文物和陈列品购置	反映文物和陈列品购置支出。
	22	无形资产购置	反映著作权、商标权、专利权、土地使用权等无形资产购置支出。软件购置、开发、应用支出不在此科目反映。
	99	其他基本建设支出	反映上述科目中未包括的资本性支出（不含对企业补助）。
310		资 本 性 支 出	反映各单位安排的资本性支出。切块由发展改革部门安排的基本建设支出不在此科目反映。
	01	房屋建筑物购建	反映用于购买、自行建造办公用房、仓库、职工生活用房、教学科研用房、学生宿舍、食堂等建筑物（含附属设施，如电梯、通讯线路、水气管道等）的支出。
	02	办公设备购置★	反映用于购置并按财务会计制度规定纳入固定资产核算范围的办公家具和办公设备的支出。
	03	专用设备购置★	反映用于购置具有专门用途，并按财务会计制度及资产管理规定纳入固定资产核算范围的各类专用设备的支出。如通信设备、发电设备、交通监控设备、卫星转发器、气象设备、进出口监管设备等。
	05	基础设施建设	反映用于农田设施、道路、铁路、桥梁、水坝、机场、车站、码头等公共基础设施建设方面的支出。
	06	大型修缮	反映按财务会计制度规定允许资本化的各类设备、建筑物、公共基础设施等大型修缮的支出。
	07	信息网络及软件购置更新	反映用于信息网络和软件方面的支出。如服务器购置、软件购置、开发、应用支出等，如果购置的相关硬件、软件等不符合财务会计制度规定的固定资产确认标准的，不在此科目反映。
	08	物资储备	反映为应付战争、自然灾害或意料不到的突发事件而提前购置的具有特殊重要性的军事用品、石油、医药、粮食等战略性和应急性物资储备支出。
	09	土地补偿	反映按规定征地和收购土地过程中支付的土地补偿费。
	10	安置补助	反映按规定征地和收购土地过程中支付的安置补助费。
	11	地上附着物和青苗补偿	反映按规定征地和收购土地过程中支付的地上附着物和青苗补偿费。
	12	拆迁补偿	反映按规定征地和收购土地过程中支付的拆迁补偿费。

科目编码		科 目 名 称	说　　明
类	款		
310	13	公务用车购置	反映公务用车购置支出（含车辆购置税、牌照费）。
	19	其他交通工具购置	反映除公务用车外的其他各类交通工具（如船舶、飞机等）购置支出（含车辆购置税、牌照费）。
	21	文物和陈列品购置	反映文物和陈列品购置支出。
	22	无形资产购置	反映著作权、商标权、专利权、土地使用权等无形资产购置支出。软件购置、开发、应用支出不在此科目反映。
	99	其他资本性支出	反映上述科目中未包括的资本性支出。
311		对企业补助（基本建设）	反映切块由发展改革部门安排的基本建设支出中对企业补助支出。
	01	资本金注入（基本建设）	反映对企业注入资本金（实收资本和股本）的支出，不包括政府投资基金股权投资。
	99	其他对企业补助	反映对企业的其他补助支出。
312		对企业补助	反映政府对各类企业的补助支出。切块由发展改革部门安排的基本建设支出中对企业补助支出不在此科目反映。
	01	资本金注入	反映对企业注入资本金（实收资本和股本）的支出，不包括政府投资基金股权投资。
	03	政府投资基金股权投资	反映设立或者参与政府投资基金的股权投资支出。
	04	费用补贴	反映对企业的费用性补贴。
	05	利息补贴	反映对企业的利息补贴。
	06	其他资本性补助	反映对企业的其他资本性补助支出，不包括对企业的资本金注入和政府投资基金股权投资。
	99	其他对企业补助	反映上述科目以外对企业的其他补助支出。
313		对社会保障基金补助	反映政府对社会保险基金的补助以及补充全国社会保障基金的支出。
	02	对社会保险基金补助	反映政府对社会保险基金的补助支出。
	03	补充全国社会保障基金	反映中央政府补充全国社会保障基金的支出。
	04	对机关事业单位职业年金的补助	反映政府对机关事业单位职业年金记账利息的补助支出。
399		其他支出	反映不能划分到上述经济分类科目的其他支出。
	07	国家赔偿费用支出	反映用于国家赔偿方面的支出。
	08	对民间非营利组织和群众性自治组织补贴	反映对民间非营利组织和群众性自治组织补贴支出。
	09	经常性赠与	反映对外国政府、国内外组织等提供的援助、捐赠以及交纳国际组织会费等方面的支出。
	10	资本性赠与	反映向国际金融组织缴纳的股金或基金支出。
	99	其他支出	反映除上述科目以外的其他支出。

附录一 政府收支分类科目汇总表

一、收入科目

科目编码 类	科目编码 款	科目编码 项	科目名称	说明
101			税收收入	
	01		增值税	
		01	国内增值税	
		01	国有企业增值税	
		02	集体企业增值税	
		03	股份制企业增值税	
		04	联营企业增值税	
		05	港澳台和外商投资企业增值税	
		06	私营企业增值税	
		17	中国国家铁路集团有限公司改征增值税待分配收入	
		18	中国国家铁路集团有限公司改征增值税收入	
		19	其他增值税	
		20	增值税税款滞纳金、罚款收入	
		21	残疾人就业增值税退税	
		22	软件增值税退税	
		25	宣传文化单位增值税退税	
		27	核电站增值税退税	
		29	资源综合利用增值税退税	
		31	黄金增值税退税	
		33	风力发电增值税退税	
		34	管道运输增值税退税	
		35	融资租赁增值税退税	
		36	增值税留抵退税	
		37	增值税留抵退税省级调库	
		38	增值税留抵退税省级以下调库	
		50	其他增值税退税	
		51	免抵调增增值税	
		52	成品油价格和税费改革增值税划出	
		53	成品油价格和税费改革增值税划入	
		54	跨省管道运输企业增值税	

科目编码				科目名称	说明
类	款	项	目		
101	01	01	55	跨省管道运输企业增值税待分配收入	
		02		进口货物增值税	
			01	进口货物增值税	
			20	进口货物增值税税款滞纳金等收入★	
			21	进口货物退增值税	
		03		出口业务退增值税	
			01	出口业务退增值税	
			02	免抵调减增值税	
	02			消费税	
		01		国内消费税	
			01	国有企业消费税	
			02	集体企业消费税	
			03	股份制企业消费税	
			04	联营企业消费税	
			05	港澳台和外商投资企业消费税	
			06	私营企业消费税	
			07	成品油消费税	
			19	其他消费税	
			20	消费税税款滞纳金、罚款收入	
			21	成品油消费税退税	
			29	其他消费税退税	
		02		进口消费品消费税	
			02	进口成品油消费税	
			09	进口其他消费品消费税	
			20	进口消费品消费税税款滞纳金等收入★	
			21	进口成品油消费税退税	
			29	进口其他消费品退消费税	
		03		出口消费品退消费税	
	04			企业所得税	
		01		国有冶金工业所得税	
		02		国有有色金属工业所得税	
		03		国有煤炭工业所得税	
		04		国有电力工业所得税	
		05		国有石油和化学工业所得税	
		06		国有机械工业所得税	
		07		国有汽车工业所得税	
		08		国有核工业所得税	

科目编码			科目名称	说明
类	款	项		
101	04	09	国有航空工业所得税	
		10	国有航天工业所得税	
		11	国有电子工业所得税	
		12	国有兵器工业所得税	
		13	国有船舶工业所得税	
		14	国有建筑材料工业所得税	
		15	国有烟草企业所得税	
		16	国有纺织企业所得税	
		17	国有铁道企业所得税	
		01	中国国家铁路集团有限公司集中缴纳的铁路运输企业所得税	
		02	中国国家铁路集团有限公司集中缴纳的铁路运输企业所得税待分配收入	
		09	其他国有铁道企业所得税	
		18	国有交通企业所得税	
		19	国有邮政企业所得税	
		20	国有民航企业所得税	
		21	国有海洋石油天然气企业所得税	
		22	国有外贸企业所得税	
		23	国有银行所得税	
		03	中国进出口银行所得税	
		04	中国农业发展银行所得税	
		09	其他国有银行所得税	
		24	国有非银行金融企业所得税	
		02	中国建银投资有限责任公司所得税	
		03	中国投资有限责任公司所得税	
		04	中投公司所属其他公司所得税	
		09	其他国有非银行金融企业所得税	
		25	国有保险企业所得税	
		26	国有文教企业所得税	
		01	国有电影企业所得税	
		02	国有出版企业所得税	
		09	其他国有文教企业所得税	
		27	国有水产企业所得税	
		28	国有森林工业企业所得税	
		29	国有电信企业所得税	
		30	国有农垦企业所得税	
		31	其他国有企业所得税	

科目编码 类	科目编码 款	科目编码 项	科目编码 目	科 目 名 称	说　明
101	04	32		集体企业所得税	
		33		股份制企业所得税	
			02	股份制海洋石油天然气企业所得税	
			03	中国石油天然气股份有限公司所得税	
			04	中国石油化工股份有限公司所得税	
			08	中国工商银行股份有限公司所得税	
			09	中国建设银行股份有限公司所得税	
			10	中国银行股份有限公司所得税	
			12	长江电力股份有限公司所得税	
			13	中国农业银行股份有限公司所得税	
			14	国家开发银行股份有限公司所得税	
			15	中国邮政储蓄银行股份有限公司所得税	
			16	中国信达资产管理股份有限公司所得税	
			17	跨省合资铁路企业所得税	
			18	中国华融资产管理股份有限公司所得税	
			19	中国长城资产管理公司所得税	
			20	中国东方资产管理公司所得税	
			99	其他股份制企业所得税	
		34		联营企业所得税	
		35		港澳台和外商投资企业所得税	
			01	港澳台和外商投资海上石油天然气企业所得税	
			09	其他港澳台和外商投资企业所得税	
		36		私营企业所得税	
		39		其他企业所得税	
		40		分支机构预缴所得税	
			01	国有企业分支机构预缴所得税	
			02	股份制企业分支机构预缴所得税	
			03	港澳台和外商投资企业分支机构预缴所得税	
			99	其他企业分支机构预缴所得税	
		41		总机构预缴所得税	
			01	国有企业总机构预缴所得税	
			02	股份制企业总机构预缴所得税	
			03	港澳台和外商投资企业总机构预缴所得税	
			99	其他企业总机构预缴所得税	
		42		总机构汇算清缴所得税	
			01	国有企业总机构汇算清缴所得税	
			02	股份制企业总机构汇算清缴所得税	

科目编码 类 款 项 目				科目名称	说明
101	04	42	03	港澳台和外商投资企业总机构汇算清缴所得税	
			99	其他企业总机构汇算清缴所得税	
		43		企业所得税待分配收入	
			01	国有企业所得税待分配收入	
			02	股份制企业所得税待分配收入	
			03	港澳台和外商投资企业所得税待分配收入	
			99	其他企业所得税待分配收入	
		44		跨市县分支机构预缴所得税	
			01	国有企业分支机构预缴所得税	
			02	股份制企业分支机构预缴所得税	
			03	港澳台和外商投资企业分支机构预缴所得税	
			99	其他企业分支机构预缴所得税	
		45		跨市县总机构预缴所得税	
			01	国有企业总机构预缴所得税	
			02	股份制企业总机构预缴所得税	
			03	港澳台和外商投资企业总机构预缴所得税	
			99	其他企业总机构预缴所得税	
		46		跨市县总机构汇算清缴所得税	
			01	国有企业总机构汇算清缴所得税	
			02	股份制企业总机构汇算清缴所得税	
			03	港澳台和外商投资企业总机构汇算清缴所得税	
			99	其他企业总机构汇算清缴所得税	
		47		省以下企业所得税待分配收入	
			01	国有企业所得税待分配收入	
			02	股份制企业所得税待分配收入	
			03	港澳台和外商投资企业所得税待分配收入	
			99	其他企业所得税待分配收入	
		48		跨市县分支机构汇算清缴所得税	
			01	国有企业分支机构汇算清缴所得税	
			02	股份制企业分支机构汇算清缴所得税	
			03	港澳台和外商投资企业分支机构汇算清缴所得税	
			99	其他企业分支机构汇算清缴所得税	
		49		分支机构汇算清缴所得税	
			01	国有企业分支机构汇算清缴所得税	
			02	股份制企业分支机构汇算清缴所得税	
			03	港澳台和外商投资企业分支机构汇算清缴所得税	
			99	其他企业分支机构汇算清缴所得税	

科目编码 类	款	项	目	科 目 名 称	说 明
101	04	50		企业所得税税款滞纳金、罚款、加收利息收入	
			01	内资企业所得税税款滞纳金、罚款、加收利息收入	
			02	港澳台和外商投资企业所得税税款滞纳金、罚款、加收利息收入	
			03	中央企业所得税税款滞纳金、罚款、加收利息收入	
		51		跨省管道运输企业所得税	
		52		跨省管道运输企业所得税待分配收入	
	05			企业所得税退税	
		01		国有冶金工业所得税退税	
		02		国有有色金属工业所得税退税	
		03		国有煤炭工业所得税退税	
		04		国有电力工业所得税退税	
		05		国有石油和化学工业所得税退税	
		06		国有机械工业所得税退税	
		07		国有汽车工业所得税退税	
		08		国有核工业所得税退税	
		09		国有航空工业所得税退税	
		10		国有航天工业所得税退税	
		11		国有电子工业所得税退税	
		12		国有兵器工业所得税退税	
		13		国有船舶工业所得税退税	
		14		国有建筑材料工业所得税退税	
		15		国有烟草企业所得税退税	
		16		国有纺织企业所得税退税	
		17		国有铁道企业所得税退税	
		18		国有交通企业所得税退税	
		19		国有邮政企业所得税退税	
		20		国有民航企业所得税退税	
		21		海洋石油天然气企业所得税退税	
		22		国有外贸企业所得税退税	
		23		国有银行所得税退税	
			03	中国进出口银行所得税退税	
			04	中国农业发展银行所得税退税	
			09	其他国有银行所得税退税	
		24		国有非银行金融企业所得税退税	
			01	中国投资有限责任公司所得税退税	

科目编码				科目名称	说明
类	款	项	目		
101	05	24	09	其他国有非银行金融企业所得税退税	
		25		国有保险企业所得税退税	
		26		国有文教企业所得税退税	
			01	国有电影企业所得税退税	
			02	国有出版企业所得税退税	
			09	其他国有文教企业所得税退税	
		27		国有水产企业所得税退税	
		28		国有森林工业企业所得税退税	
		29		国有电信企业所得税退税	
		30		其他国有企业所得税退税	
		31		集体企业所得税退税	
		32		股份制企业所得税退税	
			01	中国工商银行股份有限公司所得税退税	
			02	中国建设银行股份有限公司所得税退税	
			03	中国银行股份有限公司所得税退税	
			05	中国农业银行股份有限公司所得税退税	
			06	国家开发银行股份有限公司所得税退税	
			15	中国邮政储蓄银行股份有限公司所得税退税	
			16	中国信达资产管理股份有限公司所得税退税	
			18	中国华融资产管理股份有限公司所得税退税	
			19	中国长城资产管理公司所得税退税	
			20	中国东方资产管理公司所得税退税	
			99	其他股份制企业所得税退税	
		33		联营企业所得税退税	
		34		私营企业所得税退税	
		35		跨省市总分机构企业所得税退税	
			01	国有跨省市总分机构企业所得税退税	
			02	股份制跨省市总分机构企业所得税退税	
			03	港澳台和外商投资跨省市总分机构企业所得税退税	
			99	其他跨省市总分机构企业所得税退税	
		36		跨市县总分机构企业所得税退税	
			01	国有跨市县总分机构企业所得税退税	
			02	股份制跨市县总分机构企业所得税退税	
			03	港澳台和外商投资跨市县总分机构企业所得税退税	
			99	其他跨市县总分机构企业所得税退税	
		99		其他企业所得税退税	

科目编码 类 款 项 目	科目名称	说明
101 06	个人所得税	
01	个人所得税	
01	储蓄存款利息所得税	
09	其他个人所得税	
02	个人所得税综合所得汇算清缴退税	
03	个人所得税代扣代缴手续费退库	
20	个人所得税税款滞纳金、罚款、加收利息、收入	
07	资源税	
01	海洋石油资源税	
02	水资源税	
19	其他资源税	
20	资源税税款滞纳金、罚款收入	
09	城市维护建设税	
01	国有企业城市维护建设税	
01	中国国家铁路集团有限公司集中缴纳的铁路运输企业城市维护建设税	
09	其他国有企业城市维护建设税	
02	集体企业城市维护建设税	
03	股份制企业城市维护建设税	
04	联营企业城市维护建设税	
05	港澳台和外商投资企业城市维护建设税	
06	私营企业城市维护建设税	
18	中国国家铁路集团有限公司集中缴纳的铁路运输企业城市维护建设税待分配收入	
19	其他城市维护建设税	
20	城市维护建设税税款滞纳金、罚款收入	
21	成品油价格和税费改革城市维护建设税划出	
22	成品油价格和税费改革城市维护建设税划入	
23	跨省管道运输企业城市维护建设税	
24	跨省管道运输企业城市维护建设税待分配收入	
10	房产税	
01	国有企业房产税	
02	集体企业房产税	
03	股份制企业房产税	
04	联营企业房产税	
05	港澳台和外商投资企业房产税	
06	私营企业房产税	
19	其他房产税	

科目编码				科目名称	说明
类	款	项	目		
101	10	20		房产税税款滞纳金、罚款收入	
	11			印花税★	
		01		证券交易印花税	
			01	证券交易印花税	
			09	证券交易印花税退税	
		19		其他印花税	
		20		印花税税款滞纳金、罚款、加收利息收入	
	12			城镇土地使用税	
		01		国有企业城镇土地使用税	
		02		集体企业城镇土地使用税	
		03		股份制企业城镇土地使用税	
		04		联营企业城镇土地使用税	
		05		私营企业城镇土地使用税	
		06		港澳台和外商投资企业城镇土地使用税	
		19		其他城镇土地使用税	
		20		城镇土地使用税税款滞纳金、罚款收入	
	13			土地增值税	
		01		国有企业土地增值税	
		02		集体企业土地增值税	
		03		股份制企业土地增值税	
		04		联营企业土地增值税	
		05		港澳台和外商投资企业土地增值税	
		06		私营企业土地增值税	
		19		其他土地增值税	
		20		土地增值税税款滞纳金、罚款收入	
	14			车船税	
		01		车船税	
		20		车船税税款滞纳金、罚款收入	
	15			船舶吨税★	
		01		船舶吨税★	
		20		船舶吨税税款滞纳金、罚款收入	
	16			车辆购置税	
		01		车辆购置税	
		20		车辆购置税税款滞纳金、罚款收入	
	17			关税★	
		01		关税★	
			01	进口关税★	

科目编码				科目名称	说明
类	款	项	目		
101	17	01	02	出口关税★	
			03	进境物品进口税★	
		03		特别关税★	
			01	反倾销税★	
			02	反补贴税★	
			03	保障措施关税★	
			04	报复性关税★	
			05	中止关税减让义务加征关税★	
		20		关税和特别关税税款滞纳金等收入★	
		21		关税退税	
	18			耕地占用税	
		01		耕地占用税	
		02		耕地占用税退税	
		20		耕地占用税税款滞纳金、罚款收入	
	19			契税	
		01		契税	
		20		契税税款滞纳金、罚款收入	
	20			烟叶税	
		01		烟叶税	
		20		烟叶税税款滞纳金、罚款收入	
	21			环境保护税	
		01		环境保护税	
		20		环境保护税税款滞纳金、罚款收入	
	99			其他税收收入	
		01		其他税收收入	
		20		其他税收收入税款滞纳金、罚款收入	
102				**社会保险基金收入**	
	01			企业职工基本养老保险基金收入	
		01		企业职工基本养老保险费收入	
		02		企业职工基本养老保险基金财政补贴收入	
		03		企业职工基本养老保险基金利息收入	
		04		企业职工基本养老保险基金委托投资收益	
		99		其他企业职工基本养老保险基金收入	
	02			失业保险基金收入	
		01		失业保险费收入	
		02		失业保险基金财政补贴收入	
		03		失业保险基金利息收入	

科目编码 类	科目编码 款	科目编码 项	目	科 目 名 称	说 明
102	02	99		其他失业保险基金收入	
	03			职工基本医疗保险基金收入	
		01		职工基本医疗保险费收入	
		02		职工基本医疗保险基金财政补贴收入	
		03		职工基本医疗保险基金利息收入	
		99		其他职工基本医疗保险基金收入	
	04			工伤保险基金收入	
		01		工伤保险费收入	
		02		工伤保险基金财政补贴收入	
		03		工伤保险基金利息收入	
		04		职业伤害保障费收入	
		99		其他工伤保险基金收入	
	10			城乡居民基本养老保险基金收入	
		01		城乡居民基本养老保险基金缴费收入	
		02		城乡居民基本养老保险基金财政补贴收入	
		03		城乡居民基本养老保险基金利息收入	
		04		城乡居民基本养老保险基金委托投资收益	
		05		城乡居民基本养老保险基金集体补助收入	
		99		其他城乡居民基本养老保险基金收入	
	11			机关事业单位基本养老保险基金收入	
		01		机关事业单位基本养老保险费收入	
		02		机关事业单位基本养老保险基金财政补贴收入	
		03		机关事业单位基本养老保险基金利息收入	
		04		机关事业单位基本养老保险基金委托投资收益	
		99		其他机关事业单位基本养老保险基金收入	
	12			城乡居民基本医疗保险基金收入	
		01		城乡居民基本医疗保险费收入	
		02		城乡居民基本医疗保险基金财政补贴收入	
		03		城乡居民基本医疗保险基金利息收入	
		99		其他城乡居民基本医疗保险基金收入	
	98			国库待划转社会保险费利息收入	
	99			其他社会保险基金收入	
		01		保险费收入	
		02		其他社会保险基金财政补贴收入	
		99		其他收入	
103				**非 税 收 入**	
	01			政府性基金收入	

科目编码 类	科目编码 款	科目编码 项目	科目名称	说明
103	01	02	农网还贷资金收入	
		01	中央农网还贷资金收入	
		02	地方农网还贷资金收入	
	06		铁路建设基金收入	
	10		民航发展基金收入	
	12		海南省高等级公路车辆通行附加费收入	
	21		旅游发展基金收入	
	29		国家电影事业发展专项资金收入	
	46		国有土地收益基金收入	
	47		农业土地开发资金收入	
	48		国有土地使用权出让收入	
		01	土地出让价款收入	
		02	补缴的土地价款	
		03	划拨土地收入	
		98	缴纳新增建设用地土地有偿使用费	
		99	其他土地出让收入	
	49		大中型水库移民后期扶持基金收入	
	50		大中型水库库区基金收入	
		01	中央大中型水库库区基金收入	
		02	地方大中型水库库区基金收入	
	52		三峡水库库区基金收入	
	53		中央特别国债经营基金收入	
	54		中央特别国债经营基金财务收入	
	55		彩票公益金收入	
		01	福利彩票公益金收入	
		02	体育彩票公益金收入	
	56		城市基础设施配套费收入	
	57		小型水库移民扶助基金收入	
	58		国家重大水利工程建设基金收入	
		01	中央重大水利工程建设资金	
		03	地方重大水利工程建设资金	
	59		车辆通行费	
	66		核电站乏燃料处理处置基金收入	
	68		可再生能源电价附加收入	
	71		船舶油污损害赔偿基金收入	
	75		废弃电器电子产品处理基金收入	
		01	税务部门征收的废弃电器电子产品处理基金收入	

科目编码				科目名称	说明
类	款	项	目		
103	01	75	02	海关征收的废弃电器电子产品处理基金收入	
		78		污水处理费收入	
		80		彩票发行机构和彩票销售机构的业务费用	
			01	福利彩票发行机构的业务费用	
			02	体育彩票发行机构的业务费用	
			03	福利彩票销售机构的业务费用	
			04	体育彩票销售机构的业务费用	
			05	彩票兑奖周转金	
			06	彩票发行销售风险基金	
			07	彩票市场调控资金收入	
		81		抗疫特别国债财务基金收入	
		82		耕地保护考核奖惩基金收入▲	
		83		超长期特别国债财务基金收入▲	
		99		其他政府性基金收入	
	02			专项收入	
		03		教育费附加收入	
			01	教育费附加收入	
			02	成品油价格和税费改革教育费附加收入划出	
			03	成品油价格和税费改革教育费附加收入划入	
			04	中国国家铁路集团有限公司集中缴纳的铁路运输企业教育费附加	
			05	中国国家铁路集团有限公司集中缴纳的铁路运输企业教育费附加待分配收入	
			06	跨省管道运输企业教育费附加收入	
			07	跨省管道运输企业教育费附加待分配收入	
			99	教育费附加滞纳金、罚款收入	
		05		铀产品出售收入	
		10		三峡库区移民专项收入	
		12		场外核应急准备收入	
		16		地方教育附加收入	
			01	地方教育附加收入	
			99	地方教育附加滞纳金、罚款收入	
		17		文化事业建设费收入	
		18		残疾人就业保障金收入	
		19		教育资金收入	
		20		农田水利建设资金收入	
		22		森林植被恢复费	
		23		水利建设专项收入	

科目编码 类	科目编码 款	科目编码 项	目	科 目 名 称	说 明
103	02	24		油价调控风险准备金收入	
		25		专项收益上缴收入	
		26		湿地恢复费收入▲	
		99		其他专项收入	
			01	广告收入	
			99	其他专项收入	
	04			行政事业性收费收入	
		01		公安行政事业性收费收入	
			01	外国人签证费	
			02	外国人证件费	
			03	公民出入境证件费	
			04	中国国籍申请手续费	
			09	户籍管理证件工本费	
			10	居民身份证工本费	
			11	机动车号牌工本费	
			12	机动车行驶证工本费	
			13	机动车登记证书工本费	
			16	驾驶证工本费	
			17	驾驶许可考试费	
			20	临时入境机动车号牌和行驶证工本费	
			21	临时机动车驾驶证工本费	
			22	保安员资格考试费	
			50	其他缴入国库的公安行政事业性收费	
			71	教育收费	中央与地方共用收入科目。反映缴入财政专户、实行专项管理的高中以上学费、住宿费，高校委托培养费，函大、电大、夜大及短训班培训费等教育收费。
		02		法院行政事业性收费收入	
			01	诉讼费	
			50	其他缴入国库的法院行政事业性收费	
			71	教育收费	同103040171目。
		03		司法行政事业性收费收入	
			05	法律职业资格考试考务费	
			50	其他缴入国库的司法行政事业性收费	
			71	教育收费	同103040171目。
		04		外交行政事业性收费收入	

科目编码 类	款	项	目	科 目 名 称	说　　明
103	04	04	02	认证费	
			03	签证费	
			04	驻外使领馆收费	
			50	其他缴入国库的外交行政事业性收费	
			71	教育收费	同 103040171 目。
		06		商贸行政事业性收费收入	
			50	其他缴入国库的商贸行政事业性收费	
			71	教育收费	同 103040171 目。
		07		财政行政事业性收费收入	
			02	考试考务费	
			50	其他缴入国库的财政行政事业性收费	
			71	教育收费	同 103040171 目。
		08		税务行政事业性收费收入	
			50	缴入国库的税务行政事业性收费	同 103040171 目。
			71	教育收费	
		09		海关行政事业性收费收入	
			50	缴入国库的海关行政事业性收费	
			71	教育收费	同 103040171 目。
		10		审计行政事业性收费收入	
			01	考试考务费	
			50	其他缴入国库的审计行政事业性收费	
			71	教育收费	同 103040171 目。
		13		国管局行政事业性收费收入	
			03	工人技术等级鉴定考核费	
			50	其他缴入国库的国管局行政事业性收费	
			71	教育收费	同 103040171 目。
		14		科技行政事业性收费收入	
			50	其他缴入国库的科技行政事业性收费	
			71	教育收费	同 103040171 目。
		15		保密行政事业性收费收入	
			50	其他缴入国库的保密行政事业性收费	
			71	教育收费	同 103040171 目。
		16		市场监管行政事业性收费收入 ★	
			01	客运索道运营审查检验和定期检验费	
			02	压力管道安装审查检验和定期检验费	
			03	压力管道元件制造审查检验费	
			04	特种劳动防护用品检验费	

科目编码 类	款	项	目	科 目 名 称	说　明
103	04	16	05	一般劳动防护用品检验费	
			07	锅炉、压力容器检验费	
			08	考试考务费	
			16	滞纳金	
			17	特种设备检验检测费	
			50	其他缴入国库的市场监管行政事业性收费	
			71	教育收费	同103040171目。
		17		广播电视行政事业性收费收入	
			04	考试考务费	
			50	其他缴入国库的广播电视行政事业性收费	
			71	教育收费	同103040171目。
		18		应急管理行政事业性收费收入	
			01	消防行业特有工种职业技能鉴定考试考务费	
			02	特种作业人员安全技术考试考务费	
			50	缴入国库的应急管理行政事业性收费	
			71	教育收费	同103040171目。
		19		档案行政事业性收费收入	
			50	其他缴入国库的档案行政事业性收费	
			71	教育收费	同103040171目。
		20		港澳办行政事业性收费收入	
			50	缴入国库的港澳办行政事业性收费	
			71	教育收费	同103040171目。
		22		贸促会行政事业性收费收入	
			50	其他缴入国库的贸促会行政事业性收费	
			71	教育收费	同103040171目。
		24		人防办行政事业性收费收入	
			01	防空地下室易地建设费	
			50	其他缴入国库的人防办行政事业性收费	
			71	教育收费	同103040171目。
		25		中直管理局行政事业性收费收入	
			02	工人培训考核费	
			07	住宿费	
			08	学费	
			50	其他缴入国库的中直管理局行政事业性收费	
			71	教育收费	同103040171目。
		26		文化和旅游行政事业性收费收入	
			04	导游人员资格考试费和等级考核费	

科目编码				科目名称	说明
类	款	项	目		
103	04	26	50	其他缴入国库的文化和旅游行政事业性收费	
			71	教育收费	同103040171目。
		27		教育行政事业性收费收入	
			06	教师资格考试费	中央和地方共用收入科目。反映教育部门收取的教师资格考试费收入。
			07	普通话水平测试费	
			50	其他缴入国库的教育行政事业性收费	
			51	公办幼儿园保教费	
			52	公办幼儿园住宿费	
			53	普通高中学费	中央与地方共用收入科目。反映教育部门收取的普通高中学费收入。
			54	普通高中住宿费	中央与地方共用收入科目。反映教育部门收取的普通高中住宿费收入。
			55	中等职业学校学费	中央与地方共用收入科目。反映教育部门收取的中等职业学校学费收入。
			56	中等职业学校住宿费	中央与地方共用收入科目。反映教育部门收取的中等职业学校住宿费收入。
			57	高等学校学费	中央与地方共用收入科目。反映教育部门收取的高等学校学费收入。
			58	高等学校住宿费	中央与地方共用收入科目。反映教育部门收取的高等学校住宿费收入。
			59	高等学校委托培养费	中央与地方共用收入科目。反映教育部门收取的高等学校委托培养费收入。
			60	函大、电大、夜大及短训班培训费	中央与地方共用收入科目。反映教育部门收取的函大、电大、夜大及短训班培训费收入。
			62	考试考务费	中央与地方共用收入科目。反映教育部门收取的考试考务费收入。
			65	中央广播电视大学中专学费	中央与地方共用收入科目。反映教育部门收取的中央广播电视大学中专学费收入。
		29		体育行政事业性收费收入	
			07	体育特殊专业招生考务费	

科目编码 类 款 项 目				科 目 名 称	说 明
103	04	29	08	外国团体来华登山注册费	
			50	其他缴入国库的体育行政事业性收费	
			71	教育收费	同 103040171 目。
		30		发展与改革（物价）行政事业性收费收入	
			50	其他缴入国库的发展与改革（物价）行政事业性收费	
			71	教育收费	同 103040171 目。
		31		统计行政事业性收费收入	
			01	统计专业技术资格考试考务费	
			50	其他缴入国库的统计行政事业性收费	
			71	教育收费	同 103040171 目。
		32		自然资源行政事业性收费收入	
			04	土地复垦费	
			05	土地闲置费	
			08	耕地开垦费	
			11	不动产登记费	
			50	其他缴入国库的自然资源行政事业性收费	
			71	教育收费	同 103040171 目。
		33		建设行政事业性收费收入	
			06	城市道路占用挖掘修复费	
			10	考试考务费	
			13	生活垃圾处理费	
			50	其他缴入国库的建设行政事业性收费	
			71	教育收费	同 103040171 目。
		34		知识产权行政事业性收费收入	
			01	专利收费	
			02	专利代理师资格考试考务费	
			03	集成电路布图设计保护收费	
			04	商标注册收费	
			50	其他缴入国库的知识产权行政事业性收费	
			71	教育收费	同 103040171 目。
		35		生态环境行政事业性收费收入	
			06	考试考务费	
			07	海洋废弃物收费	
			50	其他缴入国库的生态环境行政事业性收费	
			71	教育收费	同 103040171 目。
		40		铁路行政事业性收费收入	

科目编码				科目名称	说明
类	款	项	目		
103	04	40	01	考试考务费	
			50	其他缴入国库的铁路行政事业性收费	
			71	教育收费	同103040171目。
		42		交通运输行政事业性收费收入	
			03	考试考务费	
			08	航空业务权补偿费	
			09	适航审查费	
			20	长江口航道维护费	
			21	长江干线船舶引航收费	
			50	其他缴入国库的交通运输行政事业性收费	
			71	教育收费	同103040171目。
		43		工业和信息产业行政事业性收费收入	
			06	考试考务费	
			07	电信网码号资源占用费	
			08	无线电频率占用费	
			50	其他缴入国库的工业和信息产业行政事业性收费	
			71	教育收费	同103040171目。
		44		农业农村行政事业性收费收入	
			14	渔业资源增殖保护费	
			16	海洋渔业船舶船员考试费	
			33	工人技术等级考核或职业技能鉴定费	
			34	农药实验费	
			35	执业兽医资格考试考务费	
			50	其他缴入国库的农业农村行政事业性收费	
			71	教育收费	同103040171目。
		45		林业草原行政事业性收费收入	
			07	草原植被恢复费收入	
			50	其他缴入国库的林业草原行政事业性收费	
			71	教育收费	同103040171目。
		46		水利行政事业性收费收入	
			08	考试考务费	
			09	水土保持补偿费	
			50	其他缴入国库的水利行政事业性收费	
			71	教育收费	同103040171目。
		47		卫生健康行政事业性收费收入	
			09	预防接种服务费	
			12	医疗事故鉴定费	

科目编码 类	科目编码 款	科目编码 项	科目编码 目	科 目 名 称	说 明
103	04	47	13	考试考务费	
			15	预防接种异常反应鉴定费	
			30	造血干细胞配型费	
			31	职业病诊断鉴定费	
			33	非免疫规划疫苗储存运输费	
			50	其他缴入国库的卫生健康行政事业性收费	
			71	教育收费	同103040171目。
		48		药品监管行政事业性收费收入	
			01	药品注册费	
			02	医疗器械产品注册费	
			50	其他缴入国库的药品监管行政事业性收费	
			71	教育收费	同103040171目。
		49		民政行政事业性收费收入	
			07	住宿费	
			08	殡葬收费	
			50	其他缴入国库的民政行政事业性收费	
			71	教育收费	同103040171目。
		50		人力资源和社会保障行政事业性收费收入	
			02	职业技能鉴定考试考务费	
			04	专业技术人员职业资格考试考务费	
			50	其他缴入国库的人力资源和社会保障行政事业性收费	
			71	教育收费	同103040171目。
		51		证监会行政事业性收费收入	
			01	证券市场监管费	
			02	期货市场监管费	
			03	证券、期货、基金从业人员资格报名考试费	
			50	其他缴入国库的证监会行政事业性收费	
			71	教育收费	同103040171目。
		52		金融监管行政事业性收费收入	
			01	机构监管费	
			02	业务监管费	
			50	其他缴入国库的金融监管行政事业性收费	
			71	教育收费	同103040171目。
		55		仲裁委行政事业性收费收入	
			01	仲裁收费	
			50	其他缴入国库的仲裁委行政事业性收费	

科	目	编	码	科 目 名 称	说　　明
类	款	项	目		
103	04	55	71	教育收费	同 103040171 目。
		56		编办行政事业性收费收入	
			50	缴入国库的编办行政事业性收费	
			71	教育收费	同 103040171 目。
		57		党校行政事业性收费收入	
			50	缴入国库的党校行政事业性收费	
			51	函授学院办学收费	中央与地方共用收入科目。反映各级党校函授学院办学收费收入。
			52	委托培养在职研究生学费	中央与地方共用收入科目。反映各级党校收取委托培养在职研究生学费收入。
			53	短期培训进修费	中央与地方共用收入科目。反映各级党校收取短期培训进修费收入。
			54	教材费	中央与地方共用收入科目。反映各级党校收取教材费收入。
			55	高等学校学费	中央与地方共用收入科目。反映各级党校收取的全日制学术学位硕士、博士研究生学费和全日制专业学位硕士研究生学费等收入。
		58		监察行政事业性收费收入	
			50	缴入国库的监察行政事业性收费	
			71	教育收费	同 103040171 目。
		59		外文局行政事业性收费收入	
			02	翻译专业资格（水平）考试考务费	
			50	其他缴入国库的外文局行政事业性收费	
			71	教育收费	同 103040171 目。
		61		国资委行政事业性收费收入	
			01	考试考务费	
			50	其他缴入国库的国资委行政事业性收费	
			71	教育收费	同 103040171 目。
		99		其他行政事业性收费收入	
			01	政府信息公开信息处理费	
			50	其他缴入国库的行政事业性收费	
			71	教育收费	同 103040171 目。
	05			罚没收入	
		01		一般罚没收入	

科目编码				科目名称	说明
类	款	项	目		
103	05	01	01	公安罚没收入	
			02	检察院罚没收入	
			03	法院罚没收入	
			05	新闻出版罚没收入	
			07	税务部门罚没收入	
			08	海关罚没收入	
			09	药品监督罚没收入	
			10	卫生罚没收入	
			11	检验检疫罚没收入	
			12	证监会罚没收入	
			13	金融监管罚没收入	
			14	交通罚没收入	
			15	铁道罚没收入	
			16	审计罚没收入	
			17	渔政罚没收入	
			19	民航罚没收入	
			20	电力监管罚没收入	
			21	交强险罚没收入	
			22	物价罚没收入	
			23	市场监管罚没收入★	
			24	工业和信息产业罚没收入	
			25	生态环境罚没收入	
			26	水利罚没收入	
			27	邮政罚没收入	
			28	纪检监察罚没收入★	
			29	海警罚没收入	
			30	住房和城乡建设罚没收入	
			31	应急管理罚没收入	
			32	气象罚没收入	
			33	烟草罚没收入	
			34	自然资源罚没收入★	
			99	其他一般罚没收入	
		02		缉私罚没收入★	
			01	公安缉私罚没收入	
			02	市场缉私罚没收入★	
			03	海关缉私罚没收入	
			99	其他部门缉私罚没收入	

科目编码 类	科目编码 款	科目编码 项	科目编码 目	科目名称	说明
103	05	03		缉毒罚没收入	
		09		罚没收入退库	
	06			国有资本经营收入	
		01		利润收入	
			01	中国人民银行上缴收入	
			02	金融企业利润收入	
			03	烟草企业利润收入	
			04	石油石化企业利润收入	
			05	电力企业利润收入	
			06	电信企业利润收入	
			07	煤炭企业利润收入	
			08	有色冶金采掘企业利润收入	
			09	黑色冶金采掘企业利润收入★	
			12	化工企业利润收入	
			13	运输企业利润收入	
			14	电子企业利润收入	
			15	机械企业利润收入	
			16	投资服务企业利润收入	
			17	纺织轻工企业利润收入	
			18	贸易企业利润收入	
			19	建筑施工企业利润收入	
			20	房地产企业利润收入	
			21	建材企业利润收入	
			22	境外企业利润收入	
			23	对外合作企业利润收入	
			24	医药企业利润收入	
			25	农林牧渔企业利润收入	
			26	邮政企业利润收入	
			27	军工企业利润收入	
			28	转制科研院所利润收入	
			29	地质勘查企业利润收入	
			30	卫生体育福利企业利润收入	
			31	教育文化广播企业利润收入	
			32	科学研究企业利润收入	
			33	机关社团所属企业利润收入	
			34	金融企业利润收入（国资预算）	
			98	其他国有资本经营预算企业利润收入	

科目编码				科目名称	说明
类	款	项	目		
103	06	01	99	其他企业利润收入	
		02		股息红利收入★	
			01	金融业公司股息红利收入★	
			02	国有控股公司股息红利收入★	
			03	国有参股公司股息红利收入★	
			04	金融企业股息红利收入（国资预算）★	
			98	其他国有资本经营预算企业股息红利收入★	
			99	其他股息红利收入★	
		03		产权转让收入	
			01	国有股减持收入	
			04	国有股权、股份转让收入	
			05	国有独资企业产权转让收入	
			07	金融企业产权转让收入	
			98	其他国有资本经营预算企业产权转让收入	
			99	其他产权转让收入	
		04		清算收入	
			01	国有股权、股份清算收入	
			02	国有独资企业清算收入	
			98	其他国有资本经营预算企业清算收入	
			99	其他清算收入	
		05		国有资本经营收入退库	
		06		国有企业计划亏损补贴	
			01	工业企业计划亏损补贴	
			02	农业企业计划亏损补贴	
			99	其他国有企业计划亏损补贴	
		07		烟草企业上缴专项收入	
		98		其他国有资本经营预算收入	
		99		其他国有资本经营收入	
	07			国有资源（资产）有偿使用收入	
		01		海域使用金收入	
			01	海域使用金收入	
		02		场地和矿区使用费收入	
			01	陆上石油矿区使用费	
			02	海上石油矿区使用费	
			03	中央合资合作企业场地使用费收入	
			04	中央和地方合资合作企业场地使用费收入	
			05	地方合资合作企业场地使用费收入	

科目编码				科目名称	说明
类	款	项	目		
103	07	02	06	港澳台和外商独资企业场地使用费收入	
		03		特种矿产品出售收入	
		04		专项储备物资销售收入	
		05		利息收入	
			01	国库存款利息收入	
			02	财政专户存款利息收入	中央与地方共用收入科目。反映财政专户存款利息收入。
			03	有价证券利息收入	
			99	其他利息收入	
		06		非经营性国有资产收入	
			01	行政单位国有资产出租、出借收入	
			02	行政单位国有资产处置收入	
			03	事业单位国有资产处置收入	
			04	事业单位国有资产出租出借收入	
			99	其他非经营性国有资产收入	
		07		出租车经营权有偿出让和转让收入	
		08		无居民海岛使用金收入	
			01	无居民海岛使用金收入	
		09		转让政府还贷道路收费权收入	
		10		石油特别收益金专项收入	
			01	石油特别收益金专项收入	
			02	石油特别收益金退库	
		11		动用国家储备物资上缴财政收入	
		12		铁路资产变现收入	
		13		电力改革预留资产变现收入	
		14		矿产资源专项收入	
			01	矿产资源补偿费收入	
			02	探矿权、采矿权使用费收入	
			04	矿业权出让收益	
			05	矿业权占用费收入	
		15		排污权出让收入	
		16		航班时刻拍卖和使用费收入	
		17		农村集体经营性建设用地土地增值收益调节金收入	
		18		新增建设用地土地有偿使用费收入	
		19		水资源费收入	
			01	三峡电站水资源费收入	
			99	其他水资源费收入	

科目编码			科目名称	说明
类	款	项		
103	07	20	国家留成油上缴收入	
		21	市政公共资源有偿使用收入	
		01	停车泊位及公共停车场等有偿使用收入	
		02	公共空间广告设置权等有偿使用收入	
		99	其他市政公共资源有偿使用收入	
		99	其他国有资源（资产）有偿使用收入	
	08		捐赠收入	
		01	国外捐赠收入	
		02	国内捐赠收入	
	09		政府住房基金收入	
		01	上缴管理费用	
		02	计提公共租赁住房资金	
		03	公共租赁住房租金收入	
		04	配建商业设施租售收入	
		99	其他政府住房基金收入	
	10		专项债务对应项目专项收入	
		03	海南省高等级公路车辆通行附加费专项债务对应项目专项收入	
		05	国家电影事业发展专项资金专项债务对应项目专项收入	
		06	国有土地使用权出让金专项债务对应项目专项收入	
		01	土地储备专项债券对应项目专项收入	
		02	棚户区改造专项债券对应项目专项收入	
		99	其他国有土地使用权出让金专项债务对应项目专项收入	
		08	农业土地开发资金专项债务对应项目专项收入	
		09	大中型水库库区基金专项债务对应项目专项收入	
		10	城市基础设施配套费专项债务对应项目专项收入	
		11	小型水库移民扶助基金专项债务对应项目专项收入	
		12	国家重大水利工程建设基金专项债务对应项目专项收入	
		13	车辆通行费专项债务对应项目专项收入	
		01	政府收费公路专项债券对应项目专项收入	
		99	其他车辆通行费专项债务对应项目专项收入	
		14	污水处理费专项债务对应项目专项收入	
		99	其他政府性基金专项债务对应项目专项收入	
		98	其他地方自行试点项目收益专项债券对应项目专项收入	

科目编码 类	款	项	目	科 目 名 称	说 明
103	10	99	99	其他政府性基金专项债务对应项目专项收入	
	99			其他收入	
			04	主管部门集中收入	
			07	免税商品特许经营费收入	
			08	基本建设收入	
			12	差别电价收入	
			13	债务管理收入	
			14	南水北调工程基金收入	
			15	生态环境损害赔偿资金	
			99	其他收入	
104				贷款转贷回收本金收入	反映各类贷款转贷回收本金收入。
	01			国内贷款回收本金收入	中央与地方共用收入科目。反映收回的技改贷款及其他财政贷款本金收入等。
	02			国外贷款回收本金收入	反映国外贷款回收本金收入。
		01		外国政府贷款回收本金收入	中央与地方共用收入科目。反映收回的我国政府向外国政府贷款的本金收入。
		02		国际组织贷款回收本金收入	中央与地方共用收入科目。反映收回的我国政府向国际组织贷款的本金收入。
		99		其他国外贷款回收本金收入	中央与地方共用收入科目。反映其他国外贷款回收本金收入。
	03			国内转贷回收本金收入	中央与地方共用收入科目。反映收回的政府部门向外国政府、国际金融机构借款转贷给地方政府、相关部门和企业的款项。
	04			国外转贷回收本金收入	中央收入科目。反映收回的中央政府部门向外国政府、国际金融机构借款转贷给国外有关机构和企业的款项。
105				债务收入	
	03			中央政府债务收入	
		01		中央政府国内债务收入	
		02		中央政府国外债务收入	
			01	中央政府境外发行主权债券收入	
			02	中央政府向外国政府借款收入	

科目编码 类	科目编码 款	科目编码 项	科目编码 目	科 目 名 称	说　明
105	03	02	03	中央政府向国际组织借款收入	
			04	中央政府其他国外借款收入	
		04		超长期特别国债收入▲	
	04			地方政府债务收入	
		01		一般债务收入	
			01	地方政府一般债券收入	
			02	地方政府向外国政府借款收入	
			03	地方政府向国际组织借款收入	
			04	地方政府其他一般债务收入	
		02		专项债务收入	
			01	海南省高等级公路车辆通行附加费债务收入	
			05	国家电影事业发展专项资金债务收入	
			11	国有土地使用权出让金债务收入	
			13	农业土地开发资金债务收入	
			14	大中型水库库区基金债务收入	
			16	城市基础设施配套费债务收入	
			17	小型水库移民扶助基金债务收入	
			18	国家重大水利工程建设基金债务收入	
			19	车辆通行费债务收入	
			20	污水处理费债务收入	
			31	土地储备专项债券收入	
			32	政府收费公路专项债券收入	
			33	棚户区改造专项债券收入	
			98	其他地方自行试点项目收益专项债券收入	
			99	其他政府性基金债务收入	
110				**转 移 性 收 入**	
	01			返还性收入	
		02		所得税基数返还收入	
		03		成品油税费改革税收返还收入	
		04		增值税税收返还收入	
		05		消费税税收返还收入	
		06		增值税"五五分享"税收返还收入	
		99		其他返还性收入	
	02			一般性转移支付收入	
		01		体制补助收入	
		02		均衡性转移支付收入	
		07		县级基本财力保障机制奖补资金收入	

科目编码			科目名称	说明
类 款 项		目		
110 02		08	结算补助收入	
		12	资源枯竭型城市转移支付补助收入	
		14	企业事业单位划转补助收入	
		25	产粮（油）大县奖励资金收入	
		26	重点生态功能区转移支付收入	
		27	固定数额补助收入	
		28	革命老区转移支付收入	
		29	民族地区转移支付收入	
		30	边境地区转移支付收入	
		31	巩固脱贫攻坚成果衔接乡村振兴转移支付收入	
		41	一般公共服务共同财政事权转移支付收入	
		42	外交共同财政事权转移支付收入	
		43	国防共同财政事权转移支付收入	
		44	公共安全共同财政事权转移支付收入	
		45	教育共同财政事权转移支付收入	
		46	科学技术共同财政事权转移支付收入	
		47	文化旅游体育与传媒共同财政事权转移支付收入	
		48	社会保障和就业共同财政事权转移支付收入	
		49	医疗卫生共同财政事权转移支付收入	
		50	节能环保共同财政事权转移支付收入	
		51	城乡社区共同财政事权转移支付收入	
		52	农林水共同财政事权转移支付收入	
		53	交通运输共同财政事权转移支付收入	
		54	资源勘探工业信息等共同财政事权转移支付收入	
		55	商业服务业等共同财政事权转移支付收入	
		56	金融共同财政事权转移支付收入	
		57	自然资源海洋气象等共同财政事权转移支付收入	
		58	住房保障共同财政事权转移支付收入	
		59	粮油物资储备共同财政事权转移支付收入	
		60	灾害防治及应急管理共同财政事权转移支付收入	
		69	其他共同财政事权转移支付收入	
		99	其他一般性转移支付收入	
	03		专项转移支付收入	
		01	一般公共服务	
		02	外交	
		03	国防	
		04	公共安全	

科目编码 类	科目编码 款	科目编码 项目	科 目 名 称	说　明
110	03	05	教育	
		06	科学技术	
		07	文化旅游体育与传媒	
		08	社会保障和就业	
		10	社会保障和就业	
		11	节能环保	
		12	城乡社区	
		13	农林水	
		14	交通运输	
		15	资源勘探工业信息等	
		16	商业服务业等	
		17	金融	
		20	自然资源海洋气象等	
		21	住房保障	
		22	粮油物资储备	
		24	灾害防治及应急管理	
		99	其他收入	
	04		政府性基金转移支付收入	
		03	抗疫特别国债转移支付收入	
		04	科学技术	
		05	文化旅游体育与传媒	
		06	社会保障和就业	
		07	节能环保	
		08	城乡社区	
		09	农林水	
		10	交通运输	
		11	资源勘探工业信息等	
		12	自然资源海洋气象等▲	
		13	超长期特别国债转移支付收入▲	
		99	其他收入	
	05		国有资本经营预算转移支付收入	
		01	国有资本经营预算转移支付收入	
	06		上解收入	
		01	体制上解收入	
		02	专项上解收入	
		03	政府性基金上解收入	
			01　抗疫特别国债还本上解收入▲	

科目编码				科 目 名 称	说　　明
类	款	项	目		
110	06	03	02	超长期特别国债还本上解收入▲	
			99	其他政府性基金上解收入▲	
		04		国有资本经营预算上解收入	
	08			上年结余收入	
		02		政府性基金预算上年结余收入	
		03		社会保险基金预算上年结余收入	
			01	企业职工基本养老保险基金上年结余收入	
			02	失业保险基金上年结余收入	
			03	职工基本医疗保险基金上年结余收入	
			04	工伤保险基金上年结余收入	
			05	城乡居民基本养老保险基金上年结余收入	
			06	机关事业单位基本养老保险基金上年结余收入	
			07	城乡居民基本医疗保险基金上年结余收入	
		04		国有资本经营预算上年结余收入	
		99		其他上年结余收入	反映除上述项目以外其他资金结余。
	09			调入资金	
		01		调入一般公共预算资金	
			02	从政府性基金预算调入一般公共预算	
			03	从国有资本经营预算调入一般公共预算	
			99	从其他资金调入一般公共预算	
		02		调入政府性基金预算资金	
			01	中央单位特殊上缴利润专项收入	
			02	从一般公共预算调入用于补充超长期特别国债偿债备付金的资金▲	
			03	从国有资本经营预算调入用于补充超长期特别国债偿债备付金的资金▲	
			04	从一般公共预算调入用于偿还超长期特别国债本金的资金▲	
			05	从国有资本经营预算调入用于偿还超长期特别国债本金的资金▲	
			06	从一般公共预算调入用于偿还抗疫特别国债本金的资金★	
			07	从国有资本经营预算调入用于偿还抗疫特别国债本金的资金★	
			99	其他调入政府性基金预算资金	
		03		调入社会保险基金预算资金	
		99		其他调入资金	反映其他调入资金。
	11			债务转贷收入	

科目编码 类	科目编码 款	科目编码 项	科目编码 目	科目名称	说明
110	11	01		地方政府一般债务转贷收入	
			01	地方政府一般债券转贷收入	
			02	地方政府向外国政府借款转贷收入	
			03	地方政府向国际组织借款转贷收入	
			04	地方政府其他一般债务转贷收入	
		02		地方政府专项债务转贷收入	
			01	海南省高等级公路车辆通行附加费债务转贷收入	
			05	国家电影事业发展专项资金债务转贷收入	
			11	国有土地使用权出让金债务转贷收入	
			13	农业土地开发资金债务转贷收入	
			14	大中型水库库区基金债务转贷收入	
			16	城市基础设施配套费债务转贷收入	
			17	小型水库移民扶助基金债务转贷收入	
			18	国家重大水利工程建设基金债务转贷收入	
			19	车辆通行费债务转贷收入	
			20	污水处理费债务转贷收入	
			31	土地储备专项债券转贷收入	
			32	政府收费公路专项债券转贷收入	
			33	棚户区改造专项债券转贷收入	
			98	其他地方自行试点项目收益专项债券转贷收入	
			99	其他政府性基金债务转贷收入	
	15			动用预算稳定调节基金	
	16			社会保险基金转移收入	
		01		企业职工基本养老保险基金转移收入	
		02		失业保险基金转移收入	
		03		职工基本医疗保险基金转移收入	
		04		城乡居民基本养老保险基金转移收入	
		05		机关事业单位基本养老保险基金转移收入	
	17			社会保险基金上级补助收入	
		01		企业职工基本养老保险基金补助收入★	
		02		失业保险基金补助收入	
		03		职工基本医疗保险基金补助收入	
		04		工伤保险基金补助收入	
		05		城乡居民基本养老保险基金补助收入	
		06		机关事业单位基本养老保险基金补助收入	
		07		城乡居民基本医疗保险基金补助收入	
	18			社会保险基金下级上解收入	

科目编码 类	科目编码 款	科目编码 项	目	科目名称	说明
110	18	01		企业职工基本养老保险基金上解收入	
		02		失业保险基金上解收入	
		03		职工基本医疗保险基金上解收入	
		04		工伤保险基金上解收入	
		05		城乡居民基本养老保险基金上解收入	
		06		机关事业单位基本养老保险基金上解收入	
		07		城乡居民基本医疗保险基金上解收入	
	20			收回存量资金	反映各级财政部门收回的上缴国库但不列入预算的存量资金。
		01		收回部门预算存量资金	反映各级财政部门收回的部门预算存量资金。
			01	一般公共预算资金	反映从部门预算中收回的一般公共预算存量资金。
			02	政府性基金预算资金	反映从部门预算中收回的政府性基金预算存量资金。
			03	国有资本经营预算资金	反映从部门预算中收回的国有资本经营预算存量资金。
		02		收回转移支付存量资金	反映各级财政部门收回的转移支付存量资金。
			01	一般公共预算资金	反映从转移支付中收回的一般公共预算存量资金。
			02	政府性基金预算资金	反映从转移支付中收回的政府性基金预算存量资金。
			03	国有资本经营预算资金	反映从转移支付中收回的国有资本经营预算存量资金。
		03		收回财政专户存量资金	反映各级财政部门收回的财政专户存量资金。
			01	一般公共预算资金	反映从财政专户收回的一般公共预算存量资金。
			02	政府性基金预算资金	反映从财政专户收回的政府性基金预算存量资金。
			03	国有资本经营预算资金	反映从财政专户收回的国有资本经营预算存量资金。
	21			区域间转移性收入	
		01		接受其他地区援助收入	
		02		生态保护补偿转移性收入	
		03		土地指标调剂转移性收入	
		99		其他转移性收入	
	22			动用偿债备付金▲	
		01		动用超长期特别国债偿债备付金▲	

二、支出科目

科目编码			科目名称	说明
类	款	项		
201			一般公共服务支出	
	01		人大事务	
		01	行政运行	
		02	一般行政管理事务	
		03	机关服务	
		04	人大会议	
		05	人大立法	
		06	人大监督	
		07	人大代表履职能力提升	
		08	代表工作	
		09	人大信访工作	
		50	事业运行	
		99	其他人大事务支出	
	02		政协事务	
		01	行政运行	
		02	一般行政管理事务	
		03	机关服务	
		04	政协会议	
		05	委员视察	
		06	参政议政	
		50	事业运行	
		99	其他政协事务支出	
	03		政府办公厅（室）及相关机构事务	
		01	行政运行	
		02	一般行政管理事务	
		03	机关服务	
		04	专项服务	
		05	专项业务及机关事务管理	
		06	政务公开审批	
		09	参事事务	
		50	事业运行	
		99	其他政府办公厅（室）及相关机构事务支出	
	04		发展与改革事务	
		01	行政运行	
		02	一般行政管理事务	
		03	机关服务	

科目编码			科 目 名 称	说　　明
类	款	项		
201	04	04	战略规划与实施	
		05	日常经济运行调节	
		06	社会事业发展规划	
		07	经济体制改革研究	
		08	物价管理	
		50	事业运行	
		99	其他发展与改革事务支出	
	05		统计信息事务	
		01	行政运行	
		02	一般行政管理事务	
		03	机关服务	
		04	信息事务	
		05	专项统计业务	
		06	统计管理	
		07	专项普查活动	
		08	统计抽样调查	
		50	事业运行	
		99	其他统计信息事务支出	
	06		财政事务	
		01	行政运行	
		02	一般行政管理事务	
		03	机关服务	
		04	预算改革业务	
		05	财政国库业务	
		06	财政监察★	
		07	信息化建设	
		08	财政委托业务支出	
		50	事业运行	
		99	其他财政事务支出	
	07		税收事务	
		01	行政运行	
		02	一般行政管理事务	
		03	机关服务	
		09	信息化建设	
		10	税收业务	
		50	事业运行	
		99	其他税收事务支出	
	08		审计事务	

科目编码 类	科目编码 款	科目编码 项	科目名称	说明
201	08	01	行政运行	
		02	一般行政管理事务	
		03	机关服务	
		04	审计业务	
		05	审计管理	
		06	信息化建设	
		50	事业运行	
		99	其他审计事务支出	
	09		海关事务	
		01	行政运行	
		02	一般行政管理事务	
		03	机关服务	
		05	缉私办案	
		07	口岸管理	
		08	信息化建设	
		09	海关关务	
		10	关税征管	
		11	海关监管	
		12	检验检疫	
		50	事业运行	
		99	其他海关事务支出	
	11		纪检监察事务	
		01	行政运行	
		02	一般行政管理事务	
		03	机关服务	
		04	大案要案查处	
		05	派驻派出机构	
		06	巡视工作	
		50	事业运行	
		99	其他纪检监察事务支出	
	13		商贸事务	
		01	行政运行	
		02	一般行政管理事务	
		03	机关服务	
		04	对外贸易管理	
		05	国际经济合作	
		06	外资管理	
		07	国内贸易管理	

科目编码			科 目 名 称	说　　明
类	款	项		
201	13	08	招商引资	
		50	事业运行	
		99	其他商贸事务支出	
	14		知识产权事务	
		01	行政运行	
		02	一般行政管理事务	
		03	机关服务	
		04	专利审批	
		05	知识产权战略和规划	
		08	国际合作与交流	
		09	知识产权宏观管理	
		10	商标管理	
		11	原产地地理标志管理	
		50	事业运行	
		99	其他知识产权事务支出	
	23		民族事务	
		01	行政运行	
		02	一般行政管理事务	
		03	机关服务	
		04	民族工作专项	
		50	事业运行	
		99	其他民族事务支出	
	25		港澳台事务	
		01	行政运行	
		02	一般行政管理事务	
		03	机关服务	
		04	港澳事务	
		05	台湾事务	
		50	事业运行	
		99	其他港澳台事务支出	
	26		档案事务	
		01	行政运行	
		02	一般行政管理事务	
		03	机关服务	
		04	档案馆	
		99	其他档案事务支出	
	28		民主党派及工商联事务	
		01	行政运行	

科目编码 类	科目编码 款	科目编码 项	科 目 名 称	说 明
201	28	02	一般行政管理事务	
		03	机关服务	
		04	参政议政	
		50	事业运行	
		99	其他民主党派及工商联事务支出	
	29		群众团体事务	
		01	行政运行	
		02	一般行政管理事务	
		03	机关服务	
		06	工会事务	
		50	事业运行	
		99	其他群众团体事务支出	
	31		党委办公厅（室）及相关机构事务	
		01	行政运行	
		02	一般行政管理事务	
		03	机关服务	
		05	专项业务	
		50	事业运行	
		99	其他党委办公厅（室）及相关机构事务支出	
	32		组织事务	
		01	行政运行	
		02	一般行政管理事务	
		03	机关服务	
		04	公务员事务	
		50	事业运行	
		99	其他组织事务支出	
	33		宣传事务	
		01	行政运行	
		02	一般行政管理事务	
		03	机关服务	
		04	宣传管理	
		50	事业运行	
		99	其他宣传事务支出	
	34		统战事务	
		01	行政运行	
		02	一般行政管理事务	
		03	机关服务	
		04	宗教事务	

科目编码			科目名称	说明
类	款	项		
201	34	05	华侨事务	
		50	事业运行	
		99	其他统战事务支出	
	35		对外联络事务	
		01	行政运行	
		02	一般行政管理事务	
		03	机关服务	
		50	事业运行	
		99	其他对外联络事务支出	
	36		其他共产党事务支出	
		01	行政运行	
		02	一般行政管理事务	
		03	机关服务	
		50	事业运行	
		99	其他共产党事务支出	
	37		网信事务	
		01	行政运行	
		02	一般行政管理事务	
		03	机关服务	
		04	信息安全事务	
		50	事业运行	
		99	其他网信事务支出	
	38		市场监督管理事务	
		01	行政运行	
		02	一般行政管理事务	
		03	机关服务	
		04	经营主体管理★	
		05	市场秩序执法	
		08	信息化建设	
		10	质量基础	
		12	药品事务	
		13	医疗器械事务	
		14	化妆品事务	
		15	质量安全监管	
		16	食品安全监管	
		50	事业运行	
		99	其他市场监督管理事务	
	39		社会工作事务	

科目编码 类	款	项	科目名称	说明
201	39	01	行政运行	
		02	一般行政管理事务	
		03	机关服务	
		04	专项业务	
		50	事业运行	
		99	其他社会工作事务支出	
	40		信访事务	
		01	行政运行	
		02	一般行政管理事务	
		03	机关服务	
		04	信访业务	
		50	事业运行★	
		99	其他信访事务支出	
	41		数据事务★	
		01	行政运行★	
		02	一般行政管理事务★	
		03	机关服务★	
		50	事业运行★	
		99	其他数据事务支出★	
	99		其他一般公共服务支出	
		01	国家赔偿费用支出	
		99	其他一般公共服务支出	
202			外交支出	
	01		外交管理事务	
		01	行政运行	
		02	一般行政管理事务	
		03	机关服务	
		04	专项业务	
		50	事业运行	
		99	其他外交管理事务支出	
	02		驻外机构	
		01	驻外使领馆（团、处）	
		02	其他驻外机构支出	
	03		对外援助	
		04	援外优惠贷款贴息	
		06	对外援助	
	04		国际组织	
		01	国际组织会费	

科目编码			科 目 名 称	说 明
类	款	项		
202	04	02	国际组织捐赠	
		03	维和摊款	
		04	国际组织股金及基金	
		99	其他国际组织支出	
	05		对外合作与交流	
		03	在华国际会议	
		04	国际交流活动	
		05	对外合作活动	
		99	其他对外合作与交流支出	
	06		对外宣传	
		01	对外宣传	
	07		边界勘界联检	
		01	边界勘界	
		02	边界联检	
		03	边界界桩维护	
		99	其他支出	
	08		国际发展合作	
		01	行政运行	
		02	一般行政管理事务	
		03	机关服务	
		50	事业运行	
		99	其他国际发展合作支出	
	99		其他外交支出	
		99	其他外交支出	
203			**国 防 支 出**	
	01		军费	
		01	现役部队	
		02	预备役部队	
		99	其他军费支出	
	04		国防科研事业	
		01	国防科研事业	
	05		专项工程	
		01	专项工程	
	06		国防动员	
		01	兵役征集	
		02	经济动员	
		03	人民防空	
		04	交通战备	

科目编码			科目名称	说明
类	款	项		
203	06	07	民兵	
		08	边海防	
		99	其他国防动员支出	
	99		其他国防支出	
		99	其他国防支出	
204			公共安全支出	
	01		武装警察部队	
		01	武装警察部队	
		99	其他武装警察部队支出	
	02		公安	
		01	行政运行	
		02	一般行政管理事务	
		03	机关服务	
		19	信息化建设	
		20	执法办案	
		21	特别业务	
		22	特勤业务	
		23	移民事务	
		50	事业运行	
		99	其他公安支出	
	03		国家安全	
		01	行政运行	
		02	一般行政管理事务	
		03	机关服务	
		04	安全业务	
		50	事业运行	
		99	其他国家安全支出	
	04		检察	
		01	行政运行	
		02	一般行政管理事务	
		03	机关服务	
		09	"两房"建设	
		10	检察监督	
		50	事业运行	
		99	其他检察支出	
	05		法院	
		01	行政运行	
		02	一般行政管理事务	

科目编码			科目名称	说明
类	款	项		
204	05	03	机关服务	
		04	案件审判	
		05	案件执行	
		06	"两庭"建设	
		50	事业运行	
		99	其他法院支出	
	06		司法	
		01	行政运行	
		02	一般行政管理事务	
		03	机关服务	
		04	基层司法业务	
		05	普法宣传	
		06	律师管理	
		07	公共法律服务	
		08	国家统一法律职业资格考试	
		10	社区矫正	
		12	法治建设	
		13	信息化建设	
		50	事业运行	
		99	其他司法支出	
	07		监狱	
		01	行政运行	
		02	一般行政管理事务	
		03	机关服务	
		04	罪犯生活及医疗卫生	
		05	监狱业务及罪犯改造	
		06	狱政设施建设	
		07	信息化建设	
		50	事业运行	
		99	其他监狱支出	
	08		强制隔离戒毒	
		01	行政运行	
		02	一般行政管理事务	
		03	机关服务	
		04	强制隔离戒毒人员生活	
		05	强制隔离戒毒人员教育	
		06	行政设施建设	
		07	信息化建设	

科目编码			科目名称	说明
类	款	项		
204	08	50	事业运行	
		99	其他强制隔离戒毒支出	
	09		国家保密	
		01	行政运行	
		02	一般行政管理事务	
		03	机关服务	
		04	保密技术	
		05	保密管理	
		50	事业运行	
		99	其他国家保密支出	
	10		缉私警察	
		01	行政运行	
		02	一般行政管理事务	
		06	信息化建设	
		07	缉私业务	
		99	其他缉私警察支出	
	99		其他公共安全支出	
		02	国家司法救助支出	
		99	其他公共安全支出	
205			教育支出	
	01		教育管理事务	
		01	行政运行	
		02	一般行政管理事务	
		03	机关服务	
		99	其他教育管理事务支出	
	02		普通教育	
		01	学前教育	
		02	小学教育	
		03	初中教育	
		04	高中教育	
		05	高等教育	
		99	其他普通教育支出	
	03		职业教育	
		01	初等职业教育	
		02	中等职业教育	
		03	技校教育	
		05	高等职业教育	
		99	其他职业教育支出	

科目编码			科目名称	说明
类	款	项		
205	04		成人教育	
		01	成人初等教育	
		02	成人中等教育	
		03	成人高等教育	
		04	成人广播电视教育	
		99	其他成人教育支出	
	05		广播电视教育	
		01	广播电视学校	
		02	教育电视台	
		99	其他广播电视教育支出	
	06		留学教育★	
		01	出国留学教育★	
		02	来华留学教育★	
		99	其他留学教育支出★	
	07		特殊教育★	
		01	特殊学校教育	
		02	专门学校教育★	
		99	其他特殊教育支出	
	08		进修及培训	
		01	教师进修	
		02	干部教育	
		03	培训支出	
		04	退役士兵能力提升	
		99	其他进修及培训	
	09		教育费附加安排的支出	
		01	农村中小学校舍建设	
		02	农村中小学教学设施	
		03	城市中小学校舍建设	
		04	城市中小学教学设施	
		05	中等职业学校教学设施	
		99	其他教育费附加安排的支出	
	98		超长期特别国债安排的支出▲	
		01	基础教育▲	
		02	高等教育▲	
		03	职业教育▲	
		04	特殊教育▲	
		99	其他教育支出▲	
	99		其他教育支出	

科目编码 类	科目编码 款	科目编码 项	科 目 名 称	说　明
205	99	99	其他教育支出	
206			**科学技术支出**	
	01		科学技术管理事务	
		01	行政运行	
		02	一般行政管理事务	
		03	机关服务	
		99	其他科学技术管理事务支出	
	02		基础研究	
		01	机构运行	
		03	自然科学基金	
		04	实验室及相关设施	
		05	重大科学工程	
		06	专项基础科研	
		07	专项技术基础	
		08	科技人才队伍建设	
		99	其他基础研究支出	
	03		应用研究	
		01	机构运行	
		02	社会公益研究	
		03	高技术研究	
		04	专项科研试制	
		99	其他应用研究支出	
	04		技术研究与开发	
		01	机构运行	
		04	科技成果转化与扩散	
		05	共性技术研究与开发	
		99	其他技术研究与开发支出	
	05		科技条件与服务	
		01	机构运行	
		02	技术创新服务体系	
		03	科技条件专项	
		99	其他科技条件与服务支出	
	06		社会科学	
		01	社会科学研究机构	
		02	社会科学研究	
		03	社科基金支出	
		99	其他社会科学支出	
	07		科学技术普及	

科目编码			科 目 名 称	说 明
类	款	项		
206	07	01	机构运行	
		02	科普活动	
		03	青少年科技活动	
		04	学术交流活动	
		05	科技馆站	
		99	其他科学技术普及支出	
	08		科技交流与合作	
		01	国际交流与合作	
		02	重大科技合作项目	
		99	其他科技交流与合作支出	
	09		科技重大项目	
		01	科技重大专项	
		02	重点研发计划	
		99	其他科技重大项目	
	10		核电站乏燃料处理处置基金支出	
		01	乏燃料运输	
		02	乏燃料离堆贮存	
		03	乏燃料后处理	
		04	高放废物的处理处置	
		05	乏燃料后处理厂的建设、运行、改造和退役	
		99	其他乏燃料处理处置基金支出	
	98		超长期特别国债安排的支出▲	
		01	基础研究▲	
		02	应用研究▲	
		03	技术研究与开发▲	
		04	科技条件与服务▲	
		05	科技重大项目▲	
		99	其他科技支出▲	
	99		其他科学技术支出	
		01	科技奖励	
		02	核应急	
		03	转制科研机构	
		99	其他科学技术支出	
207			**文化旅游体育与传媒支出**	
	01		文化和旅游	
		01	行政运行	
		02	一般行政管理事务	
		03	机关服务	

科目编码			科目名称	说明
类	款	项		
207	01	04	图书馆	
		05	文化展示及纪念机构	
		06	艺术表演场所	
		07	艺术表演团体	
		08	文化活动	
		09	群众文化	
		10	文化和旅游交流与合作	
		11	文化创作与保护	
		12	文化和旅游市场管理	
		13	旅游宣传	
		14	文化和旅游管理事务	
		99	其他文化和旅游支出	
	02		文物	
		01	行政运行	
		02	一般行政管理事务	
		03	机关服务	
		04	文物保护	
		05	博物馆	
		06	历史名城与古迹	
		99	其他文物支出	
	03		体育	
		01	行政运行	
		02	一般行政管理事务	
		03	机关服务	
		04	运动项目管理	
		05	体育竞赛	
		06	体育训练	
		07	体育场馆	
		08	群众体育	
		09	体育交流与合作	
		99	其他体育支出	
	06		新闻出版电影	
		01	行政运行	
		02	一般行政管理事务	
		03	机关服务	
		04	新闻通讯	
		05	出版发行	
		06	版权管理	

科目编码 类	科目编码 款	科目编码 项	科目名称	说明
207	06	07	电影	
		99	其他新闻出版电影支出	
	07		国家电影事业发展专项资金安排的支出	
		01	资助国产影片放映	
		02	资助影院建设	
		03	资助少数民族语电影译制	
		04	购买农村电影公益性放映版权服务	
		99	其他国家电影事业发展专项资金支出	
	08		广播电视	
		01	行政运行	
		02	一般行政管理事务	
		03	机关服务	
		06	监测监管	
		07	传输发射	
		08	广播电视事务	
		99	其他广播电视支出	
	09		旅游发展基金支出	
		01	宣传促销	
		02	行业规划	
		03	旅游事业补助	
		04	地方旅游开发项目补助	
		99	其他旅游发展基金支出	
	10		国家电影事业发展专项资金对应专项债务收入安排的支出	
		01	资助城市影院	
		99	其他国家电影事业发展专项资金对应专项债务收入支出	
	98		超长期特别国债安排的支出★	
		01	文化和旅游★	
		02	文物★	
		03	体育★	
		04	新闻出版电影★	
		05	广播电视★	
		99	其他文化旅游体育与传媒支出★	
	99		其他文化旅游体育与传媒支出	
		03	文化产业发展专项支出	
		99	其他文化旅游体育与传媒支出	
208			**社会保障和就业支出**	
	01		人力资源和社会保障管理事务	
		01	行政运行	

科目编码 类	科目编码 款	科目编码 项	科目名称	说明
208	01	02	一般行政管理事务	
		03	机关服务	
		04	综合业务管理	
		05	劳动保障监察	
		06	就业管理事务	
		07	社会保险业务管理事务	
		08	信息化建设	
		09	社会保险经办机构	
		10	劳动关系和维权	
		11	公共就业服务和职业技能鉴定机构	
		12	劳动人事争议调解仲裁	
		13	政府特殊津贴	
		14	资助留学回国人员	
		15	博士后日常经费	
		16	引进人才费用	
		50	事业运行	
		99	其他人力资源和社会保障管理事务支出	
	02		民政管理事务	
		01	行政运行	
		02	一般行政管理事务	
		03	机关服务	
		06	社会组织管理	
		07	行政区划和地名管理	
		09	老龄事务★	
		99	其他民政管理事务支出	
	04		补充全国社会保障基金	
		02	用一般公共预算补充基金	
		51	国有资本经营预算补充社保基金支出	
		99	用其他财政资金补充基金	反映除用一般财政预算、国有资本经营预算和彩票公益金以外的其他财政资金补充全国社会保障基金的支出。
	05		行政事业单位养老支出	
		01	行政单位离退休	
		02	事业单位离退休	
		03	离退休人员管理机构	
		05	机关事业单位基本养老保险缴费支出	
		06	机关事业单位职业年金缴费支出	

科目编码			科目名称	说明
类	款	项		
208	05	07	对机关事业单位基本养老保险基金的补助	
		08	对机关事业单位职业年金的补助	
		99	其他行政事业单位养老支出	
	06		企业改革补助	
		01	企业关闭破产补助	
		02	厂办大集体改革补助	
		99	其他企业改革发展补助	
	07		就业补助	
		01	就业创业服务补助★	
		02	职业培训补贴	
		04	社会保险补贴	
		05	公益性岗位补贴	
		09	职业技能评价补贴★	
		11	就业见习补贴	
		12	高技能人才培养补助	
		13	求职和创业补贴★	
		99	其他就业补助支出	
	08		抚恤	
		01	死亡抚恤	
		02	伤残抚恤	
		03	在乡复员、退伍军人生活补助	
		05	义务兵优待	
		06	农村籍退役士兵老年生活补助	
		07	光荣院	
		08	褒扬纪念	
		99	其他优抚支出	
	09		退役安置	
		01	退役士兵安置	
		02	军队移交政府的离退休人员安置★	
		03	军队移交政府离退休干部管理机构	
		04	退役士兵管理教育	
		05	军队转业干部安置	
		99	其他退役安置支出	
	10		社会福利	
		01	儿童福利	
		02	老年福利	
		03	康复辅具	
		04	殡葬	

科目编码			科目名称	说明
类	款	项		
208	10	05	社会福利事业单位	
		06	养老服务	
		99	其他社会福利支出	
	11		残疾人事业	
		01	行政运行	
		02	一般行政管理事务	
		03	机关服务	
		04	残疾人康复	
		05	残疾人就业	
		06	残疾人体育	
		07	残疾人生活和护理补贴	
		99	其他残疾人事业支出	
	16		红十字事业	
		01	行政运行	
		02	一般行政管理事务	
		03	机关服务	
		50	事业运行	
		99	其他红十字事业支出	
	19		最低生活保障	
		01	城市最低生活保障金支出	
		02	农村最低生活保障金支出	
	20		临时救助	
		01	临时救助支出	
		02	流浪乞讨人员救助支出	
	21		特困人员救助供养	
		01	城市特困人员救助供养支出	
		02	农村特困人员救助供养支出	
	24		补充道路交通事故社会救助基金	
		01	对道路交通事故社会救助基金的补助	
		02	交强险罚款收入补助基金支出	
	25		其他生活救助	
		01	其他城市生活救助	
		02	其他农村生活救助	
	26		财政对基本养老保险基金的补助	
		01	财政对企业职工基本养老保险基金的补助	
		02	财政对城乡居民基本养老保险基金的补助	
		99	财政对其他基本养老保险基金的补助	
	27		财政对其他社会保险基金的补助	

科目编码			科 目 名 称	说 明
类	款	项		
208	27	01	财政对失业保险基金的补助	
		02	财政对工伤保险基金的补助	
		99	其他财政对社会保险基金的补助	
	28		退役军人管理事务	
		01	行政运行	
		02	一般行政管理事务	
		03	机关服务	
		04	拥军优属	
		05	军供保障	
		06	信息化建设	
		50	事业运行	
		99	其他退役军人事务管理支出	
	30		财政代缴社会保险费支出	
		01	财政代缴城乡居民基本养老保险费支出	
		99	财政代缴其他社会保险费支出	
	98		超长期特别国债安排的支出▲	
		01	养老机构及服务设施▲	
		02	公共就业服务设施▲	
		99	其他社会保障和就业支出▲	
	99		其他社会保障和就业支出	
		99	其他社会保障和就业支出	
209			社会保险基金支出	
	01		企业职工基本养老保险基金支出	
		01	基本养老金支出	
		02	医疗补助金支出	
		03	丧葬补助金和抚恤金支出★	
		04	病残津贴支出	
		99	其他企业职工基本养老保险基金支出	
	02		失业保险基金支出	
		01	失业保险金支出	
		02	基本医疗保险费支出	
		03	丧葬补助金和抚恤金支出	
		04	职业培训和职业介绍补贴支出	
		05	技能提升补贴支出	
		06	稳定岗位补贴支出	
		10	其他费用支出	
		99	其他失业保险基金支出	
	03		职工基本医疗保险基金支出	

科目编码 类	科目编码 款	科目编码 项	科目名称	说明
209	03	01	职工基本医疗保险统筹基金支出	
		02	职工基本医疗保险个人账户基金支出	
		99	其他职工基本医疗保险基金支出	
	04		工伤保险基金支出	
		01	工伤保险待遇支出	
		02	劳动能力鉴定支出	
		03	工伤预防费用支出	
		04	职业伤害保障支出	
		99	其他工伤保险基金支出	
	10		城乡居民基本养老保险基金支出	
		01	基础养老金支出	
		02	个人账户养老金支出	
		03	丧葬补助金支出	
		99	其他城乡居民基本养老保险基金支出	
	11		机关事业单位基本养老保险基金支出	
		01	基本养老金支出	
		02	丧葬补助金和抚恤金支出	
		99	其他机关事业单位基本养老保险基金支出	
	12		城乡居民基本医疗保险基金支出	
		01	城乡居民基本医疗保险基金医疗待遇支出	
		02	城乡居民大病保险支出	
		99	其他城乡居民基本医疗保险基金支出	
	99		其他社会保险基金支出	
210			**卫生健康支出**	
	01		卫生健康管理事务	
		01	行政运行	
		02	一般行政管理事务	
		03	机关服务	
		99	其他卫生健康管理事务支出	
	02		公立医院	
		01	综合医院	
		02	中医(民族)医院	
		03	传染病医院	
		04	职业病防治医院	
		05	精神病医院	
		06	妇幼保健医院	
		07	儿童医院	
		08	其他专科医院	

科目编码			科目名称	说明
类	款	项		
210	02	09	福利医院	
		10	行业医院	
		11	处理医疗欠费	
		12	康复医院	
		13	优抚医院	
		99	其他公立医院支出	
	03		基层医疗卫生机构	
		01	城市社区卫生机构	
		02	乡镇卫生院	
		99	其他基层医疗卫生机构支出	
	04		公共卫生	
		01	疾病预防控制机构	
		02	卫生监督机构	
		03	妇幼保健机构	
		04	精神卫生机构	
		05	应急救治机构	
		06	采供血机构	
		07	其他专业公共卫生机构	
		08	基本公共卫生服务★	
		09	重大公共卫生服务	
		10	突发公共卫生事件应急处置	
		99	其他公共卫生支出	
	07		计划生育事务	
		16	计划生育机构	
		17	计划生育服务	
		99	其他计划生育事务支出	
	11		行政事业单位医疗	
		01	行政单位医疗	
		02	事业单位医疗	
		03	公务员医疗补助	
		99	其他行政事业单位医疗支出	
	12		财政对基本医疗保险基金的补助	
		01	财政对职工基本医疗保险基金的补助	
		02	财政对城乡居民基本医疗保险基金的补助	
		99	财政对其他基本医疗保险基金的补助	
	13		医疗救助	
		01	城乡医疗救助	
		02	疾病应急救助	

科目编码			科目名称	说明
类	款	项		
210	13	99	其他医疗救助支出	
	14		优抚对象医疗	
		01	优抚对象医疗补助	
		99	其他优抚对象医疗支出	
	15		医疗保障管理事务	
		01	行政运行	
		02	一般行政管理事务	
		03	机关服务	
		04	信息化建设	
		05	医疗保障政策管理	
		06	医疗保障经办事务	
		50	事业运行	
		99	其他医疗保障管理事务支出	
	17		中医药事务	
		01	行政运行	
		02	一般行政管理事务	
		03	机关服务	
		04	中医（民族医）药专项	
		50	事业运行★	
		99	其他中医药事务支出	
	18		疾病预防控制事务	
		01	行政运行	
		02	一般行政管理事务	
		03	机关服务	
		99	其他疾病预防控制事务支出	
	19		托育服务★	
		01	托育机构★	
		99	其他托育服务支出★	
	98		超长期特别国债安排的支出▲	
		01	公立医院▲	
		02	基层医疗卫生机构▲	
		03	公共卫生机构▲	
		04	托育机构▲	
		99	其他卫生健康支出▲	
	99		其他卫生健康支出	
		99	其他卫生健康支出	
211			节能环保支出	
	01		环境保护管理事务	

科目编码			科目名称	说明
类	款	项		
211	01	01	行政运行	
		02	一般行政管理事务	
		03	机关服务	
		04	生态环境保护宣传	
		05	环境保护法规、规划及标准	
		06	生态环境国际合作及履约	
		07	生态环境保护行政许可	
		08	应对气候变化管理事务	
		99	其他环境保护管理事务支出	
	02		环境监测与监察	
		03	建设项目环评审查与监督	
		04	核与辐射安全监督	
		99	其他环境监测与监察支出	
	03		污染防治	
		01	大气	
		02	水体	
		03	噪声	
		04	固体废弃物与化学品	
		05	放射源和放射性废物监管	
		06	辐射	
		07	土壤	
		99	其他污染防治支出	
	04		自然生态保护	
		01	生态保护	
		02	农村环境保护	
		04	生物及物种资源保护	
		05	草原生态修复治理	
		06	自然保护地	
		99	其他自然生态保护支出	
	05		森林保护修复	
		01	森林管护	
		02	社会保险补助	
		03	政策性社会性支出补助	
		06	天然林保护工程建设	
		07	停伐补助	
		99	其他森林保护修复支出	
	07		风沙荒漠治理	
		04	京津风沙源治理工程建设	

科目编码			科目名称	说明
类	款	项		
211	07	99	其他风沙荒漠治理支出	
	08		退牧还草	
		04	退牧还草工程建设	
		99	其他退牧还草支出	
	09		已垦草原退耕还草	
		01	已垦草原退耕还草	
	10		能源节约利用	
		01	能源节约利用	
	11		污染减排	
		01	生态环境监测与信息	
		02	生态环境执法监察	
		03	减排专项支出	
		04	清洁生产专项支出	
		99	其他污染减排支出	
	12		清洁能源★	
		01	可再生能源	
		99	其他清洁能源支出★	
	13		循环经济	
		01	循环经济	
	14		能源管理事务	
		01	行政运行	
		02	一般行政管理事务	
		03	机关服务	
		06	能源科技装备	
		07	能源行业管理	
		08	能源管理	
		11	信息化建设	
		13	农村电网建设	
		50	事业运行	
		99	其他能源管理事务支出	
	60		可再生能源电价附加收入安排的支出	
		01	风力发电补助	
		02	太阳能发电补助	
		03	生物质能发电补助	
		99	其他可再生能源电价附加收入安排的支出	
	61		废弃电器电子产品处理基金支出	
		01	回收处理费用补贴	
		02	信息系统建设	

科目编码 类	科目编码 款	科目编码 项	科 目 名 称	说 明
211	61	03	基金征管经费	
		04	其他废弃电器电子产品处理基金支出	
	98		超长期特别国债安排的支出▲	
		01	水污染综合治理▲	
		02	应对气候变化▲	
		03	"三北"工程建设▲	
		99	其他节能环保支出▲	
	99		其他节能环保支出	
		99	其他节能环保支出	
212			城乡社区支出	
	01		城乡社区管理事务	
		01	行政运行	
		02	一般行政管理事务	
		03	机关服务	
		04	城管执法	
		05	工程建设标准规范编制与监管	
		06	工程建设管理	
		07	市政公用行业市场监管	
		09	住宅建设与房地产市场监管	
		10	执业资格注册、资质审查	
		99	其他城乡社区管理事务支出	
	02		城乡社区规划与管理	
		01	城乡社区规划与管理	
	03		城乡社区公共设施	
		03	小城镇基础设施建设	
		99	其他城乡社区公共设施支出	
	05		城乡社区环境卫生	
		01	城乡社区环境卫生	
	06		建设市场管理与监督	
		01	建设市场管理与监督	
	08		国有土地使用权出让收入安排的支出	
		01	征地和拆迁补偿支出	
		02	土地开发支出	
		03	城市建设支出	
		04	农村基础设施建设支出	
		05	补助被征地农民支出	
		06	土地出让业务支出	
		07	廉租住房支出	

科目编码			科目名称	说明
类	款	项		
212	08	09	支付破产或改制企业职工安置费	
		10	棚户区改造支出	
		11	公共租赁住房支出	
		13	保障性住房租金补贴	
		14	农业生产发展支出	
		15	农村社会事业支出	
		16	农业农村生态环境支出	
		99	其他国有土地使用权出让收入安排的支出	
	10		国有土地收益基金安排的支出	
		01	征地和拆迁补偿支出	
		02	土地开发支出	
		99	其他国有土地收益基金支出	
	11		农业土地开发资金安排的支出	
	13		城市基础设施配套费安排的支出	
		01	城市公共设施	
		02	城市环境卫生	
		03	公有房屋	
		04	城市防洪	
		99	其他城市基础设施配套费安排的支出	
	14		污水处理费安排的支出	
		01	污水处理设施建设和运营	
		02	代征手续费	
		99	其他污水处理费安排的支出	
	15		土地储备专项债券收入安排的支出	
		01	征地和拆迁补偿支出	
		02	土地开发支出	
		99	其他土地储备专项债券收入安排的支出	
	16		棚户区改造专项债券收入安排的支出	
		01	征地和拆迁补偿支出	
		02	土地开发支出	
		99	其他棚户区改造专项债券收入安排的支出	
	17		城市基础设施配套费对应专项债务收入安排的支出	
		01	城市公共设施	
		02	城市环境卫生	
		03	公有房屋	
		04	城市防洪	
		99	其他城市基础设施配套费对应专项债务收入安排的支出	
	18		污水处理费对应专项债务收入安排的支出	

科目编码			科目名称	说明
类	款	项		
212	18	01	污水处理设施建设和运营	
		99	其他污水处理费对应专项债务收入安排的支出	
	19		国有土地使用权出让收入对应专项债务收入安排的支出	
		01	征地和拆迁补偿支出	
		02	土地开发支出	
		03	城市建设支出	
		04	农村基础设施建设支出	
		05	廉租住房支出	
		06	棚户区改造支出	
		07	公共租赁住房支出	
		99	其他国有土地使用权出让收入对应专项债务收入安排的支出	
	98		超长期特别国债安排的支出▲	
		01	城乡社区公共设施▲	
		99	其他城乡社区支出▲	
	99		其他城乡社区支出	
		99	其他城乡社区支出	
213			**农 林 水 支 出**	
	01		农业农村	
		01	行政运行	
		02	一般行政管理事务	
		03	机关服务	
		04	事业运行	
		05	农垦运行	
		06	科技转化与推广服务	
		08	病虫害控制	
		09	农产品质量安全	
		10	执法监管	
		11	统计监测与信息服务	
		12	行业业务管理	
		14	对外交流与合作★	
		19	防灾救灾	
		20	稳定农民收入补贴	
		21	农业结构调整补贴	
		22	农业生产发展	
		24	农业合作经济	
		25	农产品加工与促销	
		26	农村社会事业	

科目编码			科目名称	说明
类	款	项		
213	01	35	农业生态资源保护	
		42	乡村道路建设	
		48	渔业发展	
		52	对高校毕业生到基层任职补助	
		53	耕地建设与利用	
		99	其他农业农村支出	
	02		林业和草原	
		01	行政运行	
		02	一般行政管理事务	
		03	机关服务	
		04	事业机构	
		05	森林资源培育	
		06	技术推广与转化	
		07	森林资源管理	
		09	森林生态效益补偿	
		11	动植物保护	
		12	湿地保护	
		13	执法与监督	
		17	防沙治沙	
		20	对外合作与交流	
		21	产业化管理	
		23	信息管理	
		26	林区公共支出	
		27	贷款贴息	
		34	林业草原防灾减灾★	
		36	草原管理	
		37	行业业务管理	
		38	退耕还林还草	
		99	其他林业和草原支出	
	03		水利	
		01	行政运行	
		02	一般行政管理事务	
		03	机关服务	
		04	水利行业业务管理	
		05	水利工程建设	
		06	水利工程运行与维护	
		07	长江黄河等流域管理	
		08	水利前期工作	

科目编码			科目名称	说明
类	款	项		
213	03	09	水利执法监督	
		10	水土保持	
		11	水资源节约管理与保护	
		12	水质监测	
		13	水文测报	
		14	防汛	
		15	抗旱	
		16	农村水利	
		17	水利技术推广	
		18	国际河流治理与管理	
		19	江河湖库水系综合整治	
		21	大中型水库移民后期扶持专项支出	
		22	水利安全监督	
		33	信息管理	
		34	水利建设征地及移民支出	
		35	农村供水	
		36	南水北调工程建设	
		37	南水北调工程管理	
		99	其他水利支出	
	05		巩固脱贫攻坚成果衔接乡村振兴	
		04	农村基础设施建设	
		05	生产发展	
		06	社会发展	
		07	贷款奖补和贴息	
		08	"三西"农业建设专项补助	
		99	其他巩固脱贫攻坚成果衔接乡村振兴支出	
	07		农村综合改革	
		01	对村级公益事业建设的补助	
		05	对村民委员会和村党支部的补助	
		06	对村集体经济组织的补助	
		07	农村综合改革示范试点补助	
		99	其他农村综合改革支出	
	08		普惠金融发展支出	
		01	支持农村金融机构	
		03	农业保险保费补贴	
		04	创业担保贷款贴息及奖补	
		05	补充创业担保贷款基金	
		99	其他普惠金融发展支出	

科目编码			科目名称	说明
类	款	项		
213	09		目标价格补贴	
		01	棉花目标价格补贴	
		99	其他目标价格补贴	
	66		大中型水库库区基金安排的支出	
		01	基础设施建设和经济发展	
		02	解决移民遗留问题	
		03	库区防护工程维护	
		99	其他大中型水库库区基金支出	
	67		三峡水库库区基金支出	
		01	基础设施建设和经济发展	
		02	解决移民遗留问题	
		03	库区维护和管理	
		99	其他三峡水库库区基金支出	
	69		国家重大水利工程建设基金安排的支出	
		01	南水北调工程建设	
		02	三峡后续工作	
		03	地方重大水利工程建设	
		99	其他重大水利工程建设基金支出	
	70		大中型水库库区基金对应专项债务收入安排的支出	
		01	基础设施建设和经济发展	
		99	其他大中型水库库区基金对应专项债务收入支出	
	71		国家重大水利工程建设基金对应专项债务收入安排的支出	
		01	南水北调工程建设	
		02	三峡工程后续工作	
		03	地方重大水利工程建设	
		99	其他重大水利工程建设基金对应专项债务收入支出	
	72		大中型水库移民后期扶持基金支出	
		01	移民补助	
		02	基础设施建设和经济发展	
		99	其他大中型水库移民后期扶持基金支出	
	73		小型水库移民扶助基金安排的支出	
		01	移民补助	
		02	基础设施建设和经济发展	
		99	其他小型水库移民扶助基金支出	
	74		小型水库移民扶助基金对应专项债务收入安排的支出	
		01	基础设施建设和经济发展	
		99	其他小型水库移民扶助基金对应专项债务收入安排的支出	

科目编码			科目名称	说明
类	款	项		
213	98		超长期特别国债安排的支出▲	
		01	农业农村支出▲	
		02	水利支出▲	
		99	其他农林水支出▲	
	99		其他农林水支出	
		01	化解其他公益性乡村债务支出	
		99	其他农林水支出	
214			交通运输支出	
	01		公路水路运输	
		01	行政运行	
		02	一般行政管理事务	
		03	机关服务	
		04	公路建设	
		06	公路养护	
		09	交通运输信息化建设	
		10	公路和运输安全	
		12	公路运输管理	
		14	公路和运输技术标准化建设	
		22	水运建设	
		23	航道维护	
		27	船舶检验	
		28	救助打捞	
		29	内河运输	
		30	远洋运输	
		31	海事管理	
		33	航标事业发展支出	
		36	水路运输管理支出	
		38	口岸建设	
		99	其他公路水路运输支出	
	02		铁路运输	
		01	行政运行	
		02	一般行政管理事务	
		03	机关服务	
		04	铁路路网建设	
		05	铁路还贷专项	
		06	铁路安全	
		07	铁路专项运输	
		08	行业监管	

科目编码 类	科目编码 款	科目编码 项	科 目 名 称	说 明
214	02	99	其他铁路运输支出	
	03		民用航空运输	
		01	行政运行	
		02	一般行政管理事务	
		03	机关服务	
		04	机场建设	
		05	空管系统建设	
		06	民航还贷专项支出	
		07	民用航空安全	
		08	民航专项运输	
		99	其他民用航空运输支出	
	05		邮政业支出	
		01	行政运行	
		02	一般行政管理事务	
		03	机关服务	
		04	行业监管	
		05	邮政普遍服务与特殊服务	
		99	其他邮政业支出	
	60		海南省高等级公路车辆通行附加费安排的支出	
		01	公路建设	
		02	公路养护	
		03	公路还贷	
		99	其他海南省高等级公路车辆通行附加费安排的支出	
	62		车辆通行费安排的支出	
		01	公路还贷	
		02	政府还贷公路养护	
		03	政府还贷公路管理	
		99	其他车辆通行费安排的支出	
	64		铁路建设基金支出	
		01	铁路建设投资	
		02	购置铁路机车车辆	
		03	铁路还贷	
		04	建设项目铺底资金	
		05	勘测设计	
		06	注册资本金	
		07	周转资金	
		99	其他铁路建设基金支出	
	68		船舶油污损害赔偿基金支出	

科目编码 类	科目编码 款	科目编码 项	科目名称	说明
214	68	01	应急处置费用	
		02	控制清除污染	
		03	损失补偿	
		04	生态恢复	
		05	监视监测	
		99	其他船舶油污损害赔偿基金支出	
	69		民航发展基金支出	
		01	民航机场建设	
		02	空管系统建设	
		03	民航安全	
		04	航线和机场补贴	
		06	民航节能减排	
		07	通用航空发展	
		08	征管经费	
		09	民航科教和信息建设	
		99	其他民航发展基金支出	
	70		海南省高等级公路车辆通行附加费对应专项债务收入安排的支出	
		01	公路建设	
		99	其他海南省高等级公路车辆通行附加费对应专项债务收入安排的支出	
	71		政府收费公路专项债券收入安排的支出	
		01	公路建设	
		99	其他政府收费公路专项债券收入安排的支出	
	72		车辆通行费对应专项债务收入安排的支出	
	98		超长期特别国债安排的支出▲	
		01	公路水路运输▲	
		02	铁路运输▲	
		03	民用航空运输▲	
		04	邮政业支出▲	
		99	其他交通运输支出▲	
	99		其他交通运输支出	
		01	公共交通运营补助	
		99	其他交通运输支出	
215			**资源勘探工业信息等支出**	
	01		资源勘探开发	
		01	行政运行	
		02	一般行政管理事务	

科目编码 类	科目编码 款	科目编码 项	科目名称	说明
215	01	03	机关服务	
		04	煤炭勘探开采和洗选	
		05	石油和天然气勘探开采	
		06	黑色金属矿勘探和采选	
		07	有色金属矿勘探和采选	
		08	非金属矿勘探和采选	
		99	其他资源勘探业支出	
	02		制造业	
		01	行政运行	
		02	一般行政管理事务	
		03	机关服务	
		04	纺织业	
		05	医药制造业	
		06	非金属矿物制品业	
		07	通信设备、计算机及其他电子设备制造业	
		08	交通运输设备制造业	
		09	电气机械及器材制造业	
		10	工艺品及其他制造业	
		12	石油加工、炼焦及核燃料加工业	
		13	化学原料及化学制品制造业	
		14	黑色金属冶炼及压延加工业	
		15	有色金属冶炼及压延加工业	
		99	其他制造业支出	
	03		建筑业	
		01	行政运行	
		02	一般行政管理事务	
		03	机关服务	
		99	其他建筑业支出	
	05		工业和信息产业★	
		01	行政运行	
		02	一般行政管理事务	
		03	机关服务	
		05	战备应急	
		07	专用通信	
		08	无线电及信息通信监管	
		16	工程建设及运行维护	
		17	产业发展	
		50	事业运行	

科目编码			科目名称	说明
类	款	项		
215	05	99	其他工业和信息产业支出★	
	07		国有资产监管	
		01	行政运行	
		02	一般行政管理事务	
		03	机关服务	
		04	国有企业监事会专项	
		05	中央企业专项管理	
		99	其他国有资产监管支出	
	08		支持中小企业发展和管理支出	
		01	行政运行	
		02	一般行政管理事务	
		03	机关服务	
		04	科技型中小企业技术创新基金	
		05	中小企业发展专项	
		06	减免房租补贴	
		99	其他支持中小企业发展和管理支出	
	62		农网还贷资金支出	
		01	中央农网还贷资金支出	
		02	地方农网还贷资金支出	
		99	其他农网还贷资金支出	
	98		超长期特别国债安排的支出▲	
		01	资源勘探开发▲	
		02	制造业▲	
		03	工业和信息产业▲	
		99	其他资源勘探工业信息等支出▲	
	99		其他资源勘探工业信息等支出	
		01	黄金事务	
		04	技术改造支出	
		05	中药材扶持资金支出	
		06	重点产业振兴和技术改造项目贷款贴息	
		99	其他资源勘探工业信息等支出	
216			**商业服务业等支出**	
	02		商业流通事务	
		01	行政运行	
		02	一般行政管理事务	
		03	机关服务	
		16	食品流通安全补贴	
		17	市场监测及信息管理	

科目编码 类	科目编码 款	科目编码 项	科 目 名 称	说 明
216	02	18	民贸企业补贴	
		19	民贸民品贷款贴息	
		50	事业运行	
		99	其他商业流通事务支出	
	06		涉外发展服务支出	
		01	行政运行	
		02	一般行政管理事务	
		03	机关服务	
		07	外商投资环境建设补助资金	
		99	其他涉外发展服务支出	
	99		其他商业服务业等支出	
		01	服务业基础设施建设	
		99	其他商业服务业等支出	
217			金 融 支 出	
	01		金融部门行政支出	
		01	行政运行	
		02	一般行政管理事务	
		03	机关服务	
		04	安全防卫	
		50	事业运行	
		99	金融部门其他行政支出	
	02		金融部门监管支出	
		01	货币发行	
		02	金融服务	
		03	反假币	
		04	重点金融机构监管	
		05	金融稽查与案件处理	
		06	金融行业电子化建设	
		07	从业人员资格考试	
		08	反洗钱	
		99	金融部门其他监管支出	
	03		金融发展支出	
		01	政策性银行亏损补贴	
		02	利息费用补贴支出	
		03	补充资本金	
		04	风险基金补助	
		99	其他金融发展支出	
	04		金融调控支出	

科目编码			科目名称	说明
类	款	项		
217	04	01	中央银行亏损补贴	
		02	中央特别国债经营基金支出	
		03	中央特别国债经营基金财务支出	
		99	其他金融调控支出	
	99		其他金融支出	
		02	重点企业贷款贴息	
		99	其他金融支出	
219			**援助其他地区支出**	
	01		一般公共服务	
	02		教育	
	03		文化旅游体育与传媒	
	04		卫生健康	
	05		节能环保	
	06		农业农村	
	07		交通运输	
	08		住房保障	
	99		其他支出	
220			**自然资源海洋气象等支出**	
	01		自然资源事务	
		01	行政运行	
		02	一般行政管理事务	
		03	机关服务	
		04	自然资源规划及管理	
		06	自然资源利用与保护	
		07	自然资源社会公益服务	
		08	自然资源行业业务管理	
		09	自然资源调查与确权登记	
		12	土地资源储备支出	
		13	地质矿产资源与环境调查	
		14	地质勘查与矿产资源管理	
		15	地质转产项目财政贴息	
		16	国外风险勘查	
		19	地质勘查基金（周转金）支出	
		20	海域与海岛管理	
		21	自然资源国际合作与海洋权益维护	
		22	自然资源卫星	
		23	极地考察	
		24	深海调查与资源开发	

科目编码 类	科目编码 款	科目编码 项	科 目 名 称	说 明
220	01	25	海港航标维护	
		26	海水淡化	
		27	无居民海岛使用金支出	
		28	海洋战略规划与预警监测	
		29	基础测绘与地理信息监管	
		50	事业运行	
		99	其他自然资源事务支出	
	05		气象事务	
		01	行政运行	
		02	一般行政管理事务	
		03	机关服务	
		04	气象事业机构	
		06	气象探测	
		07	气象信息传输及管理	
		08	气象预报预测	
		09	气象服务	
		10	气象装备保障维护	
		11	气象基础设施建设与维修	
		12	气象卫星	
		13	气象法规与标准	
		14	气象资金审计稽查	
		99	其他气象事务支出	
	06		耕地保护考核奖惩基金支出▲	
		01	耕地保护▲	
		02	补充耕地▲	
	99		其他自然资源海洋气象等支出	
		99	其他自然资源海洋气象等支出	
221			**住房保障支出**	
	01		保障性安居工程支出	
		02	沉陷区治理	
		03	棚户区改造	
		04	少数民族地区游牧民定居工程	
		05	农村危房改造	
		08	老旧小区改造	
		11	配租型住房保障★	
		12	配售型保障性住房★	
		13	城中村改造★	
		99	其他保障性安居工程支出	

科目编码			科 目 名 称	说　明
类	款	项		
221	02		住房改革支出	
		01	住房公积金	
		02	提租补贴	
		03	购房补贴	
	03		城乡社区住宅	
		01	公有住房建设和维修改造支出	
		02	住房公积金管理	
		99	其他城乡社区住宅支出	
	98		超长期特别国债安排的支出▲	
		01	保障性租赁住房▲	
		99	其他住房保障支出▲	
222			粮油物资储备支出	
	01		粮油物资事务	
		01	行政运行	
		02	一般行政管理事务	
		03	机关服务	
		04	财务和审计支出	
		05	信息统计	
		06	专项业务活动	
		07	国家粮油差价补贴	
		12	粮食财务挂账利息补贴	
		13	粮食财务挂账消化款	
		14	处理陈化粮补贴	
		15	粮食风险基金	
		18	粮油市场调控专项资金	
		19	设施建设	
		20	设施安全	
		21	物资保管保养	
		50	事业运行	
		99	其他粮油物资事务支出	
	03		能源储备	
		01	石油储备	
		03	天然铀储备	
		04	煤炭储备	
		05	成品油储备	
		06	天然气储备	
		99	其他能源储备支出	
	04		粮油储备	
		01	储备粮油补贴	
		02	储备粮油差价补贴	
		03	储备粮（油）库建设	

科目编码			科目名称	说明
类	款	项		
222	04	04	最低收购价政策支出	
		99	其他粮油储备支出	
	05		重要商品储备	
		01	棉花储备	
		02	食糖储备	
		03	肉类储备	
		04	化肥储备	
		05	农药储备	
		06	边销茶储备	
		07	羊毛储备	
		08	医药储备	
		09	食盐储备	
		10	战略物资储备	
		11	应急物资储备	
		99	其他重要商品储备支出	
	98		超长期特别国债安排的支出▲	
		01	设施建设▲	
		99	其他粮油物资储备支出▲	
223			**国有资本经营预算支出**	
	01		解决历史遗留问题及改革成本支出	
		01	厂办大集体改革支出	
		02	"三供一业"移交补助支出	
		03	国有企业办职教幼教补助支出	
		04	国有企业办公共服务机构移交补助支出	
		05	国有企业退休人员社会化管理补助支出	
		06	国有企业棚户区改造支出	
		07	国有企业改革成本支出	
		08	离休干部医药费补助支出	
		09	金融企业改革性支出	
		99	其他解决历史遗留问题及改革成本支出	
	02		国有企业资本金注入	
		01	国有经济结构调整支出	
		02	公益性设施投资支出	
		03	前瞻性战略性产业发展支出	
		04	生态环境保护支出	
		05	支持科技进步支出	
		06	重点领域安全生产能力建设支出★	
		08	金融企业资本性支出	

科目编码 类	科目编码 款	科目编码 项	科 目 名 称	说 明
223	02	99	其他国有企业资本金注入	
	03		国有企业公益性补贴★	
		01	国有企业公益性补贴★	
	99		其他国有资本经营预算支出	
		99	其他国有资本经营预算支出	
224			**灾害防治及应急管理支出**	
	01		应急管理事务	
		01	行政运行	
		02	一般行政管理事务	
		03	机关服务	
		04	灾害风险防治	
		05	国务院安委会专项	
		06	安全监管	
		08	应急救援	
		09	应急管理	
		50	事业运行	
		99	其他应急管理支出	
	02		消防救援事务	
		01	行政运行	
		02	一般行政管理事务	
		03	机关服务	
		04	消防应急救援	
		50	事业运行	
		99	其他消防救援事务支出	
	04		矿山安全	
		01	行政运行	
		02	一般行政管理事务	
		03	机关服务	
		04	矿山安全监察事务	
		05	矿山应急救援事务	
		50	事业运行	
		99	其他矿山安全支出	
	05		地震事务	
		01	行政运行	
		02	一般行政管理事务	
		03	机关服务	
		04	地震监测	
		05	地震预测预报	

类	款	项	科目名称	说明
224	05	06	地震灾害预防	
		07	地震应急救援	
		08	地震环境探察	
		09	防震减灾信息管理	
		10	防震减灾基础管理	
		50	地震事业机构	
		99	其他地震事务支出	
	06		自然灾害防治	
		01	地质灾害防治	
		02	森林草原防灾减灾	
		99	其他自然灾害防治支出	
	07		自然灾害救灾及恢复重建支出	
		03	自然灾害救灾补助	
		04	自然灾害灾后重建补助	
		99	其他自然灾害及恢复重建支出	
	98		超长期特别国债安排的支出★	
		01	自然灾害防治▲	
		02	自然灾害恢复重建支出▲	
		99	其他灾害防治及应急管理支出★	
	99		其他灾害防治及应急管理支出	
		99	其他灾害防治及应急管理支出	
227			预　备　费	
229			其　他　支　出	
	02		年初预留	
		01	年初预留	
	04		其他政府性基金及对应专项债务收入安排的支出	
		01	其他政府性基金安排的支出	
		02	其他地方自行试点项目收益专项债券收入安排的支出	
		03	其他政府性基金债务收入安排的支出	
	08		彩票发行销售机构业务费安排的支出	
		02	福利彩票发行机构的业务费支出	
		03	体育彩票发行机构的业务费支出	
		04	福利彩票销售机构的业务费支出	
		05	体育彩票销售机构的业务费支出	
		06	彩票兑奖周转金支出	
		07	彩票发行销售风险基金支出	
		08	彩票市场调控资金支出	
		99	其他彩票发行销售机构业务费安排的支出	

科目编码 类	科目编码 款	科目编码 项	科目名称	说明
229	09		抗疫特别国债财务基金支出	
		01	抗疫特别国债财务基金支出★	
	10		超长期特别国债财务基金支出▲	
		01	超长期特别国债财务基金支出▲	
	60		彩票公益金安排的支出	
		01	用于补充全国社会保障基金的彩票公益金支出	
		02	用于社会福利的彩票公益金支出	
		03	用于体育事业的彩票公益金支出	
		04	用于教育事业的彩票公益金支出	
		05	用于红十字事业的彩票公益金支出	
		06	用于残疾人事业的彩票公益金支出	
		10	用于文化事业的彩票公益金支出	
		11	用于巩固脱贫攻坚成果衔接乡村振兴的彩票公益金支出	
		12	用于法律援助的彩票公益金支出	
		13	用于城乡医疗救助的彩票公益金支出	
		99	用于其他社会公益事业的彩票公益金支出	
	98		超长期特别国债安排的其他支出▲	
		99	其他支出▲	
	99		其他支出	
		99	其他支出	
230			转移性支出	
	01		返还性支出	
		02	所得税基数返还支出	
		03	成品油税费改革税收返还支出	
		04	增值税税收返还支出	
		05	消费税税收返还支出	
		06	增值税"五五分享"税收返还支出	
		99	其他返还性支出	
	02		一般性转移支付	
		01	体制补助支出	
		02	均衡性转移支付支出	
		07	县级基本财力保障机制奖补资金支出	
		08	结算补助支出	
		12	资源枯竭型城市转移支付补助支出	
		14	企业事业单位划转补助支出	
		25	产粮（油）大县奖励资金支出	
		26	重点生态功能区转移支付支出	

科目编码 类	科目编码 款	科目编码 项	科 目 名 称	说 明
230	02	27	固定数额补助支出	
		28	革命老区转移支付支出	
		29	民族地区转移支付支出	
		30	边境地区转移支付支出	
		31	巩固脱贫攻坚成果衔接乡村振兴转移支付支出	
		41	一般公共服务共同财政事权转移支付支出	
		42	外交共同财政事权转移支付支出	
		43	国防共同财政事权转移支付支出	
		44	公共安全共同财政事权转移支付支出	
		45	教育共同财政事权转移支付支出	
		46	科学技术共同财政事权转移支付支出	
		47	文化旅游体育与传媒共同财政事权转移支付支出	
		48	社会保障和就业共同财政事权转移支付支出	
		49	医疗卫生共同财政事权转移支付支出	
		50	节能环保共同财政事权转移支付支出	
		51	城乡社区共同财政事权转移支付支出	
		52	农林水共同财政事权转移支付支出	
		53	交通运输共同财政事权转移支付支出	
		54	资源勘探工业信息等共同财政事权转移支付支出	
		55	商业服务业等共同财政事权转移支付支出	
		56	金融共同财政事权转移支付支出	
		57	自然资源海洋气象等共同财政事权转移支付支出	
		58	住房保障共同财政事权转移支付支出	
		59	粮油物资储备共同财政事权转移支付支出	
		60	灾害防治及应急管理共同财政事权转移支付支出	
		69	其他共同财政事权转移支付支出	
		99	其他一般性转移支付支出	
	03		专项转移支付	
		01	一般公共服务	
		02	外交	
		03	国防	
		04	公共安全	
		05	教育	
		06	科学技术	
		07	文化旅游体育与传媒	
		08	社会保障和就业	
		10	卫生健康	
		11	节能环保	

科目编码			科 目 名 称	说　　明
类	款	项		
230	03	12	城乡社区	
		13	农林水	
		14	交通运输	
		15	资源勘探工业信息等	
		16	商业服务业等	
		17	金融	
		20	自然资源海洋气象等	
		21	住房保障	
		22	粮油物资储备	
		24	灾害防治及应急管理	
		99	其他支出	
	04		政府性基金转移支付	
		03	抗疫特别国债转移支付支出	
		04	科学技术	
		05	文化旅游体育与传媒	
		06	社会保障和就业	
		07	节能环保	
		08	城乡社区	
		09	农林水	
		10	交通运输	
		11	资源勘探工业信息等	
		12	自然资源海洋气象等▲	
		13	超长期特别国债转移支付支出▲	
		99	其他支出	
	05		国有资本经营预算转移支付	
		01	国有资本经营预算转移支付支出	
	06		上解支出	
		01	体制上解支出	
		02	专项上解支出	
		03	政府性基金上解支出▲	
		04	国有资本经营预算上解支出	
		05	抗疫特别国债还本上解支出▲	
		06	超长期特别国债还本上解支出▲	
	08		调出资金	
		02	政府性基金预算调出资金	
		03	国有资本经营预算调出资金	
		99	其他调出资金	反映从其他预算中调出的资金

科目编码 类	科目编码 款	科目编码 项	科 目 名 称	说 明
230	09		年终结余	
		01	一般公共预算年终结余	
		02	政府性基金年终结余	
		11	企业职工基本养老保险基金年终结余	
		12	事业保险基金年终结余	
		13	职工基本医疗保险基金年终结余	
		14	工伤保险基金年终结余	
		15	城乡居民基本养老保险基金年终结余	
		16	机关事业单位基本养老保险基金年终结余	
		17	城乡居民基本医疗保险基金年终结余	
		18	国有资本经营预算年终结余	
		99	其他年终结余	反映除上述项目以外的其他资金形成的年终结余。
	11		债务转贷支出	
		01	地方政府一般债券转贷支出	
		02	地方政府向外国政府借款转贷支出	
		03	地方政府向国际组织借款转贷支出	
		04	地方政府其他一般债务转贷支出	
		05	海南省高等级公路车辆通行附加费债务转贷支出	
		09	国家电影事业发展专项资金债务转贷支出	
		15	国有土地使用权出让金债务转贷支出	
		17	农业土地开发资金债务转贷支出	
		18	大中型水库库区基金债务转贷支出	
		20	城市基础设施配套费债务转贷支出	
		21	小型水库移民扶助基金债务转贷支出	
		22	国家重大水利工程建设基金债务转贷支出	
		23	车辆通行费债务转贷支出	
		24	污水处理费债务转贷支出	
		31	土地储备专项债券转贷支出	
		32	政府收费公路专项债券转贷支出	
		33	棚户区改造专项债券转贷支出	
		98	其他地方自行试点项目收益专项债券转贷支出	
		99	其他地方政府债务转贷支出	
	15		安排预算稳定调节基金	
	16		补充预算周转金	
	17		社会保险基金转移支出	
		01	企业职工基本养老保险基金转移支出	
		02	失业保险基金转移支付	

科目编码			科目名称	说明
类	款	项		
230	17	03	职工基本医疗保险基金转移支出	
		04	城乡居民基本养老保险基金转移支出	
		05	机关事业单位基本养老保险基金转移支出	
	18		社会保险基金补助下级支出	
		01	企业职工基本养老保险基金补助支出	
		02	失业保险基金补助支出	
		03	职工基本医疗保险基金补助支出	
		04	工伤保险基金补助支出	
		05	城乡居民基本养老保险基金补助支出	
		06	机关事业单位基本养老保险基金补助支出	
		07	城乡居民基本医疗保险基金补助支出	
	19		社会保险基金上解上级支出	
		01	企业职工基本养老保险基金上解支出	
		02	失业保险基金上解支出	
		03	职工基本医疗保险基金上解支出	
		04	工伤保险基金上解支出	
		05	城乡居民基本养老保险基金上解支出	
		06	机关事业单位基本养老保险基金上解支出	
		07	城乡居民基本医疗保险基金上解支出	
	21		区域间转移性支出	
		01	援助其他地区支出	
		02	生态保护补偿转移性支出	
		03	土地指标调剂转移性支出	
		99	其他转移性支出	
	22		偿债备付金▲	
		01	安排超长期特别国债偿债备付金▲	
231			**债务还本支出**	
	01		中央政府国内债务还本支出	
		01	中央政府国内债务还本支出	
	02		中央政府国外债务还本支出	
		01	中央政府境外发行主权债券还本支出	
		02	中央政府向外国政府借款还本支出	
		03	中央政府向国际金融组织借款还本支出	
		99	中央政府其他国外借款还本支出	
	03		地方政府一般债务还本支出	
		01	地方政府一般债券还本支出	

科目编码 类	科目编码 款	科目编码 项	科目名称	说明
231	03	02	地方政府向外国政府借款还本支出	
		03	地方政府向国际组织借款还本支出	
		99	地方政府其他一般债务还本支出	
	04		地方政府专项债务还本支出	
		01	海南省高等级公路车辆通行附加费债务还本支出	
		05	国家电影事业发展专项资金债务还本支出	
		11	国有土地使用权出让金债务还本支出	
		13	农业土地开发资金债务还本支出	
		14	大中型水库库区基金债务还本支出	
		16	城市基础设施配套费债务还本支出	
		17	小型水库移民扶助基金债务还本支出	
		18	国家重大水利工程建设基金债务还本支出	
		19	车辆通行费债务还本支出	
		20	污水处理费债务还本支出	
		31	土地储备专项债券还本支出	
		32	政府收费公路专项债券还本支出	
		33	棚户区改造专项债券还本支出	
		98	其他地方自行试点项目收益专项债券还本支出	
		99	其他政府性基金债务还本支出	
	05		抗疫特别国债还本支出	
		01	抗疫特别国债还本支出	
	06		超长期特别国债还本支出▲	
		01	超长期特别国债还本支出▲	
232			债务付息支出	
	01		中央政府国内债务付息支出	
		01	中央政府国内债务付息支出	
	02		中央政府国外债务付息支出	
		01	中央政府境外发行主权债券付息支出	
		02	中央政府向外国政府借款付息支出	
		03	中央政府向国际金融组织借款付息支出	
		99	中央政府其他国外借款付息支出	
	03		地方政府一般债务付息支出	
		01	地方政府一般债券付息支出	
		02	地方政府向外国政府借款付息支出	
		03	地方政府向国际组织借款付息支出	
		99	地方政府其他一般债务付息支出	

科目编码 类	科目编码 款	科目编码 项	科 目 名 称	说 明
232	04		地方政府专项债务付息支出	
		01	海南省高等级公路车辆通行附加费债务付息支出	
		05	国家电影事业发展专项资金债务付息支出	
		11	国有土地使用权出让金债务付息支出	
		13	农业土地开发资金债务付息支出	
		14	大中型水库库区基金债务付息支出	
		16	城市基础设施配套费债务付息支出	
		17	小型水库移民扶助基金债务付息支出	
		18	国家重大水利工程建设基金债务付息支出	
		19	车辆通行费债务付息支出	
		20	污水处理费债务付息支出	
		31	土地储备专项债券付息支出	
		32	政府收费公路专项债券付息支出	
		33	棚户区改造专项债券付息支出	
		98	其他地方自行试点项目收益专项债券付息支出	
		99	其他政府性基金债务付息支出	
233			**债务发行费用支出**	
	01		中央政府国内债务发行费用支出	
		01	中央政府国内债务发行费用支出	
	02		中央政府国外债务发行费用支出	
		01	中央政府国外债务发行费用支出	
	03		地方政府一般债务发行费用支出	
		01	地方政府一般债务发行费用支出	
	04		地方政府专项债务发行费用支出	
		01	海南省高等级公路车辆通行附加费债务发行费用支出	
		05	国家电影事业发展专项资金债务发行费用支出	
		11	国有土地使用权出让金债务发行费用支出	
		13	农业土地开发资金债务发行费用支出	
		14	大中型水库库区基金债务发行费用支出	
		16	城市基础设施配套费债务发行费用支出	
		17	小型水库移民扶助基金债务发行费用支出	
		18	国家重大水利工程建设基金债务发行费用支出	
		19	车辆通行费债务发行费用支出	
		20	污水处理费债务发行费用支出	
		31	土地储备专项债券发行费用支出	
		32	政府收费公路专项债券发行费用支出	

科目编码 类	款	项	科 目 名 称	说 明
233	04	33	棚户区改造专项债券发行费用支出	
		98	其他地方自行试点项目收益专项债券发行费用支出	
		99	其他政府性基金债务发行费用支出	
234			**抗疫特别国债安排的支出**	
	01		基础设施建设	
		01	公共卫生体系建设	
		02	重大疫情防控救治体系建设	
		03	粮食安全	
		04	能源安全	
		05	应急物资保障	
		06	产业链改造升级	
		07	城镇老旧小区改造	
		08	生态环境治理	
		09	交通基础设施建设	
		10	市政设施建设	
		11	重大区域规划基础设施建设	
		99	其他基础设施建设	
	02		抗疫相关支出	
		01	减免房租补贴	
		02	重点企业贷款贴息	
		03	创业担保贷款贴息	
		04	援企稳岗补贴	
		05	困难群众基本生活补助	
		99	其他抗疫相关支出	

附录二 支出经济分类科目对照表

政府预算经济分类			部门预算经济分类		
科目编号		科目名称	科目编号		科目名称
类	款		类	款	
501		**机关工资福利支出**	**301**		**工资福利支出**
	01	工资奖金津补贴		01	基本工资
				02	津贴补贴
				03	奖金
	02	社会保障缴费		08	机关事业单位基本养老保险缴费
				09	职业年金缴费
				10	职工基本医疗保险缴费
				11	公务员医疗补助缴费
				12	其他社会保障缴费
	03	住房公积金		13	住房公积金
	99	其他工资福利支出		06	伙食补助费
				14	医疗费
				99	其他工资福利支出
502		**机关商品和服务支出**	**302**		**商品和服务支出**
	01	办公经费		01	办公费
				02	印刷费
				04	手续费
				05	水费
				06	电费
				07	邮电费
				08	取暖费
				09	物业管理费
				11	差旅费

政府预算经济分类			部门预算经济分类		
科目编号		科目名称	科目编号		科目名称
类	款		类	款	
502	01	办公经费	302	14	租赁费
				28	工会经费
				29	福利费
				39	其他交通费用
				40	税金及附加费用
	02	会议费		15	会议费
	03	培训费		16	培训费
	04	专用材料购置费		18	专用材料费
				24	被装购置费
				25	专用燃料费
	05	委托业务费		26	劳务费
				27	委托业务费
	06	公务接待费		17	公务接待费
	07	因公出国（境）费用		12	因公出国（境）费用
	08	公务用车运行维护费		31	公务用车运行维护费
	09	维修(护)费		13	维修(护)费
	99	其他商品和服务支出		99	其他商品和服务支出
503		**机关资本性支出**	310		**资本性支出**
	01	房屋建筑物购建		01	房屋建筑物购建
	02	基础设施建设		05	基础设施建设
	03	公务用车购置		13	公务用车购置
	05	土地征迁补偿和安置支出		09	土地补偿
				10	安置补助
				11	地上附着物和青苗补偿
				12	拆迁补偿

政府预算经济分类			部门预算经济分类		
科目编号		科目名称	科目编号		科目名称
类	款		类	款	
503	06	设备购置	**310**	02	办公设备购置
				03	专用设备购置
				07	信息网络及软件购置更新
	07	大型修缮		06	大型修缮
	99	其他资本性支出		08	物资储备
				19	其他交通工具购置
				21	文物和陈列品购置
				22	无形资产购置
				99	其他资本性支出
504		**机关资本性支出（基本建设）**	**309**		**资本性支出（基本建设）**
	01	房屋建筑物购建		01	房屋建筑物购建
	02	基础设施建设		05	基础设施建设
	03	公务用车购置		13	公务用车购置
	04	设备购置		02	办公设备购置
				03	专用设备购置
				07	信息网络及软件购置更新
	05	大型修缮		06	大型修缮
	99	其他资本性支出		08	物资储备
				19	其他交通工具购置
				21	文物和陈列品购置
				22	无形资产购置
				99	其他基本建设支出
505		**对事业单位经常性补助**			
	01	**工资福利支出**	**301**		**工资福利支出**
	02	**商品和服务支出**	**302**		**商品和服务支出**
	99	其他对事业单位补助			
506		**对事业单位资本性补助**			
	01	资本性支出	**310**		**资本性支出**

附录二　支出经济分类科目对照表　/　249

政府预算经济分类			部门预算经济分类		
科目编号		科目名称	科目编号		科目名称
类	款		类	款	
506	02	资本性支出（基本建设）	309		资本性支出（基本建设）
507		**对企业补助**	312		**对企业补助**
	01	费用补贴		04	费用补贴
	02	利息补贴		05	利息补贴
	99	其他对企业补助		99	其他对企业补助
508		**对企业资本性支出**			
	03	资本金注入	312	01	资本金注入
	04	资本金注入（基本建设）	311	01	资本金注入（基本建设）
	05	政府投资基金股权投资	312	03	政府投资基金股权投资
	99	其他对企业资本性支出	311	99	其他对企业补助
			312	06	其他资本性补助
509		**对个人和家庭的补助**	303		**对个人和家庭的补助**
				04	抚恤金
				05	生活补助
	01	社会福利和救助		06	救济费
				07	医疗费补助
				09	奖励金
				11	代缴社会保险费
	02	助学金		08	助学金
	03	个人农业生产补贴		10	个人农业生产补贴
				01	离休费
	05	离退休费		02	退休费
				03	退职（役）费
	99	其他对个人和家庭的补助		99	其他对个人和家庭的补助
510		**对社会保障基金补助**	313		**对社会保障基金补助**
	02	对社会保险基金补助		02	对社会保险基金补助
	03	补充全国社会保障基金		03	补充全国社会保障基金
	04	对机关事业单位职业年金的补助		04	对机关事业单位职业年金的补助

政府预算经济分类 科目编号 类	款	科目名称	部门预算经济分类 科目编号 类	款	科目名称
511		**债务利息及费用支出**	307		**债务利息及费用支出**
	01	国内债务付息		01	国内债务付息
	02	国外债务付息		02	国外债务付息
	03	国内债务发行费用		03	国内债务发行费用
	04	国外债务发行费用		04	国外债务发行费用
512		**债务还本支出**			
	01	国内债务还本			
	02	国外债务还本			
513		**转移性支出**			
	01	上下级政府间转移性支出			
	03	债务转贷			
	04	调出资金			
	05	安排预算稳定调节基金			
	06	补充预算周转金			
	07	区域间转移性支出			
514		**预备费及预留**			
	01	预备费			
	02	预留			
599		**其他支出**	399		**其他支出**
	07	国家赔偿费用支出		07	国家赔偿费用支出
	08	对民间非营利组织和群众性自治组织补贴		08	对民间非营利组织和群众性自治组织补贴
	09	经常性赠与		09	经常性赠与
	10	资本性赠与		10	资本性赠与
	99	其他支出		99	其他支出

附录三 2024—2025年政府收支分类科目变动对照表

一、一般公共预算收入科目

2024年				科目名称	变动情况	2025年					科目名称	说明
类	款	项	目			类	款	项	目			
101	01	01	32	光伏发电增值税退税	删除							
101	01	02	20	进口货物增值税税款滞纳金、罚款收入	修改科目名称和说明	101	01	02	20		进口货物增值税税款滞纳金等收入★	中央收入科目。反映海关征收的进口货物增值税税款滞纳金、罚款和缓税利息收入。
101	02	02	20	进口消费税税款滞纳金、罚款收入	修改科目名称和说明	101	02	02	20		进口消费品消费税等收入★	中央收入科目。反映海关征收的进口消费品消费税税款滞纳金、罚款和缓税利息收入。
101	11			印花税	修改说明	101	11				印花税★	反映按《中华人民共和国印花税法》征收的印花税。
101	15			船舶吨税	修改说明	101	15				船舶吨税★	反映按《中华人民共和国船舶吨税法》征收的船舶吨税。
101	15	01		船舶吨税	修改说明	101	15	01			船舶吨税★	反映按《中华人民共和国船舶吨税法》征收的船舶吨税。
101	17			关税	修改说明	101	17				关税★	反映海关按《中华人民共和国关税法》等有关法律、法规征收的关税，特别关税以及财政部按"先征后退"政策审批退库的关税。
101	17	01		关税	修改说明	101	17	01			关税★	反映海关按《中华人民共和国关税法》征收的关税。

101	17	01	进口关税	修改说明	101	17	01	进口关税 ★	中央收入科目。反映海关按《中华人民共和国关税法》征收的进口关税。
101	17	01	02	出口关税	修改说明	101	17	01	出口关税 ★	中央收入科目。反映海关按《中华人民共和国关税法》征收的出口关税。
101	17	01	03	进境物品进口税	修改说明	101	17	01	进境物品进口税 ★	中央收入科目。反映海关按《中华人民共和国关税法》及相关办法征收的进境物品进口税。
101	17	03		特别关税	修改说明	101	17	03		特别关税 ★	反映按《中华人民共和国关税法》《中华人民共和国反倾销条例》《中华人民共和国反补贴条例》《中华人民共和国保障措施条例》等的规定，对进口商品征收的反倾销税、反补贴税、保障措施关税、报复性关税、中止关税减让义务加征关税。
101	17	03	01	反倾销税	修改说明	101	17	03	01	反倾销税 ★	中央收入科目。反映按《中华人民共和国关税法》《中华人民共和国反倾销条例》征收的反倾销税。
101	17	03	02	反补贴税	修改说明	101	17	03	02	反补贴税 ★	中央收入科目。反映按《中华人民共和国关税法》《中华人民共和国反补贴条例》征收的反补贴税。
101	17	03	03	保障措施关税	修改说明	101	17	03	03	保障措施关税 ★	中央收入科目。反映按《中华人民共和国关税法》《中华人民共和国保障措施条例》征收的保障措施关税。
101	17	03	04	报复性关税	修改说明	101	17	03	04	报复性关税 ★	中央收入科目。反映按《中华人民共和国关税法》征收的报复性关税。
101	17	03			增设	101	17	03	05	中止关税减让义务加征关税 ★	中央收入科目。反映海关按《中华人民共和国关税法》征收的中止关税减让义务加征关税。
101	17	20		关税和特别关税款滞纳金、罚款收入	修改科目名称和说明	101	17	20		关税和特别关税款滞纳金、罚款等收入	中央收入科目。反映海关征收的关税和特别关税款滞纳金、罚款和缓税利息收入。
					增设	103	02	26		湿地恢复费收入 ▲	中央与地方共用收入科目。反映林业草原部门按《湿地恢复费缴纳和使用管理暂行办法》征收的湿地恢复费。

附录三 2024—2025 年政府收支分类科目变动对照表 / 253

2024年				变动情况	2025年				
类	款	项	目	科目名称		类	款	项	目	科目名称	说明
103	04	16		市场监管行政事业性收费收入	修改说明	103	04	16		市场监管行政事业性收费收入	反映市场监管部门收取的行政事业性收费收入。
103	05	01	23	市场监管罚没收入	修改说明	103	05	01	23	市场监管罚没收入★	反映市场监管部门取得的罚没收入。中央与地方共用收入科目。
103	05	01	28	监察罚没收入	修改科目名称和说明	103	05	01	28	纪检监察罚没收入★	反映纪检监察部门取得的罚没收入。中央与地方共用收入科目。
					增设	103	05	01	34	自然资源罚没收入★	反映自然资源部门取得的罚没收入。中央与地方共用收入科目。
103	05	02		缉私罚没收入	修改说明	103	05	02		缉私罚没收入	反映海关、公安、市场监管等部门取得的缉私罚没收入。
103	05	02	02	市场缉私罚没收入	修改说明	103	05	02	02	市场缉私罚没收入★	反映市场监管部门取得的缉私罚没收入。中央收入科目。
103	06	02		股利、股息收入	修改科目名称和说明	103	06	02		股息红利收入★	反映国有控股股、参股企业国有股权(股份)上缴的股息红利收入。
103	06	02	01	金融业公司股利、股息收入	修改科目名称和说明	103	06	02	01	金融业公司股息红利收入★	反映金融业公司股息红利收入。中央与地方共用收入科目。
103	06	02	99	其他股利、股息收入	修改科目名称和说明	103	06	02	99	其他股息红利收入★	反映除上述项目以外的其他股息红利收入。中央与地方共用收入科目。

二、一般公共预算支出功能分类科目

2024年			变动情况	2025年				
类	款	项	科目名称		类	款	项	科目名称	说明
201	06	06	财政监察	修改说明	201	06	06	财政监察★	反映财政监察方面的专项业务支出。
201	38	04	市场主体管理	修改科目名称和说明	201	38	04	经营主体管理★	反映市场准入、许可审批、信用监管等经营主体管理专项工作支出。
				增设	201	40	50	事业运行★	反映事业单位的基本支出，不包括实行公务员管理的事业单位、医务室等附属事业单位。
				增设	201	41		数据事务★	反映数据事务方面的支出。
				增设	201	41	01	行政运行★	反映行政单位（包括实行公务员管理的事业单位）的基本支出。
				增设	201	41	02	一般行政管理事务★	反映行政单位（包括实行公务员管理的事业单位）未单独设置项级科目的其他项目支出。
				增设	201	41	03	机关服务★	反映行政单位（包括实行公务员管理的事业单位）提供后勤服务的各类后勤服务中心、医务室等附属事业单位的支出。其余独设置了项级科目中反映。凡单独设置项级科目的，在"其他事业运行"项级科目中反映。未单独设置项级科目的，在"其他"项级科目中反映。
				增设	201	41	50	事业运行★	反映事业单位的基本支出，不包括实行公务员管理的事业单位、医务室等附属事业单位的后勤服务中心、医务室等附属事业单位。
				增设	201	41	99	其他数据事务支出★	反映上述项目以外其他用于数据事务的支出。
205	06		留学教育	修改说明	205	06		留学教育★	反映经国家批准，由教育部门统一归口管理的出国、来华留学人员教育支出。
205	06	01	出国留学教育	修改说明	205	06	01	出国留学教育★	反映资助出国留学人员以及专门为出国留学人员举办学校的支出。
205	06	02	来华留学教育	修改说明	205	06	02	来华留学教育★	反映资助直接资助来华留学人员的支出。

附录三　2024—2025年政府收支分类科目变动对照表　/　255

2024年					变动情况	2025年			
类	款	项	科目名称			类	款	项	科目名称	说明
205	06	99	其他留学教育支出		修改说明	205	06	99	其他留学教育支出★	反映除上述项目以外其他用于留学教育方面的支出，包括由中学校统筹使用的资助来华留学人员学费和住宿费补助。
205	07		特殊教育		修改说明	205	07		特殊教育★	反映各部门举办的盲童学校、聋哑学校、智力落后儿童学校、其他生理缺陷儿童学校和专门学校的支出。
205	07	02	工读学校教育		修改科目名称和说明	205	07	02	专门学校教育★	反映各部门举办专门学校的支出。
207	99	02	宣传文化发展专项支出		删除					
208	02	08	基层政权建设和社区治理		删除					
					增设	208	02	09	老龄事务★	反映老龄机构工作经费和开展为老服务活动方面的支出。
208	07	01	就业创业服务补贴		修改科目名称	208	07	01	就业创业服务补助★	反映财政用于支持加强公共就业服务机构提升创业服务能力和向社会力量购买就业创业服务成果的补助支出。
208	07	09	职业技能鉴定补贴		修改科目名称和说明	208	07	09	职业技能评价补贴★	反映财政对参加职业技能评价符合条件人员给予的补贴支出。
208	07	13	促进创业补贴		修改科目名称和说明	208	07	13	求职和创业补贴★	反映财政为支持符合条件的困难高校毕业生求职给予的一次性求职补贴，以及为支持符合条件的群体灵活就业、自主创业给予的一次性创业补贴支出。
208	09	02	军队移交政府的离退休人员安置		修改说明	208	09	02	军队移交政府的离退休人员安置★	反映移交政府的军队离退休人员、无军籍退休退职工（含无军籍离退休干部）、退休文职人员等群体安置支出。
210	04	08	基本公共卫生服务		修改说明	210	04	08	基本公共卫生服务★	反映基本公共卫生服务方面的支出。
210	16		老龄卫生健康事务		删除					
210	16	01	老龄卫生健康事务		删除					
					增设	210	17	50	事业运行★	反映事业单位管理的事业单位的基本支出，不包括行政单位（包括实行公务员管理的事业单位）后勤服务中心、医务室等附属事业单位。
					增设	210	19		托育服务★	反映托育服务方面的支出。
					增设	210	19	01	托育机构★	反映用于托育机构的支出。
					增设	210	19	99	其他托育服务支出★	反映除上述项目以外其他用于托育服务方面的支出。

			修改科目名称和说明				修改科目名称和说明
211	12		可再生能源	增设	211	12	清洁能源★	反映用于清洁能源方面的支出。
					211	12	99	其他清洁能源支出★	反映用于上述项目以外的其他清洁能源支出。
213	01	14	对外交流与合作	修改说明	213	01	14	对外交流与合作★	反映对外农林业对外交流合作活动、领导人出访后续项目、招待来访、参观以及来华参加各项国际活动的外国代表团、对外联络等方面的支出。
213	02	34	林业草原防灾减灾	修改说明	213	02	34	林业草原防灾减灾★	反映用于林业草原有害生物灾害防治、森林草原防火等方面的支出。
213	05	01	行政运行	删除					
213	05	02	一般行政管理事务	删除					
213	05	03	机关服务	删除					
213	05	50	事业运行	删除					
213	07	04	国有农场办社会职能改革补助	删除					
215	05		工业和信息产业监管	修改科目名称和说明	215	05		工业和信息产业★	反映工业和信息产业方面的支出。
215	05	99	其他工业和信息产业监管支出	修改科目名称和说明	215	05	99	其他工业和信息产业支出★	反映除上述项目以外其他用于工业和信息产业方面的支出。
221	01	01	廉租住房	删除					
221	01	06	公共租赁住房	删除					
221	01	07	保障性住房租金补贴	删除					
221	01	09	住房租赁市场发展	删除					
221	01	10	保障性租赁住房	删除					
				增设	221	01	11	配租型住房保障★	反映用于配租型保障性住房方面的支出。包括筹集、管理公共租赁住房支出，发展保障性租赁住房支出，向保障性住房保障对象发放住房租赁补贴支出等。
				增设	221	01	12	配售型保障性住房★	反映用于配售型保障性住房方面的支出。
				增设	221	01	13	城中村改造★	反映用于城中村改造方面的支出。

三、政府性基金预算收入科目

2024年					变动情况	2025年			
类	款	项	目	科目名称 || 类	款	项	目	科目名称	说明

变动情况	类	款	项	目	科目名称	说明
增设	103	01	82		耕地保护考核奖惩收入	中央与地方共用收入科目。反映按照有关规定收取的耕地保护考核奖惩基金收入。
增设	103	01	83		超长期特别国债财务基金收入▲	中央与地方共用收入科目。反映超长期特别国债财务基金收入。
增设	105	03			中央政府债务收入	反映中央政府取得的债务收入。
增设	105	03	04		超长期特别国债收入	中央收入科目。反映中央政府取得的超长期特别国债收入。
增设	110	04	12		自然资源海洋气象等转移支付收入▲	反映下级政府收到的上级政府自然资源海洋气象等转移支付收入。
增设	110	04	13		超长期特别国债转移支付收入▲	反映下级政府收到的上级政府超长期特别国债转移支付收入。
增设	110	06	03	01	抗疫特别国债上解收入▲	反映上级政府收到的下级政府抗疫特别国债上解收入。
增设	110	06	03	02	超长期特别国债还本上解收入▲	反映上级政府收到的下级政府超长期特别国债还本上解收入。
增设	110	06	03	99	其他政府性基金上解收入▲	反映除上述项目外上级政府收到的下级政府政府性基金上解收入。
增设	110	09	02	02	从一般公共预算调入用于补充超长期特别国债偿债备付金的资金▲	反映从一般公共预算调入用于补充超长期特别国债偿债备付金的资金。

2025年政府收支分类科目 / 258

增设	110	09	03	从国有资本经营预算调入用于补充超长期特别国债偿债备付金的资金▲	反映从国有资本经营预算调入用于补充超长期特别国债偿债备付金的资金。
增设	110	09	02	04	从一般公共预算调入用于偿还超长期特别国债本金的资金▲	反映从一般公共预算调入用于偿还超长期特别国债本金的资金。
增设	110	09	02	05	从国有资本经营预算调入用于偿还超长期特别国债本金的资金▲	反映从国有资本经营预算调入用于偿还超长期特别国债本金的资金。
增设	110	09	02	06	从一般公共预算调入用于偿还抗疫特别国债本金的资金★	反映从一般公共预算调入用于偿还抗疫特别国债本金的资金。
增设	110	09	02	07	从国有资本经营预算调入用于偿还抗疫特别国债本金的资金	反映从国有资本经营预算调入用于偿还抗疫特别国债本金的资金。
增设	110	22	02	动用偿债备付金▲	反映用于归还债务本金和利息的偿债备付金。
增设	110	22	01	动用超长期特别国债偿债备付金▲	反映用于归还超长期特别国债本金和利息的偿债备付金。

四、政府性基金预算支出功能分类科目

2024年 科目名称 类 款 项	变动情况	2025年 类 款 项 科目名称 说明
	增设	205			教育支出▲	反映政府教育事务支出。
	增设	205	98		超长期特别国债收入安排的支出▲	反映使用超长期特别国债收入安排的教育支出。
	增设	205	98	01	基础教育▲	反映使用超长期特别国债收入安排的各部门举办的学前教育、小学教育、初中教育和普通高中教育支出。
	增设	205	98	02	高等教育▲	反映使用超长期特别国债收入安排的普通本科(包括研究生)教育支出。
	增设	205	98	03	职业教育▲	反映使用超长期特别国债收入安排的各类职业教育支出。
	增设	205	98	04	特殊教育▲	反映使用超长期特别国债收入安排的各部门举办的盲童学校、聋哑学校、智力落后儿童学校和专门学校的教育支出，其他生理缺陷儿童教育支出。
	增设	205	98	99	其他教育支出▲	反映除上述项目以外的其他使用超长期特别国债收入安排的教育支出。
	增设	206	98		超长期特别国债收入安排的支出▲	反映使用超长期特别国债收入安排的科学技术支出。
	增设	206	98	01	基础研究▲	反映使用超长期特别国债收入安排的基础研究支出。
	增设	206	98	02	应用研究▲	反映使用超长期特别国债收入安排的应用研究支出。
	增设	206	98	03	技术研究与开发▲	反映使用超长期特别国债收入安排的技术研究与开发支出。
	增设	206	98	04	科技条件与服务▲	反映使用超长期特别国债收入安排的科技条件与服务支出。
	增设	206	98	05	科技重大项目▲	反映使用超长期特别国债收入安排的科技重大项目支出。
	增设	206	98	99	其他科技支出▲	反映除上述项目以外的其他使用超长期特别国债收入安排的科技支出。
	增设	207	98		超长期特别国债收入安排的支出★	反映使用超长期特别国债收入安排的文化旅游体育与传媒支出。
	增设	207	98	01	文化和旅游★	反映使用超长期特别国债收入安排的文化和旅游支出。
	增设	207	98	02	文物★	反映使用超长期特别国债收入安排的文物支出。

增设	207	98	03	体育★	反映使用超长期特别国债收入安排的体育支出。
增设	207	98	04	新闻出版电影★	反映使用超长期特别国债收入安排的新闻出版电影支出。
增设	207	98	05	广播电视★	反映使用超长期特别国债收入安排的广播电视支出。
增设	207	98	99	其他文化旅游体育与传媒支出★	反映除上述项目以外的其他使用超长期特别国债收入安排的文化旅游体育与传媒支出。
增设	208			社会保障和就业支出▲	反映政府在社会保障与就业方面的支出。
增设	208	98		超长期特别国债安排的支出▲	反映使用超长期特别国债收入安排的社会保障与就业支出。
增设	208	98	01	养老机构及服务设施▲	反映使用超长期特别国债收入安排的养老机构及服务设施方面的支出。
增设	208	98	02	公共就业服务设施▲	反映使用超长期特别国债收入安排的公共就业服务设施方面的支出。
增设	208	98	99	其他社会保障和就业支出▲	反映除上述项目以外的其他使用超长期特别国债收入安排的社会保障和就业支出。
增设	210			卫生健康支出▲	反映政府卫生健康方面的支出。
增设	210	98		超长期特别国债安排的支出▲	反映使用超长期特别国债收入安排的卫生健康支出。
增设	210	98	01	公立医院▲	反映使用超长期特别国债收入安排的公立医院方面的支出。
增设	210	98	02	基层医疗卫生机构▲	反映使用超长期特别国债收入安排的基层医疗卫生机构方面的支出。
增设	210	98	03	公共卫生机构▲	反映使用超长期特别国债收入安排的公共卫生机构方面的支出。
增设	210	98	04	托育机构▲	反映使用超长期特别国债收入安排的托育机构方面的支出。
增设	210	98	99	其他卫生健康支出▲	反映除上述项目以外的其他使用超长期特别国债收入安排的卫生健康支出。
增设	211	98		超长期特别国债安排的支出▲	反映使用超长期特别国债收入安排的节能环保支出。
增设	211	98	01	水污染综合治理▲	反映使用超长期特别国债收入安排的水污染综合治理支出。
增设	211	98	02	应对气候变化	反映使用超长期特别国债收入安排的应对气候变化相关支出。

2024年				变动情况	2025年				说明
类	款	项	科目名称		类	款	项	科目名称	
				增设	211	98	03	"三北"工程建设▲	反映使用超长期特别国债收入安排的用于"三北"工程建设方面的支出。
				增设	211	98	99	其他节能环保支出▲	反映除上述项目以外的其他使用超长期特别国债收入安排的节能环保支出。
				增设	212	98		超长期特别国债安排的支出▲	
				增设	212	98	01	城乡社区公共设施▲	反映使用超长期特别国债收入安排的城乡社区道路、桥涵、燃气、供暖、公共交通等设施建设维护与管理方面的支出。
				增设	212	98	99	其他城乡社区支出▲	反映除上述项目以外的其他使用超长期特别国债收入安排的城乡社区事务支出。
				增设	213	98		超长期特别国债安排的支出▲	
				增设	213	98	01	农业农村支出▲	反映使用超长期特别国债收入安排的高标准农田建设、黑土地保护、盐碱地综合利用、玉米大豆单产提升工程等方面的支出。
				增设	213	98	02	水利支出▲	反映使用超长期特别国债收入安排的水利工程项目规划设计、征地拆迁、工程建设、安全监测等方面的支出。
				增设	213	98	99	其他农林水支出▲	反映除上述项目以外的其他使用超长期特别国债收入安排的农林水事务支出。
				增设	214	98		超长期特别国债安排的支出▲	反映使用超长期特别国债收入安排的交通运输支出。
				增设	214	98	01	公路水路运输▲	反映使用超长期特别国债收入安排的公路、水路运输方面的支出。
				增设	214	98	02	铁路运输▲	反映使用超长期特别国债收入安排的铁路运输方面的支出。
				增设	214	98	03	民用航空运输▲	反映使用超长期特别国债收入安排的民用航空运输方面的支出。
				增设	214	98	04	邮政业支出▲	反映使用超长期特别国债收入安排的邮政业方面的支出。

增设	214	98	99	其他交通运输支出▲	反映除上述项目以外其他使用超长期特别国债收入安排的交通运输方面的支出。
增设	215	98		超长期特别国债安排的支出▲	反映使用超长期特别国债收入安排的制造业、工业信息等方面的支出。
增设	215	98	01	资源勘探开发▲	反映使用超长期特别国债收入安排的煤炭、石油和天然气、黑色金属、有色金属、非金属矿等资源勘探开发和服务支出。
增设	215	98	02	制造业▲	反映使用超长期特别国债收入安排的纺织、轻工、化工、医药、机械、冶炼、建材、交通运输设备、核工、航空、航天、船舶、电子及通讯设备等制造业支出。
增设	215	98	03	工业和信息产业▲	反映使用超长期特别国债收入安排的工业和信息产业方面的支出。
增设	215	98	99	其他资源勘探工业信息等支出▲	反映除上述项目以外其他使用超长期特别国债收入安排的资源勘探工业信息支出。
增设	220	98		自然资源勘探海洋气象等支出▲	反映政府用于自然资源、海洋、测绘、气象等公益服务事业方面的支出。
增设	220	06		耕地保护考核奖惩基金支出▲	反映耕地保护考核奖惩基金安排的支出。
增设	220	06	01	耕地保护▲	反映用于耕地资源的调查、评价、监测、监管、执法等耕地保护的支出。
增设	220	06	02	补充耕地▲	反映用于增加、恢复耕地等补充耕地方面的支出。
增设	221			住房保障支出▲	集中反映政府用于住房保障方面的支出。
增设	221	98		超长期特别国债安排的支出▲	反映使用超长期特别国债收入安排的住房保障支出。
增设	221	98	01	保障性租赁住房▲	反映用于加大公租房供给、加大保障性租赁住房供给方面的支出。
增设	221	98	99	其他住房保障支出▲	反映除上述项目以外其他使用超长期特别国债收入安排的住房保障支出。
增设	222			粮油物资储备支出▲	反映政府用于粮油物资储备方面的支出。
增设	222	98		超长期特别国债安排的支出▲	反映使用超长期特别国债收入安排的粮油物资储备支出。

2024年				变动情况	2025年				
类	款	项	科目名称		类	款	项	科目名称	说明
				增设	222	98	01	设施建设▲	反映使用超长期特别国债收入安排的粮油储备仓库基础设施建设和设备购置等支出。
				增设	222	98	99	其他粮油物资储备支出▲	反映上述项目以外的其他使用超长期特别国债收入安排的粮油物资储备支出。
				增设	224			灾害防治及应急管理支出	反映政府用于自然灾害防治、安全生产监管及应急管理等方面的支出。
224	98		用超长期特别国债安排的支出▲	修改科目名称	224	98		超长期特别国债安排的支出▲★	反映使用超长期特别国债收入安排的自然灾害防治、安全生产监管及应急管理等支出。
				增设	224	98	01	自然灾害防治▲	反映使用超长期特别国债安排的自然灾害防治方面的支出。
				增设	224	98	02	自然灾害恢复重建▲	反映使用超长期特别国债安排的自然灾害恢复重建方面的支出。
224	98	99	用超长期特别国债安排的其他灾害防治及应急管理支出▲	修改科目名称	224	98	99	其他灾害防治及应急管理支出▲	反映上述项目以外的其他使用超长期特别国债收入安排的灾害防治及应急管理支出。
229	09	01	抗疫特别国债经营基金支出	修改科目名称	229	09	01	抗疫特别国债付息支出▲★	反映抗疫特别国债收入安排的抗疫特别国债付息支出。
				增设	229	10		超长期特别国债财务基金支出	反映超长期特别国债财务基金付息支出。
				增设	229	10	01	超长期特别国债财务基金▲	反映超长期特别国债财务基金付息支出。
				增设	229	98	01	超长期特别国债安排的其他支出▲	反映其他不能划分到具体功能科目中使用超长期特别国债支出项目。
				增设	229	98	99	其他支出▲	反映上述项目以外其他不能划分到具体功能科目的超长期特别国债支出项目。
				增设	230	04	12	自然资源海洋气象等▲	反映上级政府对下级政府的自然资源海洋气象等转移支付支出。
				增设	230	04	13	超长期特别国债转移支付支出▲	反映上级政府对下级政府的超长期特别国债和抗疫特别国债转移支付支出。
230	06	03	政府性基金上解支出	修改说明	230	06	03	政府性基金上解支出▲	反映下级政府对上级政府超长期特别国债和抗疫特别国债正本上解除外的政府性基金上解支出。

类	款	项	目			变动情况
				增设	230 06 05 抗疫特别国债还本上解支出▲	反映下级政府对上级政府抗疫特别国债还本的政府性基金上解支出。
				增设	230 06 06 超长期特别国债还本上解支出▲	反映下级政府对上级政府超长期特别国债还本的政府性基金上解支出。
				增设	230 22 偿债备付金	反映设置和补充债务偿债备付金的支出。
				增设	230 22 01 安排超长期特别国债偿债备付金▲	反映设置和补充超长期特别国债偿债备付金所发生的支出。
				增设	231 06 超长期特别国债还本支出▲	反映中央政府用于归还超长期特别国债本金所发生的支出。
				增设	231 06 01 超长期特别国债还本支出▲	反映中央政府用于归还超长期特别国债本金所发生的支出。

五、国有资本经营预算收入科目

2024年					变动情况	2025年					
类	款	项	目	科目名称		类	款	项	目	科目名称	说明
103	06	01	09	钢铁企业利润收入	修改科目名称和说明	103	06	01	09	黑色冶金采掘企业利润收入★	中央与地方共用收入科目。反映黑色冶金采掘企业(股份)上缴国家规定上缴国有股权(股份)上缴的股息红利润。
103	06	02		股利、股息收入	修改科目名称和说明	103	06	02		股息红利收入★	中央与地方共用收入科目。反映国有控股、参股企业国有股上缴的股息红利收入。
103	06	02	02	国有控股公司股利、股息收入	修改科目名称和说明	103	06	02	02	国有控股公司股息红利收入★	中央与地方共用收入科目。反映国有控股公司上缴的股息红利收入。
103	06	02	03	国有参股公司股利、股息收入	修改科目名称和说明	103	06	02	03	国有参股公司股息红利收入★	中央与地方共用收入科目。反映国有参股公司上缴的股息红利收入。
103	06	02	04	金融企业股利、股息收入(国资预算)	修改科目名称和说明	103	06	02	04	金融企业股息红利收入(国资预算)★	中央与地方共用收入科目。反映纳入国有资本经营预算的金融企业股息红利收入。
103	06	02	98	其他国有资本经营预算股利、股息收入	修改科目名称和说明	103	06	02	98	其他国有资本经营预算企业股息红利收入★	中央与地方共用收入科目。反映其他国有资本经营企业股息红利收入。

六、国有资本经营预算支出功能分类科目

变动情况	2024年				2025年				
	类	款	项	科目名称	类	款	项	科目名称	说明
修改科目名称和说明	223	02	06	保障国家经济安全支出	223	02	06	重点领域安全生产能力建设支出★	反映国有资本经营预算收入安排的用于重点领域安全生产能力建设方面的支出。
修改科目名称和说明	223	03		国有企业政策性补贴	223	03		国有企业公益性补贴★	反映用国有资本经营预算收入安排的用于国有企业公益性补贴方面的支出。
修改科目名称和说明	223	03	01	国有企业政策性补贴	223	03	01	国有企业公益性补贴★	反映用国有资本经营预算收入安排的用于国有企业公益性补贴方面的支出。

七、社会保险基金预算收入科目

变动情况	2024年				2025年				
	类	款	项	科目名称	类	款	项	科目名称	说明
修改说明	110	17	01	企业职工基本养老保险基金补助收入	110	17	01	企业职工基本养老保险基金补助收入★	反映下级政府收到上级政府拨付的企业职工基本养老保险补助收入和统筹调剂基金收入。

八、社会保险基金预算支出功能分类科目

变动情况	2024年				2025年				
	类	款	项	科目名称	类	款	项	科目名称	说明
修改说明	209	01	04	丧葬补助金和抚恤金支出	209	01	04	丧葬补助金和抚恤金支出★	反映按规定支付给已纳入企业职工基本养老保险基金开支范围的参保人员因病或非因工死亡后的遗属待遇。

九、政府预算支出经济分类科目

2024年			变动情况	2025年			
类	款	科目名称		类	款	科目名称	说明
502	05	委托业务费	修改说明	502	05	委托业务费★	反映机关和参公事业单位的劳务费、委托业务费。劳务费、委托业务费的说明见部门预算支出经济分类科目说明。
502	08	公务用车运行维护费	修改说明	502	08	公务用车运行维护费★	反映机关和参公事业单位按规定保留的公务用车燃料费、新能源汽车充电费、维修费、过桥过路费、保险费、安全奖励费用等支出。
502	99	其他商品和服务支出	修改说明	502	99	其他商品和服务支出★	反映上述科目未包括的公用支出。如诉讼费、国内组织的会员费、来访费、广告宣传费、离休人员特需费、残疾人就业保障金等。

十、部门预算支出经济分类科目

2024年			变动情况	2025年			
类	款	科目名称		类	款	科目名称	说明
301	12	其他社会保障缴费	修改说明	301	12	其他社会保障缴费★	反映单位为职工缴纳的失业、工伤等社会保险费，军队（含武警）为军人缴纳的退役养老、医疗等社会保险费。
302	03	咨询费	删除				
302	13	维修（护）费	修改说明	302	13	维修（护）费★	反映单位日常开支的固定资产（不包括车船等交通工具）修理和维护费用，网络信息系统运行与维护费用。
302	26	劳务费	修改说明	302	26	劳务费★	反映支付给个人的劳务费用，如临时聘用人员、钟点工资、稿费、翻译费、咨询费、评审费。

附录三 2024—2025年政府收支分类科目变动对照表 / 267

2024年				变动情况	2025年				说明
类	款	科目名称			类	款	科目名称		
302	31	公务用车运行维护费		修改说明	302	31	公务用车运行维护费★		反映单位按规定保留的公务用车燃料费、新能源汽车充电费、维修费、过桥过路费、保险费、安全奖励费用等支出。
302	40	税金及附加费用		修改说明	302	40	税金及附加费用★		反映单位书立合同、提供劳务或销售产品应负担的税金及附加费用，包括印花税、消费税、城市维护建设税、资源税和教育费附加等。
302	99	其他商品和服务支出		修改说明	302	99	其他商品和服务支出★		反映上述科目未包括的公用支出。如诉讼费、国内组织的会员费、来访费、广告宣传费、离休人员特需费、残疾人就业保障金等。
309	02	办公设备购置		修改说明	309	02	办公设备购置★		反映用于购置具有专门用途，并按财务会计制度规定纳入固定资产核算范围的办公家具和办公设备的支出。
309	03	专用设备购置		修改说明	309	03	专用设备购置★		反映用于购置并按财务会计制度及资产管理规定纳入固定资产核算范围的各类专用设备的支出。如通信设备、发电设备、交通监控设备、卫星转发器、气象设备、进出口监管设备等。
310	02	办公设备购置		修改说明	310	02	办公设备购置★		反映用于购置具有专门用途，并按财务会计制度规定纳入固定资产核算范围的办公家具和办公设备的支出。
310	03	专用设备购置		修改说明	310	03	专用设备购置★		反映用于购置并按财务会计制度及资产管理规定纳入固定资产核算范围的各类专用设备的支出。如通信设备、发电设备、交通监控设备、卫星转发器、气象设备、进出口监管设备等。